CW01643129

LES ŒUVRES COMPLETES DE VOLTAIRE

74B

VOLTAIRE FOUNDATION
OXFORD
2006

© 2006 VOLTAIRE FOUNDATION LTD

ISBN 0 7294 0892 2

Voltaire Foundation Ltd
99 Banbury Road
Oxford OX2 6JX

PRINTED IN ENGLAND
AT THE ALDEN PRESS
OXFORD

Présidente d'honneur

CHRISTIANE MERVAUD

Directeur de l'édition

NICHOLAS CRONK

Assistante à la direction

JANET GODDEN

Comité éditorial

MARIE-HÉLÈNE COTONI
SIMON DAVIES
MICHEL DELON
OLIVIER FERRET
RUSSELL GOULBOURNE
PAUL LECLERC
J. P. LEE
HAYDN T. MASON
SYLVAIN MENANT
FRANÇOIS MOUREAU
JOSÉ-MICHEL MOUREAUX
JOHN RENWICK
JEROOM VERCRUYSSE
DAVID WILLIAMS
CHARLES WIRZ

Direction de l'édition

1968 · THEODORE BESTERMAN · 1974

1974 · W. H. BARBER · 1993

1989 · ULLA KÖLVING · 1998

1998 · HAYDN T. MASON · 2001

2000 · NICHOLAS CRONK ·

Sous le haut patronage de

L'ACADÉMIE FRANÇAISE

L'ACADÉMIE ROYALE DE LANGUE ET DE LITTÉRATURE FRANÇAISES DE BELGIQUE

THE AMERICAN COUNCIL OF LEARNED SOCIETIES

LA BIBLIOTHÈQUE NATIONALE DE RUSSIE SAINT-PÉTERSBOURG

THE BRITISH ACADEMY

L'INSTITUT ET MUSÉE VOLTAIRE

L'UNION ACADÉMIQUE INTERNATIONALE

Ouvrage publié avec le concours du

CENTRE NATIONAL DU LIVRE

Ce volume préparé pour l'impression par

MARTIN SMITH

Engraving (1777) of a drawing of Voltaire made in 1772 by Thomas Orde (later Lord Bolton): Le Héros de Ferney au théâtre de Châtelaine. 'Ne prétens pas à trop, tu ne sçaurois qu'écrire. Tes vers forcent mes pleurs, mes tes gestes me font rire.' Anon.

Œuvres de 1772

II

The publication of this volume
has been generously sponsored by
the Domaine de Bélesbat and Air Artisan Paris

TABLE DES MATIÈRES

ILLUSTRATIONS

SIGLES ET ABRÉVIATIONS

An	Archives nationales, Paris
Bengesco	Georges, Bengesco, *Voltaire: bibliographie de ses œuvres*, 4. vol. (Paris 1882-1890)
BHVP	Bibliothèque historique de la Ville de Paris
BL	British Library, London
BM	Bibliothèque municipale
BnC	*Catalogue général des livres imprimés de la Bibliothèque nationale: auteurs, tome 214, Voltaire*, éd. H. Frémont et autres, 2 vol. (Paris 1978)
BnF	Bibliothèque nationale de France, Paris
Bodley	Bodleian Library, Oxford
BPU	Bibliothèque publique et universitaire
BR	Bibliothèque royale
Brown	Andrew Brown, 'Calendar of Voltaire manuscripts other than correspondence', *SVEC* 77 (1970), p.11-101
BU	Bibliothèque universitaire
BV	M. P. Alekseev et T. N. Kopreeva, *Bibliothèque de Voltaire: catalogue des livres* (Moscou 1961)
CLT	Friedrich Melchior Grimm, *Correspondance littéraire*, éd. Tourneux, Paris 1877-1882
CN	*Corpus des notes marginales de Voltaire* (Berlin 1979-)
D	Voltaire, *Correspondence and related documents*, éd. Th. Besterman dans *Œuvres complètes de Voltaire*, t.85-135 (Oxford 1968-1877)
ICL	U. Kölving and J. Carriat, *Inventaire de la 'Correspondance littéraire' de Grimm et Meister*, 3 vols, *SVEC* 225-227 (1984)
ImV	Institut et musée Voltaire, Genève

Lewis	*Horace Walpole's correspondence with Madame Du Deffand and Wiart*, 1939
LHCLT	Jean-François de La Harpe, *Correspondance littéraire* (Paris 1801-1807)
M	*Œuvres complètes de Voltaire*, éd. Louis Moland, 52 vol. (Paris 1877-1885)
MS	Louis Petit de Bachaumont, *Mémoires secrets* (Londres 1778-1789)
ms.fr.	manuscrits français (BnF)
n.a.fr.	nouvelles acquisitions françaises (BnF)
OC	*Œuvres complètes de Voltaire* (Oxford 1968-) [la présente édition]
OH	Voltaire, *Œuvres historiques*, éd. René Pomeau (Paris 1957)
QE	*Questions sur l'Encyclopédie*
RC	Voltaire, *Romans et contes*, éd. F. Deloffre et J. van den Heuvel (Paris, Pléiade, 1979)
RHLF	*Revue d'histoire littéraire de la France*
SVEC	*Studies on Voltaire and the eighteenth century*
Taylor	Taylor Institution, Oxford
Trapnell	William H. Trapnell, 'Survey and analysis of Voltaire's collective editions', *SVEC* 77 (1970), p.103-99
VF	Voltaire Foundation
VST	René Pomeau et autres, *Voltaire en son temps* (Oxford 1995)

L'APPARAT CRITIQUE

L'apparat critique placé au bas des pages fournit les diverses leçons ou variantes offertes par les états manuscrits ou imprimés du texte. Chaque note critique est composée du tout ou d'une partie des indications suivantes:

– Le ou les numéros de la ou des lignes auxquelles elle se rapporte; comme les titres ou sous-titres, les noms de personnages dans un dialogue ou une pièce de théâtre, et les indications scéniques échappent à cette numérotation, l'indication donne dans ce cas le numéro de la ligne précédente suivi des lettres a, b, c, etc. qui correspondent aux lignes de ces textes intercalaires.

– Les manuscrits et éditions imprimées sont indiquées dans les variantes par des sigles dont les explications se trouvent dans la section bibliographique de l'Introduction. Des chiffres arabes, isolés ou suivis de lettres (68P), désignent en général l'année et le lieu de parution. Les lettres précedant les chiffres sont réservées aux recueils, W ('works') pour les éditions complètes, et T pour le théâtre. L'astérisque signale un exemplaire particulier, qui d'ordinaire contient des corrections manuscrites.

– Des explications ou des commentaires de l'éditeur.

– Les deux points (:) marquant le début de la variante proprementdite, dont le texte, s'il en est besoin, est encadré par un ou plusieurs mots du texte de base. A l'intérieur de la variante, toute remarque de l'éditeur est placée entre crochets.

Les signes typographiques conventionnels suivants sont employés:

– La lettre grecque bêta β désigne le texte de base.

– Le signe de paragraphe ¶ marque l'alinéa.

– Deux traits obliques // indiquent la fin d'un paragraphe ou d'une partie du texte.

– Les mots supprimés sont placés entre crochets obliques < >.

– Des corrections faites à la main par Wagnière ou par Voltaire sont signalées par les lettres w ou v respectivement, placées au-dessus de la ligne. Le signe $^{+}$ marque la fin de l'addition, s'il y a lieu.

REMERCIEMENTS

La préparation des *Œuvres complètes de Voltaire* dépend de la compétence et de la patience du personnel de nombreuses bibliothèques de recherche partout dans le monde. Nous les remercions vivement de leur aide généreuse et dévouée.

Parmi eux, certains ont assumé une tâche plus lourde que d'autres, dont en particulier le personnel de la Bibliothèque nationale de France et de la Bibliothèque de l'Arsenal, Paris; de l'Institut et musée Voltaire, Genève; de la Taylor Institution Library, Oxford; et de la Bibliothèque nationale de Russie, Saint-Pétersbourg.

Il faut prendre un parti ou le principe d'action

Edition critique

par

P. Casini

TABLE DES MATIÈRES

INTRODUCTION

'Catéchisme' accompli de la métaphysique de Ferney, *Il faut prendre un parti* est une petite *summa* de la propagande déiste de Voltaire, destinée tout d'abord a réagir à la propagande athéiste et matérialiste de la coterie holbachienne. Le *Système de la nature* parut en 1770; on peut suivre dans la correspondance de Voltaire, entre le mois de juin et la fin de l'année, le *crescendo* de son indignation contre cet ouvrage, qu'il s'efforce de discréditer auprès de ses amis. C'est une 'déclamation diffuse fondée sur une mauvaise physique' (lettre du 5 octobre au comte de Schomberg, D16686); 'ce mauvais livre est un péché contre nature' (lettre du 10 novembre à Saurin, D16752). Sa réponse était sur le chantier depuis le mois de juin (lettre à Cramer, D16374); elle parut le 10 août avec le titre *Dieu, réponse au Système de la nature* (lettre à D'Alembert, D16754) et fut insérée dans la nouvelle machine de guerre voltairienne, les *Questions sur l'Encyclopédie* (1770-1772), avec d'autres articles écrits dans la même veine polémique et déiste: 'Athée', 'Causes finales', 'Nature'...

Exactement deux ans plus tard, après la parution des *Questions*, Voltaire est en train d'achever *Il faut prendre un parti*. L'*excursus* sur le spectacle des crimes et du carnage que fournit l'histoire universelle est daté du 24 août 1772, 'jour où ma plume tremble dans ma main, jour anniversaire centenaire de la Saint-Barthélemy' (§XVI). Cette date-clé de l'univers symbolique de Voltaire tombe au terme de l'exposé succinct des dilemmes touchant la liberté et le déterminisme, le 'tout est bien' et l'origine du mal, le 'principe' de toute action humaine ou naturelle. Mais, placée au milieu du pamphlet, elle ouvre à son tour une série de 'discours' où des interlocuteurs familiers à l'auteur – l'athée, le manichéen, le païen, le juif, le turc, le théiste, le citoyen – argumentent de leurs points de vue respectifs 'sur tout cela'. L'allure traditionnelle de la diatribe, fondée tour à tour sur les arguments 'pour' et 'contre', qui se présentent ici en forme de dialogue, aboutit au théisme et à la tolérance que prèchent les deux derniers personnages, les porte-parole de l'auteur.

Cette structure littéraire reprend pour l'essentiel celle du *Philosophe ignorant* (1766), où Voltaire avait donné un précis rapide et efficace de ses dernières prises de position à l'égard des éternels problèmes philosophiques qui harcelaient sa pensée et sa sensibilité: la nature de l'âme et son immortalité, l'existence de Dieu, les lois de la nature, la liberté, le mal. Ces développements figurent aussi dans *Il faut prendre un parti* où, quant au fond des questions métaphysiques, il n'y a pas de vrais changements. Voltaire se borne à donner quelques certitudes de plus à son 'ignorance' de déiste sceptique. Il durcit en fidéiste outré sa croyance à l'éternité de l'univers et au déterminisme: nuances qui témoignent d'un certain rapprochement du spinozisme, malgré les réserves qu'il avait avancées dans *Tout en Dieu* (1769).

Le titre du pamphlet sonne, à la fois, comme un défi et comme un appel. Voltaire joue sur la polysémie du mot 'parti'. Il exhorte son lecteur à faire un double choix: l'un consiste dans la 'petite bagatelle' de l'existence de Dieu; l'autre, à s'enrôler dans le 'parti' du déisme et de la tolérance, face aux athées et aux partisans de l'*infâme*. 'Il faut' suggère l'idée d'une décision inévitable, nécessaire dans le sens indiqué par Locke: 'Quand deux idées se présentent à votre entendement [...] il faut absolument que vous vouliez l'une de ces deux choses ou que vous ne vouliez ni l'une ni l'autre. Vous n' êtes donc pas libre, quant à l'acte meme de vouloir.' [1]

C'est la formule limitée de cette liberté d'indifférence que Voltaire avait adopté dans le *Traité de métaphysique* et dans le *Discours en vers sur l'homme*. Mais, dès 1734, il connaissait très bien les objections formulées par Anthony Collins dans son *Discours sur la liberté de penser*. [2] C'est le sujet qu'il discute à fond dans les lettres qu'il adresse à Frédéric entre le mois d'octobre de 1737 et le

[1] 'Sur la liberté' (*OC*, t.14, p.483s.); voir John Locke, *An essay concerning human understanding*, II, xxi, 23.

[2] Voir l'introduction de William Barber au *Traité de métaphysique* (*OC*, t.14, p.359 et suiv.).

début de 1738 (D1378, D1432, D1468), et encore dans le chapitre IV de *La Métaphysique de Newton*, où il se refuse de 'traiter de chimère cette liberté d'indifférence' et défend la 'liberté de spontanéité [...] qui est à l'âme ce que la santé est au corps'.[3]

Chacun sait que le point de vue théologique de Clarke sur le libre-arbitre et celui de Locke sur la liberté d'indifférence furent abandonnés vers 1749, du même coup que l'optimisme métaphysique et mondain des années de Cirey. En 1752, Voltaire inséra dans la nouvelle édition de ses *Eléments de la philosophie de Newton* deux nouveaux chapitres, dont l'un présente une liste de seize 'Doutes sur la liberté', et l'autre le 'Dialogue entre un brachmane et un jésuite sur la nécessité et l'enchaînement des choses' (*OC*, t.15, p.643). Ce fut une véritable abjuration, le ralliement au déterminisme le plus conséquent. On a parlé, à ce propos, d'un revirement des positions de Clarke et de Locke à celles de leur antagoniste, Anthony Collins. Mais 'ce n'est pas que Collins l'ait soudain converti... en 1748 il ne relit pas Collins, mais l'ancienne lettre de Frédéric contre la liberté'.[4]

René Pomeau a bien vu, d'un point de vue psychologique plutôt que spéculatif, comment au fil des années le dilemme de la liberté et du déterminisme s'entrelace dans l'esprit de Voltaire avec la hantise du mal, le fidéisme déiste, le souci pour l'immortalité de l'âme. Il a tenu compte du fait que la 'crise permanente' de ses croyances était dominée par ses angoisses et par la courbe de ses états de dépression, qui toucha aux points les plus bas après la mort d'Emilie en 1749 et à l'époque de la catastrophe de Lisbonne de 1755.

En 1772 le philosophe ignorant n'a plus, paradoxalement, aucun doute à propos de ces problèmes. Toutes ses croyances sont bien arrêtées: il est convaincu que 'l'origine du mal a toujours été un abime dont personne n'a pu voir le fond' ('Bien, tout est',

[3] *Eléments de la philosophie de Newton* (*OC*, t.15, p.215-16).

[4] René Pomeau, *La Religion de Voltaire* (Paris 1956), p.241 (se référant aux lettres D1413, D1459). L'évolution des vues de Voltaire sur la liberté a été étudiée par Ira O. Wade, *The Intellectual development of Voltaire* (Princeton 1969), p.606s., 712s.; voir aussi E. D. James, 'Voltaire and free will', *SVEC* 249 (1987), p.1-18.

M.xvii.582). Par conséquent, il se plaît à multiplier ses remarques sur l'absurdité des fables – la 'théologie des couleuvres', les mythes chaldéens et indiens, le vase de Pandore d'Hésiode – fables par lesquelles les anciens peuples se sont essayé d'expliquer l'énigme. Il répète ses sarcasmes *ad hominem* contre les théoriciens modernes de l'optimisme – Shaftesbury, Pope, Leibniz – car, depuis *Candide,* son attitude 'pessimiste' n'a changé qu'en ce qui concerne la croyance à un déterminisme universel presque spinoziste, qu'il vient de formuler dans *Le Philosophe ignorant,* §XXIV (*OC*, t.62, p.57-64), qu'il oppose à la théophanie de Malebranche dans le pamphlet *Tout en Dieu* (1769) et dans le poème *Les Systèmes* (1772).

Pour revenir au titre, l'alternative 'ou le principe d'action' nous rappelle que dans les *Lettres philosophiques,* §XIII, et dans le *Traité de métaphysique,* ch. V, lorsque Voltaire aborde la discussion sur l'hypothèse de la matière pensante, il définit l'âme une 'faculté', et Dieu la 'cause' par excellence. Ensuite ses doutes toujours renouvelées sur la nature de l'âme et sur son immortalité le conduisent à se servir d'une terminologie plus neutre, excluant toute notion de substance. De là le mot 'principe' ou 'principe d'action', qu'il emploie en octobre 1737 pour désigner l'âme aussi bien que Dieu: 'J'ai examiné sincèrement, et avec toute l'attention dont je suis capable, si je peux avoir quelques notions de l'âme humaine, et j'ai vu que le fruit de toutes mes recherches est l'ignorance. Je trouve qu'il en est de ce principe pensant, libre, agissant, à peu près comme de Dieu même; ma raison me dit que Dieu existe; mais cette même raison me dit que je ne puis savoir ce qu'il est... Tout ce qu'on a écrit sur l'âme ne peut nous apprendre la moindre vérité.'[5] C'est l'attitude et la terminologie, à propos du 'premier principe des choses', qui reviennent dans *Le Philosophe ignorant,* §XI, et dans *Il faut prendre un parti,* comme nous l'avons indiqué dans les notes.

Confondu en général dans la foule des pamphlets des années

[5] 'Sur la liberté' (*OC*, t.14, p.485).

1769-1772, ce texte a paru particulièrement efficace à Condorcet. A son avis 'il renferme les preuves les plus fortes de l'existence d'un être suprême qu'il ait été possible jusqu'ici aux hommes de rassembler'.[6]

Manuscrit et éditions

Manuscrit

MS

Un manuscrit en partie de main de Wagnière avec corrections et additions de la main de Voltaire (IMV, Ms V.46).

Editions

NM

Nouveaux Mélanges philosophiques, historiques, critiques, etc. [Genève, Cramer,] 1765-1775. 19 vol. 8°.

Bengesco 2212; BnC 111-135; Trapnell NM.

Tome xvii, p.275-332.

Oxford, Taylor: V.1.1770 G1(52). Paris, BnF: Rés. Z Bengesco 487 (17).

W75G

La Henriade, divers autres poèmes et toutes les pièces relatives à l'épopée. Genève, [Cramer & Bardin], 1775. 37 [40] vol. 8°.

Bengesco 2141; Trapnell 75G; BnC 158-61.

Tome xxxix [Pièces détachées, t.ii], p.249-93.

Oxford, Taylor: V.1.1775 (39); VF.

W68 (1777)

Collection complette des œuvres de M. de Voltaire. [Genève, Cramer; Paris, Panckoucke,] 1768-1777. 30 vol. 4°.

[6] Condorcet, *Vie de Voltaire*, M.i.291.

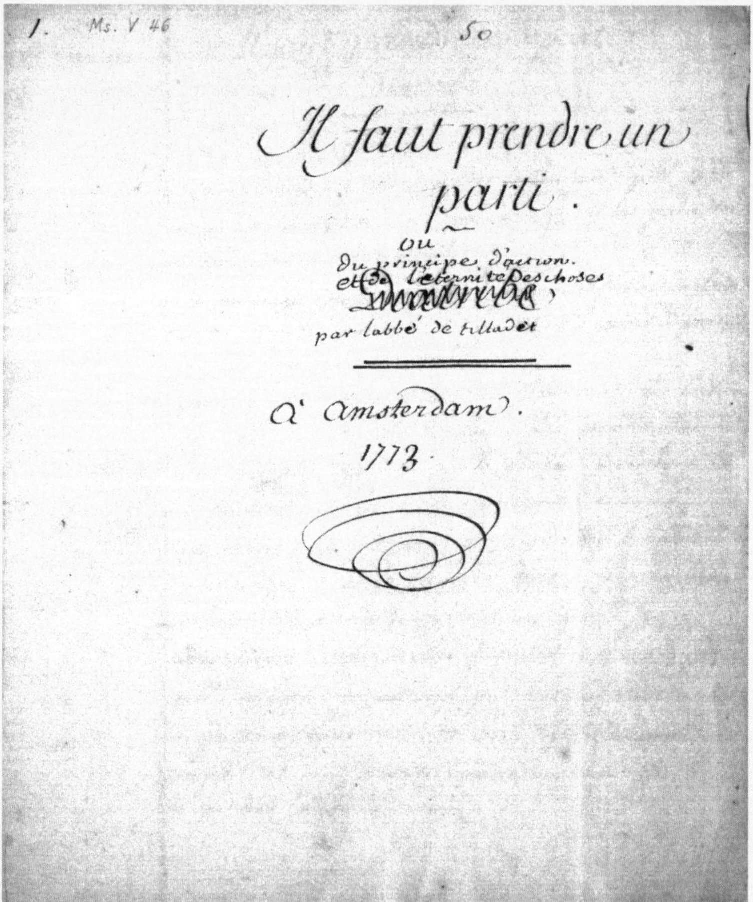

1. *Il faut prendre un parti*, page de titre (ImV, Ms V.46)

Bengesco 2137; Trapnell 68; BnC 141-44.

Tome xxix, p.160-99 Il faut prendre un parti, ou le principe d'action. Diatribe.

Oxford, Taylor: VF. Paris, BnF: Rés. M Z 587.

K84

Œuvres complètes de Voltaire. [Kehl,] Société littéraire-typographique, 1784-1789. 70 vol. 8°.

Bengesco 2142; Trapnell K; BnC 164-169.

Tome xxxii, p.155-205.

Oxford, Taylor: V.1.1784 (32); VF. Paris, BnF: Rés. P Z 2209 (32).

K85

Œuvres complètes de Voltaire. [Kehl,] Société littéraire-typographique, 1784-1789. 70 vol. 8°.

Bengesco 2142; Trapnell K; BnC 164-193.

(1) Tome xl, p.193-257. (2) Tome xxxii, p.155-206.

Oxford, Taylor: VF.

Principes de cette édition

Le texte se présente sous deux versions. La première (éditions NM, W75G et W68) présente de manifestes erreurs, dont la plus surprenante est la note (*d*) de Voltaire estropiée dans NM et reproduite telle quelle dans W75G et W68. La deuxième version (K84, K85) corrige ces erreurs et présente un texte plus développé et avec quatre notes d'auteur ajoutées. Nous avons donc choisi K84 comme texte de base. Nous donnons les variantes de MS NM, W75G, W68, K85(1 et 2).

Traitement du texte de base

La ponctuation du texte de base, ainsi que l'orthographe et l'accentuation des noms propres, ont été respectées. Par ailleurs le texte de base a fait l'objet d'une modernisation portant sur la graphie, l'accentuation, l'emploi des majuscules et l'emploi des italiques.

I. Particularités de la graphie du texte de base

1. Consonnes

- absence de la lettre d dans la terminaison -ards: milliars.
- absence de la lettre t dans les terminaisons -ants et -ents: compatissans, descendans, enfans, ignorans, méchans, sanglans, savans, tolérans, vivans; alimens, concurrens, confidens, différens, élémens, excrémens, frottemens, instrumens, intelligens, mouvemens, parlemens, présens, serpens, tourmens, tremblemens.
- redoublement de consonnes: argille, mammelle, noisettier, tettent (pour tètent).
- qu employé au lieu de c dans: quarré.
- absence de la lettre s finale dans 'certe'.

2. Voyelles

- emploi de -e- au lieu de -ai- dans: fesant, bienfesant, malfesant.

3. Le trait d'union

- présent dans: de-là, genre-humain, long-temps, non-seulement, partout, sur-tout, très-sérieusement, etc.

II. Particularités d'accentuation du texte de base

1. L'accent aigu

- employé au lieu du grave, dans: piége, grossiéreté.

2. L'accent circonflexe

- présent dans: brûtes, vîte.
- absent dans: ame.
- employé au lieu du grave dans: poëtes.

IL FAUT PRENDRE UN PARTI, OU LE PRINCIPE D'ACTION. DIATRIBE

Ce n'est pas entre la Russie et la Turquie qu'il s'agit de prendre un parti; car ces deux Etats feront la paix tôt ou tard sans que je m'en mêle.[1]

Il ne s'agit pas de se déclarer pour une faction anglaise contre une autre faction; car bientôt elles auront disparu pour faire place à d'autres.

Je ne cherche point à faire un choix entre les chrétiens grecs, les arméniens, les eutichiens, les jacobites, les chrétiens appelés papistes, les luthériens, les calvinistes, les anglicans, les primitifs appelés quakers, les anabaptistes, les jansénistes, les molinistes, les sociniens, les piétistes, et tant d'autres *istes*. Je veux vivre honnêtement avec tous ces messieurs quand j'en rencontrerai, sans jamais disputer avec eux; parce qu'il n'y en aura pas un seul qui, lorsqu'il aura un écu à partager avec moi, ne sache parfaitement son compte, et qui consente à perdre une obole pour le salut de mon âme ou de la sienne.

Je ne prendrai point parti entre les anciens parlements de France et les nouveaux,[2] parce que dans peu d'années il n'en sera plus question.

a-c MS: [*page de titre*] Il faut prendre un / parti / [*ajouté par Voltaire?:*] ou / du principe d'action / et de l'éternité des choses / [*orig. barré:*] <Diatribe> / [*deux lignes*] / A Amsterdam / 1773 [3 *en surcharge sur* 2] / / [*faux titre*] Il faut prendre un parti. / Diatribe.

10-11 MS: anabatistes, les sociniens, les jansénistes, les molinistes, les piétistes

[1] Condorcet a analysé de très près l'attitude de Voltaire face à cette guerre (*Vie de Voltaire*, M.i.269).

[2] Le Parlement de Paris avait été réformé le 28 novembre 1770 par le nouveau 'Réglement de discipline' du chancelier René-Nicolas-Augustin de Maupeou; voir Voltaire, *Histoire du Parlement de Paris* (*OC*, t.68, p.559-60); J. Flammermont, *Le Chancelier Maupeou et les Parlements* (Paris 1883).

Ni entre les anciens et les modernes, parce que ce procès est interminable.

Ni entre les jansénistes et les molinistes, parce qu'ils ne sont plus, et que voilà, Dieu merci, cinq ou six mille volumes devenus aussi inutiles que les œuvres de St Ephrem.[3]

Ni entre les opéra bouffons français et les italiens,[4] parce que c'est une affaire de fantaisie.

Il ne s'agit ici que d'une petite bagatelle, de savoir s'il y a un Dieu; et c'est ce que je vais examiner très sérieusement et de très bonne foi; car cela m'intéresse, et vous aussi.

I
Du principe d'action

Tout est en mouvement, tout agit, et tout réagit dans la nature.[5]

Notre soleil tourne sur lui-même avec une rapidité qui nous étonne; et les autres soleils tournent de même, tandis qu'une foule innombrable de planètes roule autour d'eux dans leurs orbites, et que le sang circule plus de vingt fois par heure dans les plus vils de nos animaux.

20 NM, W68, W75G: [*manque*]
20-24 MS: [*les lignes 20-21, de la main de Voltaire, remplacent les lignes 22-24*]
29a MS: [*absent*]
33 K85: orbites, que

[3] Voltaire a raconté la dispute entre les jansénistes et les molinistes dans son *Siècle de Louis XIV*, ch. XXXVII. L'allusion à Saint Ephrem le Syrien (308-373), exégète de l'Ancien Testament, concerne probablement l'édition de ses *Opera* (Rome 1732-1746), 6 vol. in-folio: voir F. Vigouroux, *Dictionnaire de la Bible* (Paris 1859), 5 vol., ii.1890.

[4] La Querelle des Bouffons (1755) dont Jean-Jacques Rousseau parle dans ses *Confessions,* liv. VIII, a fait l'objet de nombreuses études; voir L. Richenbourg, *Contribution à l'histoire de la 'Querelle des Bouffons'* (Paris 1937).

[5] Voltaire partage cette conception du dynamisme de la nature depuis la *Métaphysique de Newton:* voir surtout le ch. IX, 'De la force active, qui met tout en mouvement dans l'univers' (*OC*, t.15, p.245-52).

Une paille que le vent emporte, tend par sa nature vers le centre de la terre, comme la terre gravite vers le soleil, et le soleil vers elle. La mer doit aux mêmes lois son flux et son reflux éternel. C'est par ces mêmes lois que des vapeurs qui forment notre atmosphère, s'échappent continuellement de la terre, et retombent en rosée, en pluie, en grêle, en neiges, en tonnerres.

Tout est action, la mort même est agissante. Les cadavres se décomposent, se métamorphosent en végétaux, nourrissent les vivants, qui à leur tour en nourrissent d'autres. Quel est le principe de cette action universelle?

Il faut que le principe soit unique.[6] Une uniformité constante dans les lois qui dirigent la marche des corps célestes, dans les mouvements de notre globe, dans chaque espèce, dans chaque genre d'animal, de végétal, de minéral, indique un seul moteur. S'il y en avait deux, ils seraient ou divers, ou contraires, ou semblables. Si divers, rien ne se correspondrait; si contraires, tout se détruirait; si semblables, c'est comme s'il n'y en avait qu'un; c'est un double emploi.

Je me confirme dans cette idée, qu'il ne peut exister qu'un seul principe, un seul moteur, dès que je fais attention aux lois constantes et uniformes de la nature entière.

La même gravitation pénètre dans tous les globes, et les fait tendre les uns vers les autres en raison directe, non de leurs surfaces, ce qui pourrait être l'effet de l'impulsion d'un fluide, mais en raison de leurs masses.

Le carré de la révolution de toute planète est comme le cube de

41 K85(2): en neige, en tonnerre
42 MS, NM, w68, W75G: cadavres transpirent, se métamorphosent
59 MS, NM, w68, W75G: qui serait l'effet
59 MS, NM, w68, W75G: l'impulsion, mais
61 MS: comme ↑V? la racine du↓ cube

[6] 'Le nœud de cette difficulté est dans le premier principe des choses', *Le Philosophe ignorant*, §XI (1766; *OC*, t.62, p.41). Sur les preuves *a posteriori* de l'existence de Dieu: *Métaphysique de Newton*, ch. I, 'S'il y a un Dieu' (*OC*, t.15, p.195-200); *Traité de métaphysique*, ch. I (*OC*, t.14, p.424).

sa distance au soleil; (et cela prouve en passant ce que Platon avait deviné, je ne sais comment, que le monde est l'ouvrage de l'éternel géomètre).[7]

Les rayons de lumière ont leurs réflexions et leurs réfractions dans toute l'étendue de l'univers. Toutes les vérités mathématiques doivent être les mêmes dans l'étoile Sirius et dans notre petite loge.

Si je porte ma vue ici-bas sur le règne animal, tous les quadrupèdes, et les bipèdes qui n'ont point d'ailes, perpétuent leur espèce par la même copulation, toutes les femelles sont vivipares.

Tous les oiseaux femelles pondent des œufs.

Dans toute espèce, chaque genre peuple et se nourrit uniformément.

Chaque genre de végétal a le même fond de propriétés.

Certes le chêne et le noisetier ne se sont pas entendus pour naître et croître de la même façon, de même que Mars et Saturne n'ont pas été d'intelligence pour observer les mêmes lois. Il y a donc une intelligence unique, universelle et puissante, qui agit toujours par des lois invariables.

Personne ne doute qu'une sphère armillaire, des paysages, des animaux dessinés, des anatomies en cire colorée, ne soient des ouvrages d'artistes habiles. Se pourrait-il que les copies fussent d'une intelligence, et que les originaux n'en fussent pas?[8] Cette

66 K85: les véritables mathématiques
68 NM, K85(1): quadrupèdes et
74 W68, W75G, K85: même fonds de
75 MS: sont point entendus
81 NM: cire colorées,
82 K85: d'habiles artistes.

[7] Voltaire a exposé la loi de la gravitation universelle dans ses *Eléments de la philosophie de Newton* (*OC*, t.15, *passim*; surtout p.448-53). Sur la réflexion et la réfraction de la lumière: *ibid.*, IIe partie, ch. III-X (p.281s.).

[8] La comparaison platonisante entre des 'copies' humaines et leurs 'originaux' est fréquente chez Voltaire. Voir *Le Philosophe ignorant*, §XV: 'Je juge incontinent que si les ouvrages des hommes, les miens même, me forcent à reconnaître une intelligence, je dois en reconnaître une bien supérieurement agissante dans la multitude de tant d'ouvrages' (*OC*, t.62, p.49).

seule idée me paraît la plus forte démonstration; et je ne conçois pas comment on peut la combattre.

II
Du principe d'action nécessaire et éternel

Ce moteur unique est très puissant, puisqu'il dirige une machine si vaste et si compliquée. Il est très intelligent, puisque le moindre des ressorts de cette machine ne peut être égalé par nous qui sommes intelligents.[9]

Il est un être nécessaire, puisque sans lui la machine n'existerait pas.

Il est éternel, car il ne peut être produit du néant, qui n'étant rien ne peut rien produire; et dès qu'il existe quelque chose, il est démontré que quelque chose est de toute éternité. Cette vérité sublime est devenue triviale. Tel a été de nos jours l'élancement de l'esprit humain, malgré les efforts que nos maîtres d'ignorance ont faits pendant tant de siècles pour nous abrutir.

III
Quel est ce principe?

Je ne puis me démontrer l'existence du principe d'action, du premier moteur, de l'être suprême, par la synthèse, comme le docteur Clarke. Si cette méthode pouvait appartenir à l'homme,

85a MS: 2°
97 NM, β: ont fait
97a MS: 3°
98 MS, NM, W75G: d'action du

[9] Après ses écrits métaphysiques des années 1734-1738, Voltaire a donné un précis de ses considérations sur les attributs de Dieu dans *Le Philosophe ignorant*, §XIV (*OC*, t.62, p.47-49).

Clarke était digne peut-être de l'employer; mais l'analyse me paraît plus faite pour nos faibles conceptions.[10] Ce n'est qu'en remontant le fleuve de l'éternité que je puis essayer de parvenir à sa source.

Ayant donc connu par le mouvement qu'il y a un moteur; m'étant prouvé par l'action qu'il y a un principe d'action, je cherche ce que c'est que ce principe universel; et la première chose que j'entrevois avec une secrète douleur, mais avec une résignation entière, c'est qu'étant une partie imperceptible du grand tout, étant, comme dit Timée,[11] un point entre deux éternités, il me sera impossible de comprendre ce grand tout et son maître, qui m'engloutissent de toutes parts.

Cependant, je me rassure un peu en voyant qu'il m'a été donné de mesurer la distance des astres, de connaître le cours et les lois qui les retiennent dans leurs orbites. Je me dis: Peut-être parviendrai-je en me servant de bonne foi de ma raison, jusqu'à trouver quelque lueur de vraisemblance qui m'éclairera dans la profonde nuit de la nature. Et si ce petit crépuscule que je cherche ne peut m'apparaître, je me consolerai en sentant que mon ignorance est invincible; que des connaissances qui me sont interdites me sont très surement

113 MS: connaître leurs cours

[10] Pour les 'deux manières de parvenir à la notion d'un être qui préside à l'univers', et pour les références à l'ouvrage de Samuel Clarke, voir *Traité de métaphysique*, ch. II (*OC*, t.14, p.426 et notes) et *Métaphysique de Newton*, ch. I (*OC*, t.15, p.197).

[11] Il s'agit probablement d'une citation indirecte du pseudo-Timaeus Locrus, *De anima mundi et natura*, pastiche tiré au second ou troisième siècle après Christ du *Timée* de Platon, traduit en latin et souvent réimprimé en édition bilingue aux seizième et dix-septième siècles; ce texte grec-latin figure dans les *Fragmenta philosophorum graecorum*, éd. F. G. A. Mullach (Paris 1867) 3 vol., ii.39-46, surtout §§1, 7, 8. Voltaire dit plus explicitement 'Timée de Locres' dans l'article 'Emblème', *Questions sur l'Encyclopédie*, V (1771; M.xviii. 521). Beuchot et Moland prétendaient que ce fût une allusion au mythe de la création que présente le *Poimandres*, le traité de magie attribué à Hermès Trismégiste; mais Voltaire ne cite pas ici le *Corpus Hermeticum*.

inutiles, et que le grand être ne me punira pas d'avoir voulu le connaître et de n'avoir pu y parvenir.[12]

IV
Où est le premier principe? Est-il infini?

Je ne vois point le premier principe moteur et intelligent d'un animal appelé homme, lorsqu'il me démontre une proposition de géométrie, ou lorsqu'il soulève un fardeau. Cependant, je juge invinciblement qu'il y en a un dans lui, tout subalterne qu'il est. Je ne puis découvrir si ce premier principe est dans son cœur, ou dans sa tête, ou dans son sang, ou dans tout son corps. De même, j'ai deviné un premier principe de la nature, j'ai vu qu'il est impossible qu'il ne soit pas éternel. Mais où est-il?

S'il anime toute existence, il est donc dans toute existence: cela me paraît indubitable. Il est dans tout ce qui est, comme le mouvement est dans tout le corps d'un animal, si on peut se servir de cette misérable comparaison.[13]

Mais, s'il est dans ce qui existe, peut-il être dans ce qui n'existe pas? L'univers est-il infini? on me le dit, mais qui me le prouvera? Je le conçois éternel, parce qu'il ne peut avoir été formé du néant, parce que ce grand principe, *rien ne vient de rien*, est aussi vrai que deux et deux font quatre; parce qu'il y a, comme nous avons vu ailleurs,[14] une contradiction absurde à dire, l'être agissant a passé une éternité sans agir; l'être formateur a été éternel sans rien former; l'être nécessaire a été pendant une éternité l'être inutile.

121a MS: 4°

[12] Mêmes réflexions dans *Le Philosophe ignorant*, §x (*OC*, t.62, p.40).

[13] 'Il en est de ce qui agit au-dedans de nous, comme de ce qui agit dans les espaces immenses de la nature. Il y a dans l'arrangement des astres, et dans la conformation d'un ciron et de l'homme, un premier principe dont l'accès doit nécessairement nous être interdit' (*Le Philosophe ignorant*, §xi, *OC*, t.62, p.41).

[14] Voltaire s'est prononcé en 1766 pour l'éternité du monde comme conséquence nécessaire de l'eternité de Dieu (*Le Philosophe ignorant*, *OC*, t.62, p.47-49, 52-53).

Mais je ne vois aucune raison pourquoi cet être nécessaire serait infini. Sa nature me paraît d'être partout où il y a existence; mais pourquoi, et comment une existence infinie? Newton a démontré le vide qu'on n'avait fait que supposer jusqu'à lui. S'il y a du vide dans la nature, le vide peut donc être hors de la nature. Quelle nécessité que les êtres s'étendent à l'infini? que serait-ce que l'infini en étendue? Il ne peut exister non plus qu'en nombre. Point de nombre, point d'extension à laquelle je ne puisse ajouter. Il me semble qu'en cela le sentiment de Cudworth doit l'emporter sur celui de Clarke.

Dieu est présent partout, dit Clarke. Oui, sans doute; mais partout où il y a quelque chose, et non pas où il n'y a rien. Etre présent à rien me paraît une contradiction dans les termes, une absurdité. Je suis forcé d'admettre une éternité, mais je ne suis pas forcé d'admettre un infini actuel.[15]

Enfin, que m'importe que l'espace soit un être réel ou une simple appréhension de mon entendement? Que m'importe que l'être nécessaire, intelligent, puissant, éternel, formateur de tout être, soit dans cet espace imaginaire ou n'y soit pas? en suis-je moins son ouvrage? en suis-je moins dépendant de lui? en est-il moins mon maître? Je vois ce maître du monde par les yeux de mon intelligence; mais je ne le vois point au-delà du monde.

On dispute encore si l'espace infini est un être réel ou non. Je ne veux point asseoir mon jugement sur un fondement aussi équivoque, sur une querelle digne des scolastiques; je ne veux point établir le trône de Dieu dans les espaces imaginaires.

S'il est permis, encore une fois, de comparer les petites choses qui nous paraissent grandes, à ce qui est si grand en effet, imaginons un alguazil de Madrid qui veut persuader à un castillan

[15] Voltaire a formulé en 1738 les raisons pour et contre l'infinité de l'espace d'après le 'Scholium Generale' de Newton et les réponses de Clarke à Leibniz: *Métaphysique de Newton*, ch. II (*OC*, t.15, p.201 et suiv.); en 1766, en réagissant contre le matérialisme dans *Le Philosophe ignorant*, §XVII, il rejette avec plus d'assurance les notions métaphysiques de l'espace réel et de l'infini actuel (*OC*, t.62, p.50-51).

son voisin que le roi d'Espagne est le maître de la mer qui est au nord de la Californie, et que quiconque en doute est criminel de lèse-majesté. Le castillan lui répond: Je ne sais pas seulement s'il y a une mer au-delà de la Californie. Peu m'importe qu'il y en ait une, pourvu que j'aie de quoi vivre à Madrid. Je n'ai pas besoin qu'on découvre cette mer pour être fidèle au roi mon maître sur les bords du Mansanarès. Qu'il y ait ou non des vaisseaux au-delà de la baie d'Hudson, il n'en a pas moins le pouvoir de me commander ici; je sens ma dépendance de lui dans Madrid, parce que je sais qu'il est le maître de Madrid.

Ainsi notre dépendance du grand être ne vient point de ce qu'il est présent hors du monde, mais de ce qu'il est présent dans le monde. Je demande seulement pardon au maître de la nature de l'avoir comparé à un chétif homme pour me mieux faire entendre.

V

Que tous les ouvrages de l'être éternel sont éternels

Le principe de la nature étant nécessaire et eternel, et son essence étant d'agir, il a donc agi toujours. Car, encore une fois, s'il n'avait pas été toujours le Dieu agissant, il aurait été toujours le Dieu indolent, le Dieu d'Epicure, le Dieu qui n'est bon à rien. Cette vérité me paraît démontrée en toute rigueur.

Le monde son ouvrage, sous quelque forme qu'il paraisse, est donc éternel comme lui, de même que la lumière est aussi ancienne

174 MS: m'importe, pourvu qu'il
177 MS: Qu'il ait
178 MS: le <droit> ↑pouvoir↓ de
178 NM, w68, w75G: le droit de
184a MS: §V
184b MS: de l'Eternel
190 NM, w68, w75G: ouvrage est
190 MS: ouvrage, ↑[v?]sous quelque forme qu'il paraisse,↓ est

que le soleil, le mouvement aussi ancien que la matière, les aliments aussi anciens que les animaux; sans quoi le soleil, la matière, les animaux auraient été non seulement des êtres inutiles, mais des êtres de contradiction, des chimères.[16]

Que pourrait-on imaginer en effet de plus contradictoire qu'un être essentiellement agissant qui n'aurait pas agi pendant une éternité; un être formateur qui n'aurait rien formé, et qui n'aurait formé quelques globes que depuis très peu d'années, sans qu'il parût la moindre raison de les avoir formés plutôt en un temps qu'en un autre? Le principe intelligent ne peut rien faire sans raison; rien ne peut exister sans une raison antécédente et nécessaire. Cette raison antécédente et nécessaire a été éternellement; donc l'univers est éternel.

Nous ne parlons ici que philosophiquement; il ne nous appartient pas seulement de regarder en face ceux qui parlent par révélation.

VI
Que l'être éternel, premier principe, a tout arrangé volontairement

Il est clair que cette suprême intelligence nécessaire, agissante, a une volonté, et qu'elle a tout arrangé parce qu'elle l'a voulu. Car comment agir et former tout sans vouloir le former? ce serait être

195 NM, W68, W75G: chimères absurdes.
195 MS: chimères <absurdes>
198 NM, W68, W75G: formé, ou qui
207a MS: §VI.
208 NM, W68, W75G: intelligence, nécessaire

[16] La thèse de l'éternité du monde est réaffirmée ici avec beaucoup plus de force et de netteté que dans *Le Philosophe ignorant*, §XVI, où l'auteur se demande: 'Cette intelligence est-elle éternelle? Sans doute; car soit que j'aie admis ou rejeté l'éternité de la matière, je ne peux rejeter l'existence éternelle de son artisan suprême' (*OC*, t.62, p.49).

une pure machine, et cette machine supposerait un autre premier principe, un autre moteur. Il en faudrait toujours revenir à un premier être intelligent, quel qu'il soit. Nous voulons, nous agissons, nous formons des machines quand nous le voulons; donc le grand Demiourgos très puissant a tout fait parce qu'il l'a voulu.

Spinosa lui-même reconnaît dans la nature une puissance intelligente nécessaire. Mais une intelligence destituée de volonté serait une chose absurde, parce que cette intelligence ne servirait à rien, elle n'opérerait rien, puisqu'elle ne voudrait rien opérer. Le grand être nécessaire a donc voulu tout ce qu'il a opéré.

J'ai dit tout-à-l'heure qu'il a tout fait nécessairement parce que, si ses ouvrages n'étaient pas nécessaires, ils seraient inutiles. Mais cette nécessité lui ôterait-elle sa volonté? non, sans doute; je veux nécessairement être heureux; je n'en veux pas moins ce bonheur; au contraire je le veux avec d'autant plus de force que je le veux invinciblement.

Cette nécessité lui ôte-t-elle sa liberté? point du tout. La liberté ne peut être que le pouvoir d'agir. L'être suprême étant très puissant, est donc le plus libre des êtres.[17]

Voilà donc le grand artisan des choses reconnu nécessaire, éternel, intelligent, puissant, voulant et libre.

215 NM, w68, w75G: a fait parce qu'il a voulu
224 MS: elle la volonté
228-230 MS: ←Voyez l'article Liberté.→
232 MS: puissant, ↑voulant↓ et
232a MS: §VII.

[17] En 1734 et en 1738 Voltaire avait insisté sur la distinction entre la liberté infinie de Dieu et la liberté 'faible, limitée et passagère' de l'homme: *Traité de métaphysique*, ch. II et VII (*OC*, t.14, p.428-30 et 460); *Métaphysique de Newton*, ch. III (*OC*, t.15, p.209-12).

VII
Que tous les êtres, sans aucune exception, sont soumis aux lois éternelles

Quels sont les effets de ce pouvoir éternel résidant essentiellement dans la nature? Je n'en vois que de deux espèces, les insensibles et les sensibles.

Cette terre, ces mers, ces planètes, ces soleils paraissent des êtres admirables, mais brutes, destitués de toute sensibilité. Un colimaçon qui veut, qui a quelques perceptions et qui fait l'amour, paraît en cela jouir d'un avantage supérieur à tout l'éclat des soleils qui illuminent l'espace.

Mais tous ces êtres sont également soumis aux lois éternelles et invariables.[18]

Ni le soleil, ni le colimaçon, ni l'huître, ni le chien, ni le singe, ni l'homme, n'ont pu se donner rien de ce qu'ils possèdent, il est évident qu'ils ont tout reçu.

L'homme et le chien sont nés malgré eux d'une mère qui les a mis au monde malgré elle. Tous deux tètent leur mère sans savoir ce qu'ils font, et cela par un mécanisme très délicat, très compliqué, dont même très peu d'hommes acquièrent la connaissance.

Tous deux, au bout de quelque temps, ont des idées, de la mémoire, une volonté; le chien beaucoup plus tôt, l'homme plus tard.

Si les animaux n'étaient que de pures machines, ce ne serait qu'une raison de plus pour ceux qui pensent que l'homme n'est qu'une machine aussi; mais il n'y a plus personne aujourd'hui qui

234 MS: que deux
236 MS: mers, ces plantes, ces soleils
239 MS [*en partie rayé*], NM, W68, W75G: avantage prodigieusement supérieur
239 MS, NM, W68, W75G: à tous les soleils
241-242 K85: éternelles invariables

[18] Sur la croyance au déterminisme universel, voir Introduction, ci-dessus, p.6.

n'avoue que les animaux ont des idées, de la mémoire, une mesure d'intelligence, qu'ils perfectionnent leurs connaissances; qu'un chien de chasse apprend son métier, qu'un vieux renard est plus habile qu'un jeune, etc.[19]

De qui tiennent-ils toutes ces facultés, sinon de la cause primordiale éternelle, du principe d'action, du grand être qui anime toute la nature?

L'homme a les facultés des animaux beaucoup plus tard qu'eux, mais dans un degré beaucoup plus éminent; peut-il les tenir d'une autre cause?

Il n'a rien que ce que le grand être lui donne. Ce serait une étrange contradiction, une singulière absurdité que tous les astres, tous les éléments, tous les végétaux, tous les animaux obéissent sans relâche irrésistiblement aux lois du grand être, et que l'homme seul pût se conduire par lui-même.

VIII

Que l'homme est essentiellement soumis en tout aux lois éternelles du premier principe

Voyons donc cet animal homme avec les yeux de la raison que le grand être nous a donnée.

Qu'est-ce que la première perception qu'il reçoit? celle de la douleur; ensuite le plaisir de la nourriture. C'est là toute notre vie, douleur et plaisir. D'où nous viennent ces deux ressorts qui nous font mouvoir jusqu'au dernier moment, sinon de ce premier

266 MS: rien <que> ↑que ce que↓ le
270 MS: même! [! *en surcharge sur* ?]
270a MS: §VIII.

[19] La thèse cartésienne des animaux-machines a été rejetée par Voltaire dès le début de ses réflexions métaphysiques, par exemple dans les *Lettres philosophiques*, §XIII, 'Sur Locke' (M.xxii.126), et dans le *Traité de metaphysique*, ch. V (*OC*, t.14, p.455).

principe d'action, de ce grand Demiourgos? Certes, ce n'est pas nous qui nous donnons de la douleur; et comment pourrions-nous être la cause du petit nombre de nos plaisirs? Nous avons dit ailleurs qu'il nous est impossible d'inventer une nouvelle sorte de plaisir, c'est-à-dire un nouveau sens.[20] Disons ici qu'il nous est également impossible d'inventer une nouvelle sorte de douleur. Les plus abominables tyrans ne le peuvent pas. Les Juifs, dont le bénédictin Calmet a fait graver les supplices dans son dictionnaire,[21] n'ont pu que couper, déchirer, mutiler, tirer, brûler, étouffer, écraser: tous les tourments se réduisent là. Nous ne pouvons donc rien par nous-mêmes ni en bien ni en mal; nous ne sommes que les instruments aveugles de la nature.

Mais je veux penser et je pense, dit au hasard la foule des hommes. Arrêtons-nous ici. Quelle a été notre première idée après le sentiment de la douleur?[22] celui de la mamelle que nous avons sucée; puis le visage de notre nourrice; puis quelques autres faibles objets et quelques besoins ont fait des impressions. Jusque-là oserait-on dire qu'on n'a pas été un automate sentant, un malheureux animal abandonné, sans connaissance et sans pouvoir, un rebut de la nature? Osera-t-on dire que dans cet état on est un être pensant, qu'on se donne ses idées, qu'on a une âme? Qu'est-ce que le fils d'un roi au sortir de la matrice? il dégoûterait son père s'il

278 MS: eh! comment

284 NM, w68, w75G: dictionnaire, ne l'ont pas pu. Déchirer, serrer, mutiler, tous les

284-286 MS: dictionnaire, <n'ont pas> ↑n'ont↓ pu →que couper← déchirer, serrer. <mutiler>, tirer ↑bruler, étouffer, écraser↓: tous

287 NM, w68, w75G: sommes réellement que

294-296 MS: automate? Osera-t-on dire

[20] Renvoi probable au début de l'article 'Sensation' du *Dictionnaire philosophique* (*OC*, t.36, p.528).

[21] Le *Dictionnaire historique, critique, chronologique, géographique et littéral de la Bible* par dom Augustin Calmet (Paris 1720-1721), 4 vol., a été plusieurs fois réimprimé.

[22] Sur les 'premières idées', mêmes remarques dans *Le Philosophe ignorant*, §11 (*OC*, t.62, p.32).

n'était pas son père. Une fleur des champs qu'on foule aux pieds est un objet infiniment supérieur.

IX
Du principe d'action des êtres sensibles

Vient enfin le temps où un nombre plus ou moins grand de perceptions, reçu dans notre machine, semble se présenter à notre volonté. Nous croyons faire des idées.[23] C'est comme si, en ouvrant le robinet d'une fontaine, nous pensions former l'eau qui en coule. Nous, créer des idées! pauvres gens que nous sommes! Quoi! il est évident que nous n'avons eu nulle part aux premières, et nous serions les créateurs des secondes! Pesons bien cette vanité de faire des idées, et nous verrons qu'elle est insolente et absurde.

Souvenons-nous qu'il n'y a rien dans les objets extérieurs qui ait la moindre analogie, le moindre rapport, avec un sentiment, une idée, une pensée;[24] faites fabriquer un œil, une oreille par le meilleur ouvrier en marqueterie, cet œil ne verra rien, cette oreille n'entendra rien. Il en est ainsi de notre corps vivant. Le principe universel d'action fait tout en nous. Il ne nous a point exceptés du reste de la nature.

Deux expériences continuellement réitérées dans tout le cours de notre vie, et dont j'ai parlé ailleurs,[25] convaincront tout homme qui réfléchit que nos idées, nos volontés, nos actions ne nous appartiennent pas.

313 MS: ouvrier; cet œil

[23] Voir l'article 'Idée' du *Dictionnaire philosophique:* 'Il est bien triste d'avoir tant d'idées, et de ne savoir pas au juste la nature des idées' (*OC*, t.36, p.204).

[24] Voltaire a répondu aux 'sceptiques outrés' à propos de l'existence des objets extérieurs dans le *Traité de métaphysique*, ch. IV; voir aussi ses remarques à propos de l'immatérialisme de Malebranche dans *Tout en Dieu* (M.xxviii.92-93).

[25] *Dictionnaire philosophique*, 'Idée', p.201s.

La première, c'est que personne ne sait ni ne peut savoir quelle idée lui viendra dans une minute, quelle volonté il aura, quel mot il proférera, quel mouvement son corps fera.

La seconde, que pendant le sommeil il est bien clair que tout se fait dans nos songes sans que nous y ayons la moindre part.[26] Nous avouons que nous sommes alors de purs automates, sur lesquels un pouvoir invisible agit avec une force aussi réelle, aussi puissante qu'incompréhensible. Ce pouvoir remplit notre tête d'idées, nous inspire des désirs, des passions, des volontés, des réflexions. Il met en mouvement tous les membres de notre corps. Il est arrivé quelquefois qu'une mère a étouffé effectivement dans un vain songe son enfant nouveau-né qui dormait à côté d'elle; qu'un ami a tué son ami. D'autres jouissent réellement d'une femme qu'ils ne connaissent pas. Combien de musiciens ont fait de la musique en dormant! combien de jeunes prédicateurs ont composé des sermons, ou éprouvé des pollutions!

Si notre vie était partagée exactement entre la veille et le sommeil, au lieu que nous ne consumons d'ordinaire à dormir que le tiers de notre chétive durée, et si nous rêvions toujours dans ce sommeil, il serait bien démontré alors que la moitié de notre existence ne dépend point de nous. Mais, supposé que de vingt-quatre heures nous en passions huit dans les songes, il est évident que voilà le tiers de nos jours qui ne nous appartient en aucune manière. Ajoutez-y l'enfance, ajoutez-y tout le temps employé aux fonctions purement animales, et voyez ce qui reste. Vous serez étonné d'avouer que la moitié de votre vie au moins ne vous appartient point du tout. Concevez à présent de quelle inconsé-

323 MS: mouvement il fera

328-329 MS: remplit d'idées nôtre tête assoupie, nôtre tête, qui alors n'est pas nôtre individu, il lui inspire

331 MS: dans les convulsions d'un vain

341 MS: existence nous est absolument étrangère. Mais

346-347 MS: vie n'est point à vous.//Concevez

[26] Voir l'article 'Songes' du *Dictionnaire philosophique* (*OC*, t.36, p.532-35).

quence il serait qu'une moitié dépendît de vous, et que l'autre n'en dépendît pas.

Concluez donc que le principe universel d'action fait tout en vous.

Un janséniste m'arrête là, et me dit: Vous êtes un plagiaire; vous avez pris votre doctrine dans le fameux livre *de l'action de* Dieu *sur les créatures*, autrement, *de la prémotion physique*, par notre grand patriarche Boursier,[27] dont nous avons dit (*a*) *qu'il avait trempé sa plume dans l'encrier de la Divinité*. Non, mon ami; je n'ai jamais pris chez les jansénistes ni chez les molinistes qu'une forte aversion pour leurs cabales, et un peu d'indifférence pour leurs opinions.

(*a*) *Dictionnaire des grands hommes*, à l'article *Boursier*.

N.B. Que parmi ces *grands hommes* il n'y a guère que des jansénistes, comme parmi les *grands hommes* de l'abbé *Ladvocat*, on ne trouve guère que des partisans des jésuites.[28]

348-350 MS: moitié fut en vôtre puissance, et que l'autre n'y fut pas. Concluez

352 NM, W68, W75G: [*paragraphe manque*]

355 NM, W68, W75G: [*note manque*]

note *a*, 1 MS: ←[V]Dictionnaire <des grands hommes> janséniste, littéraire et critique, sans nom d'autheur de libraire et de ville, 1768→

[27] Dans l'appendice 'Ecrivains français du siècle de Louis XIV' (M.xiv.46) il y a une notice consacrée à 'Boursier, Laurent-François (1679-1749), auteur du fameux livre de l'action de Dieu sur les créatures ou de la prémotion physique'. Voltaire juge sévèrement cet ouvrage et remarque qu''il est difficile d'allier les systèmes sur la grâce avec le grand système de l'action éternelle et immuable de Dieu sur tout ce qui existe [...] Il faut avouer qu'il n'y a que deux manières philosophiques d'expliquer la machine du monde: ou Dieu a ordonné une fois, et la nature obéit toujours; ou Dieu donne continuellement à tout l'être et toutes les modifications de l'être: un troisième parti est inexplicable. Il est dit dans le *Nouveau dictionnaire historique, littéraire et critique*, et janséniste que *Boursier semblable à l'aigle, s'élève en haut, et trempe sa plume dans le sein de Dieu.* On ne voit pas trop comment Dieu peut servir de cornet à M. Boursier.'

[28] Le *Dictionnaire des grands hommes*, ou 'janséniste', dont Voltaire a tiré la citation est le *Dictionnaire historique, littéraire et critique* par l'abbé Pierre Barral, avec la collaboration des PP. Guibaud et Valla (Avignon 1758-1759), 6 vol. Dans la note 'N.B.' il fait allusion au *Dictionnaire historique portatif* par Jean-Baptiste Ladvocat (Paris 1752), 2 vol., réimprimé en 1755 et en 1760.

Boursier, en prenant Dieu pour son cornet, sait précisément de quelle nature était le sommeil d'Adam, quand Dieu lui arracha une côte pour en former sa femme; de quelle espèce était sa *concupiscence*, sa grâce habituelle, sa grâce actuelle. Il sait, avec St Augustin, qu'on aurait fait des enfants sans volupté dans le paradis terrestre, comme on sème son champ, sans goûter en cela le plaisir de la chair. Il est convaincu qu'Adam n'a péché dans le paradis terrestre que par distraction. Moi, je ne sais rien de tout cela; et je me contente d'admirer ceux qui ont une si belle et si profonde science.

X

Du principe d'action appelé âme[29]

Mais on a imaginé, après bien des siècles, que nous avions une âme qui agissait par elle-même; et on s'est tellement accoutumé à cette idée qu'on l'a prise pour une chose réelle.

On a crié partout *l'âme*, *l'âme!* sans avoir la plus légère notion de ce qu'on prononçait.

Tantôt par âme on voulait dire la vie; tantôt c'était un petit simulacre léger qui nous ressemblait, et qui allait après notre mort boire des eaux de l'Achéron; c'était une harmonie, une omémorie, une entéléchie. Enfin on en a fait un petit être qui n'est point corps, un souffle qui n'est point air; et de ce mot souffle, qui veut dire esprit en plus d'une langue, on a fait un je ne sais quoi qui n'est rien du tout.[30]

359 MS: Mr Boursier
368 MS: On a imaginé
MS: à <ce mot> ↑cette idée↓ qu'on l'a prise [e *ajouté*] pour
369-370 NM, W68, W75G: à ce mot qu'on l'a pris pour
375-376 MS: harmonie, une économie, une entéléchie
377-378 MS: souffle qu'on exprime par esprit

[29] Sur le terme 'principe d'action', voir l'Introduction.

[30] Une doxographie détaillée consacrée aux différentes conceptions de l'âme se trouve dans l'article 'Ame' du *Dictionnaire philosophique* (*OC*, t.35, p.304-19).

Mais qui ne voit qu'on prononçait ce mot d'*âme* vaguement et sans s'entendre, comme on le prononce encore aujourd'hui, et comme on profère les mots de mouvement, d'entendement, d'imagination, de mémoire, de désir, de volonté? Il n'y a point d'être réel appelé volonté, désir, mémoire, imagination, entendement, mouvement. Mais l'être réel appelé homme comprend, imagine, se souvient, désire, veut, se meut. Ce sont des termes abstraits, inventés pour faciliter le discours.[31] Je cours, je dors, je m'éveille; mais il n'y a point d'être physique qui soit course, ou sommeil, ou éveil. Ni la vue, ni l'ouïe, ni le tact, ni l'odorat, ni le goût ne sont des êtres. J'entends, je vois, je flaire, je goûte, je touche. Et comment fais-je tout cela sinon parce que le grand être a ainsi disposé toutes les choses, parce que le principe d'action, la cause universelle, en un mot Dieu, nous donne ces facultés?

Prenons-y bien garde, il y aurait tout autant de raison à supposer dans un limaçon un être secret appelé *âme libre* que dans l'homme. Car ce limaçon a une volonté, des désirs, des goûts, des sensations, des idées, de la mémoire. Il veut marcher à l'objet de sa nourriture, à celui de son amour. Il s'en ressouvient, il en a l'idée, il y va aussi vite qu'il peut aller; il connaît le plaisir et la douleur.[32] Cependant vous n'êtes point effarouché, quand on vous dit que cet animal n'a point une âme spirituelle, que Dieu lui a fait ces dons pour un peu de temps, et que celui qui fait mouvoir les astres fait mouvoir les

389 K85(1): ou réveil.
395 MS: <l'âme> ↑âme libre↓
MS: Ame ↑V?libre↓ (qui [...] diable)
395 NM, w68, w75G: appelé l'âme, que
400 K85: n'êtes pas effarouché

[31] Voltaire se réfère aux 'termes abstraits' de la nomenclature de Malebranche (*De la recherche de la vérité*, III, ii, i-iv), concernant les facultés de l'âme, qu'il rejette; voir aussi *Tout en Dieu* (M.xxviii.92).

[32] En 1768 Voltaire a fait des expériences sur la reproduction des limaçons; il en parle dans *Les Singularités de la nature* (M.xxvii.131-32 et notes); voir aussi *Les Colimaçons... lettres du révérend père L'Escarbotier* (M.xxvii.213-26) et *Questions sur l'Encyclopédie*, III (1770; M.xix.223).

insectes. Mais quand il s'agit d'un homme, vous changez d'avis. Ce pauvre animal vous paraît si digne de vos respects, c'est-à-dire vous êtes si orgueilleux, que vous osez placer dans son corps chétif quelque chose qui semble tenir de la nature de Dieu même, et qui cependant, par la perversité de ses pensées, vous paraît souvent à vous-même diabolique, quelque chose de sage et de fou, de bon et d'exécrable, de céleste et d'infernal, d'invisible, d'immortel, d'incompréhensible, et vous vous êtes accoutumé à cette idée comme vous avez pris l'habitude de dire *mouvement*, quoiqu'il n'y ait point d'être qui soit mouvement; comme vous proférez tous les mots abstraits, quoiqu'il n'y ait point d'êtres abstraits.

XI
Examen du principe d'action appelé âme

Il y a pourtant un principe d'action dans l'homme. Oui, et il y en a partout. Mais ce principe peut-il être autre chose qu'un ressort, un premier mobile secret qui se développe par la volonté toujours agissante du premier principe aussi puissant que secret, aussi démontré qu'invisible, lequel nous avons reconnu être la cause essentielle de toute la nature?

Si vous créez le mouvement, si vous créez des idées, parce que vous le voulez, vous êtes Dieu pour ce moment-là; car vous avez tous les attributs de Dieu; volonté, puissance, création. Or figurez-vous l'absurdité où vous tombez en vous faisant Dieu.

Il faut que vous choisissiez entre ces deux partis, ou d'être Dieu quand il vous plaît; ou de dépendre continuellement de Dieu. Le premier est extravagant, le second seul est raisonnable.

S'il y avait dans notre corps un petit dieu nommé *âme libre*, qui devient si souvent un petit diable, il faudrait, ou que ce petit dieu fût créé de toute éternité, ou qu'il fût créé au moment de votre conception, ou qu'il le fût pendant que vous êtes embryon, ou

427 NM, W68, W75G: âme (qui [...] diable),

quand vous naissez, ou quand vous commencez à sentir.[33] Tous ces partis sont également ridicules.

Un petit dieu subalterne, inutilement existant pendant une éternité passée, pour descendre dans un corps qui meurt souvent en naissant; c'est le comble de la contradiction et de l'impertinence.

Si ce petit *dieu-âme* est créé au moment que votre père darde je ne sais quoi dans la matrice de votre mère, voilà le maître de la nature, l'être des êtres occupé continuellement à épier tous les rendez-vous, toujours attentif au moment où un homme prend du plaisir avec une femme, et saisissant ce moment pour envoyer vite une âme sentante, pensante, dans un cachot, entre un boyau rectum et une vessie.[34] Voilà un petit dieu plaisamment logé! Quand madame accouche d'un enfant mort, que devient ce *dieu-âme* qui s'était enfermé entre des excréments infects et de l'urine? Où s'en retourne-t-il?

Les mêmes difficultés, les mêmes inconséquences, les mêmes absurdités ridicules et révoltantes subsistent dans tous les autres cas. L'idée d'une âme telle que le vulgaire la conçoit ordinairement sans réfléchir, est donc ce qu'on a jamais imaginé de plus sot et de plus fou.

Combien plus raisonnable, plus décent, plus respectueux pour

434 MS: qui souvent meurt
445 NM, w68, w75G: l'urine? ¶Les
449-450 MS: imaginé de moins raisonnable.//
451 MS: plus sage, plus décent

[33] Voltaire rejette la notion, scolastique et cartésienne, de l'âme-substance. Il n'a point changé d'avis à propos de ce prétendu 'être à part' depuis son *Traité de métaphysique*, ch. V, 'Si l'homme a une âme, et ce que ce peut être' (*OC*, t.14, p.455s.); voir aussi ses remarques contre la notion métaphysique de l'âme chez Malebranche dans *Tout en Dieu* (M.xxviii.95).

[34] Dans le conte philosophique *L'Homme aux quarante écus* (1768) Voltaire a inséré une 'Discussion sur l'âme du fœtus' (*OC*, t.66, p.348-56), dont il donne un résumé dans cet alinéa; mais cette discussion avait paru pour la prémière fois dans les *Questions sur l'Encyclopédie*, III. Voir aussi *Le Philosophe ignorant*, §XIV (*OC*, t.62, p.47s).

l'être suprême, plus convenable à notre nature: et par conséquent combien plus vrai n'est-il pas de dire:

'Nous sommes des machines produites de tout temps les unes après les autres par l'éternel géomètre; machines faites ainsi que tous les autres animaux, ayant les mêmes organes, les mêmes besoins, les mêmes plaisirs, les mêmes douleurs, très supérieurs à eux tous en beaucoup de choses, inférieurs en quelques autres, ayant reçu du grand être un principe d'action que nous ne pouvons connaître; recevant tout, ne nous donnant rien, et mille millions de fois plus soumis à lui que l'argile ne l'est au potier qui la façonne.'

Encore une fois, ou l'homme est un dieu, ou il est exactement tout ce que je viens de prononcer.(*b*)

XII
Si le principe d'action dans les animaux est libre

Il y a dans l'homme et dans tout animal un principe d'action comme dans toute machine; et ce premier moteur, ce premier ressort est

(*b*) Le pouvoir d'agir dans un être intelligent est uniquement la connaissance acquise par l'expérience que le désir qu'il forme que tel effet existe, est constamment suivi de l'existence de cet effet. Nous ne pouvons avoir d'autre idée de l'action. Ainsi le raisonnement de M. de Voltaire se réduit à ceci: Ce que je désire, ce que je veux a lieu d'une manière constante, mais pour un bien petit nombre de cas, et même cet ordre est souvent interrompu sans que je sache comment. Je dois donc supposer qu'il existe un être dont la volonté est toujours suivie de l'effet; c'est la seule idée que je puis avoir d'un agent tout puissant, et si je crois quelquefois être un agent borné, c'est seulement lorsque ma volonté est d'accord avec celle de cet être suprême.[35]

461 NM, W68, W75G: façonne. Encore [...] prononcer.' [*sans alinéa*]
463 MS, NM, W68, W75G: [*note manque*]
464 MS: Oui, il y a

[35] Note des éditeurs de Kehl.

nécessairement, éternellement disposé par le maître, sans quoi tout serait chaos, sans quoi il n'y aurait point de monde.

Tout animal, ainsi que toute machine, obéit nécessairement, irrévocablement à l'impulsion qui la dirige;[36] cela est évident, cela est assez connu. Tout animal est doué d'une volonté, et il faut être fou pour croire qu'un chien qui suit son maître n'ait pas la volonté de le suivre. Il marche après lui irrésistiblement, oui, sans doute; mais il marche volontairement. Marche-t-il librement? oui, si rien ne l'empêche; c'est-à-dire, il peut marcher, il veut marcher, et il marche; ce n'est pas dans sa volonté qu'est sa liberté de marcher, mais dans la faculté de marcher à lui donnée. Un rossignol veut faire son nid, et le construit quand il a trouvé de la mousse. Il a eu la liberté d'arranger ce berceau ainsi qu'il a eu la liberté de chanter quand il en a eu envie, et qu'il n'a pas été enrhumé. Mais a-t-il eu la liberté d'avoir cette envie, a-t-il voulu vouloir faire son nid? A-t-il eu cette absurde liberté d'indifférence[37] que des théologiens ont fait consister à dire: *Je ne veux ni ne veux pas faire mon nid, cela m'est absolument indifférent; mais je vais vouloir faire mon nid uniquement pour le vouloir, et sans y être déterminé par rien, et seulement pour vous prouver que suis libre.* Telle est l'absurdité qui a régné dans les écoles. Si le rossignol pouvait parler il dirait à ces docteurs: *Je suis invinciblement déterminé à nicher, je veux nicher, j'en ai le pouvoir et je niche; vous êtes invinciblement déterminés à raisonner mal, vous remplissez votre destinée comme moi la mienne.*

474-475 MS: il peur marcher, et il marche
479 MS: envie. Mais
480 NM: A-il
482 K85: *Je veux*
487-488 MS: veux invinciblement nicher, j'en ai la faculté et je niche
488 MS, NM, W68, W75G: *mal, et vous*
489 MS, B: la mienne.¶ Dieu nous tromperait, me dit [MS: <unthéologal> ↑le

[36] La question de la liberté de la volonté chez les animaux, posée d'abord dans le *Traité de métaphysique*, ch. V et VII (*OC*, t.14, p.460-67, et appendice I, p.483-502), est strictement liée aux méditations de Voltaire sur la liberté de l'homme, dont elle partage les développements.

[37] Sur 'la liberté d'indifférence' voir note 42 plus loin.

Nous allons voir si l'homme peut être libre dans un autre sens. 490

XIII
De la liberté de l'homme et du destin

Une boule qui en pousse une autre, un chien de chasse qui court nécessairement et volontairement après un cerf, ce cerf qui franchit un fossé immense avec non moins de nécessité et de volonté; cette

---

docteur Tamponet↓] le docteur Tamponet,[38] s'il nous faisait accroire que nous jouissons de la liberté d'indifférence, et si nous ne l'avions pas. Je lui réponds que Dieu ne me fait point accroire que j'aie cette sotte liberté; j'éprouve au contraire vingt fois par jour que je veux, que j'agis invinciblement. Si quelquefois un sentiment confus me fait accroire que je suis libre dans votre sens théologal, Dieu ne me trompe pas plus alors que quand il me fait croire que le soleil tourne, que ce soleil n'a pas plus d'un pied de diamètre, que Vénus n'est pas plus grosse qu'une pilule, qu'un baton droit est courbé dans l'eau, qu'une tour carrée est ronde, que le feu a de la chaleur, que la glace a de [MS: chaleur, ↑que↓ la glace ↑a↓de] la froideur, que les couleurs sont dans les objets. Toutes ces méprises sont nécessaires; c'est une suite évidente de la constitution de cet univers. Notre sentiment confus d'une prétendue liberté n'est pas moins nécessaire. C'est ainsi que nous sentons très-souvent du mal à un membre que nous n'avons plus, et qu'en faisant un certain mouvement de deux doigts croisés l'un sur l'autre on sent deux boules dans sa main lorsqu'il n'y en a qu'une. L'organe de l'ouïe est sujet à mille méprises qui sont l'effet des ondulations de l'atmosphère. Notre nature est de nous tromper sur tous les objets dans lesquels ces erreurs sont nécessaires [MS: sur [...] nécessaires *ajouré d'une autre main*]. Nous[39]

490 MS: sens que celui qui est admis par les philosophes.

490a MS: §XIII.

[38] Le professeur Tamponet était membre de la commission chargée d'examiner la fameuse thèse soutenue le 18 novembre 1751 à la Sorbonne par l'abbé de Prades, l'un des collaborateurs de l'*Encyclopédie,* le protégé de Diderot. La thèse fut d'abord acceptée et puis censurée par la faculté, ce qui causa le premier arrêt contre l'*Encyclopédie* (voir sur cette affaire J. S. Spink, introduction à la *Suite de l'apologie de l'abbé de Prades,* dans Diderot, iv.284-307). Mais il s'agit ici d'un pseudonyme: Voltaire se réfère à son pamphlet *Questions de Zapata,* qu'il publia en 1752 comme 'traduites par le sieur Tamponet, docteur de Sorbonne' (*OC*, t.62, p.381s.); donc il répond à ses propres propos.

[39] 'Cet alinéa et le suivant n'existaient dans aucune édition lorsque, en 1819, je les ai donnés d'après l'errata manuscrit ou supplément à l'errata des éditions de Kehl, rédigé par Decroix' (note de Beuchot: M.xxviii.531-32).

biche qui produit une autre biche, laquelle en mettra une autre au monde, tout cela n'est pas plus invinciblement déterminé que nous ne le sommes à tout ce que nous faisons: car songeons toujours combien il serait inconséquent, ridicule, absurde, qu'une partie des choses fût arrangée, et que l'autre ne le fût pas.

Tout événement présent est né du passé, et est père du futur, sans quoi cet univers serait absolument un autre univers, comme le dit très bien Leibnitz,[40] qui a deviné plus juste en cela que dans son harmonie préétablie. La chaîne éternelle ne peut être ni rompue, ni mêlée. Le grand être qui la tient nécessairement ne peut la laisser flotter incertaine, ni la changer; car alors il ne serait plus l'être nécessaire, l'être immuable, l'être des êtres; il serait faible, inconstant, capricieux; il démentirait sa nature, il ne serait plus.

Un destin inévitable est donc la loi de toute la nature; et c'est ce qui a été senti par toute l'antiquité. La crainte d'ôter à l'homme je ne sais quelle fausse liberté, de dépouiller la vertu de son mérite, et le crime de son horreur, a quelquefois effrayé des âmes tendres; mais dès qu'elles ont été éclairées, elles sont bientôt revenues à cette grande vérité que tout est enchaîné, et que tout est nécessaire.[41]

512 NM: et tout

[40] Après la crise des années 1748-1755, Voltaire s'écriait dans le *Poème sur le désastre de Lisbonne*:

> Non, ne présentez plus à mon cœur agité
> Ces immuables lois de la nécessité
> Cette chaîne des corps, des esprits et des mondes
> O rêves de savants! O chimères profondes!
> Dieu tient en main la chaîne, et n'est point enchaîné.

Dans une note en bas de la page il ajoute: 'Cette chaîne des événements a été admise et très ingénieusement défendue par le grand philosophe Leibniz'; et après un exposé sommaire des vues déterministes du philosophe allemand, il conclut: '*tout est enchaîné* ne veut dire autre chose sinon que tout est arrangé. Dieu est la cause et le maître de cet arrangement' (M.ix.473).

[41] Un abrégé rétrospectif du revirement d'opinion de Voltaire sur la liberté se trouve dans *Le Philosophe ignorant*, §XIII: 'je lus des scolastiques, je fus comme eux dans les ténèbres; je lus Locke, et j'aperçus des traits de lumière; je lus le traité de Collins, qui me parut Locke perfectionné; et je n'ai jamais rien lu depuis qui m'ait donné un nouveau degré de connaissance' (*OC*, t.62, p.43; voir Introduction).

L'homme est libre, encore une fois, quand il peut ce qu'il veut, mais il n'est pas libre de vouloir; il est impossible qu'il veuille sans cause. Si cette cause n'a pas son effet infaillible, elle n'est plus cause. Le nuage qui dirait au vent, je ne veux pas que tu me pousses, ne serait pas plus absurde. Cette vérité ne peut jamais nuire à la morale. Le vice est toujours vice, comme la maladie est toujours maladie. Il faudra toujours réprimer les méchants; car s'ils sont déterminés au mal, on leur répondra qu'ils sont prédestinés au châtiment.

Eclaircissons toutes ces vérités.

XIV
Ridicule de la prétendue liberté, nommée liberté d'indifférence

Quel admirable spectacle que celui des destinées éternelles de tous les êtres enchaînés au trône du fabricateur de tous les mondes! Je suppose un moment que cela ne soit pas, et que cette liberté chimérique rende tout événement incertain. Je suppose qu'une de ces substances intermédiaires entre nous et le grand être (car il peut y en avoir des milliards) vienne consulter cet être éternel sur la destinée de quelques-uns de ces globes énormes placés à une si prodigieuse distance de nous. Le souverain de la nature serait alors réduit à lui répondre: *Je ne suis pas souverain, je ne suis pas le grand être nécessaire, chaque petit embryon est le maître de faire des destinées. Tout le monde est libre de vouloir sans autre cause que sa volonté. L'avenir est incertain, tout dépend du caprice; je ne puis rien prévoir: ce grand tout, que vous avez cru si régulier, n'est qu'une vaste anarchie où tout se fait sans cause et sans raison. Je me donnerai bien de garde de vous dire, telle*

522a MS: §XIV.
524 MS: tous les <mortels.> ↑mondes!↓
524 NM, W68, W75G: enchaînées
528 NM, W68, W75G: vienne le consulter sur cet
MS: vienne <le> consulter ↑cet être éternel↓ sur
536 MS: sans cause, sans raison

chose arrivera, car alors les gens malins, dont les globes sont remplis, feraient tout le contraire de ce que j'aurais prévu, ne fût-ce que pour me faire des malices. On ose toujours être jaloux de son maître lorsqu'il n'a pas un pouvoir absolu qui vous ôte jusqu'à la jalousie: on est bien aise de le faire tomber dans le piège. Je ne suis qu'un faible ignorant. Adressez-vous à quelqu'un de plus puissant et de plus habile que moi.

Cet apologue est peut-être plus capable qu'aucun autre argument de faire rentrer en eux-mêmes les partisans de cette vaine liberté d'indifférence,[42] s'il en est encore, et ceux qui s'occupent sur les bancs à concilier la préscience avec cette liberté, et ceux qui parlent encore dans l'université de Salamanque ou à Bedlam[43] de la grâce médicinale et de la grâce concomitante.

XV
Du mal, et en premier lieu, de la destruction des bêtes

Nous n'avons jamais pu avoir l'idée du bien et du mal que par rapport à nous. Les souffrances d'un animal nous semblent des

546 MS: avec a liberté
548a MS: §XV.

[42] En 1737, posant la question de liberté d'indifférence chez l'homme, Voltaire en parle comme d'une 'chimère' (*Traité de métaphysique*, Appendice I; *OC*, t.14, p.492-93). Dans *La Métaphysique de Newton* il revient sur cette chimère: 'Celui-là est libre qui se détermine lui-même. Or pourquoi ne nous déterminerons-nous pas nous-mêmes par notre seule volonté dans les choses indifférentes?' (*OC*, t.15, p.215). Mais dans une variante de ce texte, insérée dans l'édition de Dresde de 1748 (W48D), il soulève contre la liberté des 'objections qui effrayent' et qui s'inspirent des thèses déterministes d'Anthony Collins, l'auteur qu'il avait combattu en 1734: 'On voit que cette liberté d'indifférence serait un présent bien frivole, si elle ne s'étendait qu'à cracher à droite ou à gauche, et à choisir pair ou impair' (p.635). Une addition ultérieure au ch. V dans l'édition de 1752 (W52) énonce une liste de seize 'Doutes sur la liberté', titre auquel Voltaire ajouta en 1756 (W56-K) 'qu'on nomme d'indifférence' (p.643). Voir l'Introduction.

[43] Bedlam était la maison des fous à Londres.

maux, parce qu'étant animaux comme eux, nous jugeons que nous serions fort à plaindre si on nous en faisait autant. Nous aurions la même pitié d'un arbre si on nous disait qu'il éprouve des tourments quand on le coupe, et d'une pierre si nous apprenions qu'elle souffre quand on la taille. Mais nous plaindrions l'arbre et la pierre beaucoup moins que l'animal, parce qu'ils nous ressemblent moins. Nous cessons même bientôt d'être touchés de l'affreuse destinée des bêtes destinées pour notre table. Les enfants, qui pleurent la mort du premier poulet qu'ils voient égorger, en rient au second.

Enfin, il n'est que trop certain que ce carnage dégoûtant, étalé sans cesse dans nos boucheries et dans nos cuisines, ne nous paraît pas un mal; au contraire nous regardons cette horreur souvent pestilentielle comme une bénédiction du Seigneur; et nous avons encore des prières dans lesquelles on le remercie de ces meurtres. Qu'y a-t-il pourtant de plus abominable que de se nourrir continuellement de cadavres?

Non seulement nous passons notre vie à tuer et à dévorer ce que nous avons tué, mais tous les animaux s'égorgent les uns les autres; ils y sont portés par un attrait invincible, depuis les plus petits insectes jusqu'au rhinocéros et à l'éléphant, la terre n'est qu'un vaste champ de guerres, d'embûches, de carnage, de destruction; il n'est point d'animal qui n'ait sa proie et qui pour la saisir n'emploie l'équivalent de la ruse et de la rage avec laquelle l'exécrable araignée attire et dévore la mouche innocente. Un troupeau de moutons dévore en une heure plus d'insectes, en broutant l'herbe qu'il n'y a d'hommes sur la terre.

Et ce qui est encore de plus cruel, c'est que dans cette horrible scène de meurtres toujours renouvelés, on voit évidemment un

552 MS: si l'on
557-558 MS: affreuse mort des
561-562 MS: paraît point un
569 NM: invincible depuis
K85: invincible. Depuis
570 W68, W75G, K85: l'éléphant, la
574 NM, W68, W75G: innocente. ¶
574-576 MS: [*ajouté dans l'interligne*] V Un troupeau [...] terre.

dessein formé de perpétuer toutes les espèces par les cadavres sanglants de leurs ennemis mutuels. Ces victimes n'expirent qu'après que la nature a soigneusement pourvu à en fournir de nouvelles. Tout renaît pour le meurtre.

Cependant je ne vois aucun moraliste parmi nous, aucun de nos loquaces prédicateurs, aucun même de nos tartuffes, qui ait fait la moindre réflexion sur cette habitude affreuse, devenue chez nous nature. Il faut remonter jusqu'au pieux Porphyre, et aux compatissants pythagoriciens,[44] pour trouver quelqu'un qui nous fasse honte de notre sanglante gloutonnerie; ou bien il faut voyager chez les brames: car pour nos moines que le caprice de leurs fondateurs a fait renoncer à la chair, ils sont meurtriers de soles et de turbots, s'ils ne le sont pas de perdrix et de cailles; (*c*) et ni parmi les moines, ni dans le concile de Trente, ni dans nos assemblées du clergé, ni

(*c*) Les moines de la Trappe ne dévorent aucun être vivant; mais ce n'est ni par un sentiment de compassion, ni pour avoir une âme plus douce, plus éloignée de la violence, ni pour s'accoutumer à la tempérance, si nécessaire à l'homme qui aspire à se rendre indépendant des événements, ni pour se conserver plus sain un entendement dont ils ont juré de ne jamais faire usage. Tels étaient les motifs des philosophes disciples de Pythagore. Nos pauvres trappistes ne font mauvaise chère que pour se faire une niche; ce qu'ils croient très propre à divertir l'être des êtres.

581 MS: en <former> ↑fournir↓ de
585-586 MS: sur ces horreurs. Il faut
591 MS, NM, W68, W75G: [*note manque*]

[44] Le thème de l'abstinence des chairs selon les préceptes des Pythagoriciens est fréquent chez Voltaire. Dans le *Dialogue du chapon et de la poularde* (1763) il est question de deux abbés qui rapportent que dans l'Inde 'les hommes ont une loi sainte qui depuis des milliers de siècles leur défend de nous manger: [...] un nommé Pythagore, ayant voyagé chez ces peuples justes, avait rapporté en Europe cette loi humaine, qui fut suivie par tous ses disciples. Ces bons abbés lisaient Porphyre le Pythagoricien, qui a écrit un beau livre contre les broches... Les sages ne tuent pas les animaux, dit Porphyre; il n'y a que les barbares et les prêtres qui les tuent et les mangent' (M.xxv.119-23). Voir Porphyre, *De l'abstinence*, introduction par J. Bouffartigue et M. Patillon (Paris 1977-1979).

dans nos académies, on ne s'est encore avisé de donner le nom de mal à cette boucherie universelle. On n'y a pas plus songé dans les conciles que dans les cabarets.

Le grand être est donc justifié chez nous de cette boucherie; ou bien il nous a pour complices.

XVI
Du mal dans l'animal appelé homme

Voilà pour les bêtes: venons à l'homme.[45] Si ce n'est pas un mal que le seul être sur la terre qui connaisse Dieu par ses pensées, soit malheureux par ses pensées; si ce n'est pas un mal que cet adorateur de la Divinité soit presque toujours injuste et souffrant, qu'il voie la vertu et qu'il commette le crime, qu'il soit si souvent trompeur et trompé, victime et bourreau de ses semblables, etc. etc.; si tout cela n'est pas un mal affreux, je ne sais pas où le mal se trouvera.

Les bêtes et les hommes souffrent presque sans relâche, et les hommes encore davantage, parce que non seulement leur don de penser est très souvent un tourment, mais parce que cette faculté de penser leur fait toujours craindre la mort que les bêtes ne prévoient point. L'homme est un être très misérable qui a quelques heures de relâche, quelques minutes de satisfaction, et une longue suite de jours de douleurs dans sa courte vie. Tout le monde l'avoue, tout le monde le dit, et on a raison.

Ceux qui ont crié que tout est bien, sont des charlatans. Shaftesbury, qui mit ce conte à la mode, était un homme très malheureux. J'ai vu Bolingbroke rongé de chagrins et de rage; et Pope, qu'il

597a MS: §XVI.

[45] Dans le *Traité de métaphysique*, ch. VIII, Voltaire avait soigneusement distingué entre 'l'instinct de l'amour-propre et celui de l'accouplement', propres des animaux, et la 'bienveillance naturelle', prérogative propre de l'homme (*OC*, t.14, p.469). A cette époque il était encore sous l'emprise des thèses optimistes de Shaftesbury, Cumberland et Clarke sur les passions sociables, et des commentaires de Bernard de Mandeville à sa *Fable des abeilles*, thèses qu'il rejetta après 1748.

engagea à mettre en vers cette mauvaise plaisanterie, était un des hommes les plus à plaindre que j'aie jamais connus, contrefait dans son corps, inégal dans son humeur, toujours malade, toujours à charge à lui-même, harcelé par cent ennemis jusqu'à son dernier moment.[46] Qu'on me donne du moins des heureux qui me disent tout est bien.

Si on entend par ce *tout est bien*, que la tête de l'homme est bien placée au-dessus de ses deux épaules; que ses yeux sont mieux à côté de la racine de son nez que derrière ses oreilles; que son intestin rectum est mieux placé vers son derrière qu'auprès de sa bouche; à la bonne heure. Tout est bien dans ce sens-là. Les lois physiques et mathématiques sont très bien observées dans sa structure. Qui aurait vu la belle Anne de Boulen et Marie Stuart, plus belle encore, dans leur jeunesse, aurait dit, voilà qui est bien: mais l'aurait-il dit en les voyant mourir par la main d'un bourreau? l'aurait-il dit en voyant périr le petit-fils de la belle Marie Stuart par le même supplice au milieu de sa capitale? l'aurait-il dit en voyant l'arrière-petit-fils plus malheureux encore, puisqu'il vécut plus longtemps? etc. etc. etc.[47]

Jetez un coup d'œil sur le genre humain, seulement depuis les proscriptions de Sylla jusqu'aux massacres d'Irlande.

Voyez ces champs de bataille, où des imbéciles ont étendu sur la terre d'autres imbéciles par le moyen d'une expérience de

616 MS: cette <mauvaise> plaisanterie
628-629 MS: dans sa jeunesse
633 MS: longtemps?

[46] Ces arguments *ad hominem* contre la maxime de Pope 'tout est bien', avant de devenir des refrains ironiques dans *Candide* (1759), figuraient déjà dans le *Poème sur le désastre de Lisbonne* (1755), Préface et notes de l'auteur (M.ix.465-79). Un exposé plus complet du point de vue de Voltaire sur le mal à l'époque de Ferney est dans l'article 'Bien, tout est', dans *Questions sur l'Encyclopédie*, III (M.xvii.581-86).

[47] Les supplices d'Anne de Boulen, Marie Stuart, Charles Ier Stuart sont rapportés par Voltaire comme autant de cas exemplaires de cruauté dans les chapitres de l'*Essai sur les mœurs* consacrés aux règnes de Henri VIII, d'Elisabeth Ière et à la Révolution d'Angleterre: 'Toutes ces cruautés s'exécutaient par actes du Parlement [...] Ce fut le caractère de cette nation de commettre des meurtres juridiquement'; *Essai sur les mœurs*, ch. XXXV, CLXVIII, CLXXX (M.xii.317, 498; et xiii.74).

physique que fit autrefois un moine.[48] Regardez ces bras, ces jambes, ces cervelles sanglantes et tous ces membres épars; c'est le fruit d'une querelle entre deux ministres ignorants, dont ni l'un ni l'autre n'auraient pu dire un mot devant Newton, devant Locke, devant Halley; ou bien c'est la suite d'une querelle ridicule entre deux femmes très impertinentes.[49] Entrez dans l'hôpital voisin où l'on vient d'entasser ceux qui ne sont pas encore morts, on leur arrache la vie par de nouveaux tourments, et des entrepreneurs font ce qu'on appelle une fortune, en tenant un registre de ces malheureux qu'on dissèque de leur vivant, à tant par jour, sous prétexte de les guérir.

Voyez d'autres gens vêtus en comédiens gagner quelque argent à chanter, dans une langue étrangère, une chanson très obscure et très plate pour remercier le père de la nature de cet exécrable outrage fait à la nature;[50] et puis, dites tranquillement tout est bien. Proférez ce mot, si vous l'osez, entre Alexandre VI et Jules II;[51] proférez-le sur les ruines de cent villes englouties par des tremblements de terre, et au milieu de douze millions d'Américains qu'on assassine en douze millions de manières, pour les punir de n'avoir pu entendre en latin une bulle du pape que des moines leur ont lue. Proférez-le aujourd'hui 24 auguste, ou 24 août 1772; jour où ma plume tremble dans ma main, jour de l'anniversaire

653 MS: entre le pape Alexandre
657 MS: n'avoir <pas> pu entendre
658 NM, w68, w75G: 24 août; jour
MS: aout ↑1772↓; jour

[48] Allusion à l'invention de la poudre à canon: 'C'est un bénédectin allemand, Berthold Schwartz, qui trouva ce secret fatal' (*Essai sur les mœurs*, M.xii.19).

[49] Ce spectacle sanglant, fruit des deux querelles, est un rappel au 'meurtre de Jean Calas, commis à Toulouse avec le glaive de la justice, le 9 mars 1762', qui suscita le fameux combat judiciaire pour la réhabilitation du condamné que Voltaire déclencha avec son *Traité sur la tolérance à l'occasion de la mort de Jean Calas* (1763; *OC*, t.56C, p.129-38).

[50] Les prêtres catholiques (note de Beuchot).

[51] Voltaire a raconté les gestes de ces deux papes dans son *Essai sur les mœurs*, ch. CVI-CXIII (M.xii.171-200).

centenaire de la St Barthélemi.[52] Passez de ces théâtres innombrables de carnage, à ces innombrables réceptacles de douleurs qui couvrent la terre, à cette foule de maladies qui dévorent lentement tant de malheureux pendant toute leur vie; contemplez enfin cette bévue affreuse de la nature qui empoisonne le genre humain dans sa source, et qui attache le plus abominable des fléaux au plaisir le plus nécessaire. Voyez ce roi si méprisé, Henri III, et ce chef de parti si médiocre, le duc de Mayenne, attaqués tous deux de la vérole en faisant la guerre civile; et cet insolent descendant d'un marchand de Florence, ce Gondi, ce Retz, ce prêtre, cet archevêque de Paris, prêchant, un poignard à la main, avec la chaude-p....[53] Pour achever ce tableau si vrai et si funeste, placez-vous entre ces inondations et ces volcans qui ont tant de fois bouleversé tant de parties dans ce globe; placez-vous entre la lèpre et la peste qui l'ont dévasté. Vous enfin qui lisez ceci, ressouvenez-vous de toutes vos peines, avouez que le mal existe, et n'ajoutez pas à tant de misères et d'horreurs la fureur absurde de les nier.

XVII
Des romans inventés pour deviner l'origine du mal

De cent peuples qui ont recherché la cause du mal physique et moral,[54] les Indiens sont les premiers dont nous connaissons les

673 MS: parties de ce
676a MS: §XVII.

[52] Dans ses lettres du mois d'août 1772 à divers correspondants Voltaire annonce un 'bouquet pour le jour de cette belle fête' (voir D17849, D17850, D17854, D17859); mais dans celles datées du 24 août à F. S. Osterwald (D17882) et à J. Vasselier (D17883) il ne trahit aucun symptôme de cette fièvre que, d'après la légende, il aurait éprouvé chaque année le jour de la Saint-Barthélemy.

[53] Renvoi à l'*Essai sur les mœurs*, ch. CLXXIII, 'La France sous Henri III' (M.xii.525-37).

[54] Dans *La Philosophie de l'histoire* (1765), ch. VI, Voltaire remarque: 'Les

imaginations romanesques. Elles sont sublimes, si le mot sublime veut dire *haut*; car le mal, selon les anciens brachmanes, vient d'une querelle arrivée autrefois dans le plus haut des cieux, entre les anges fidèles et les anges jaloux. Les rebelles furent précipités du ciel dans l'Ondéra pour des milliards de siècles. Mais le grand être leur fit grâce au bout de quelques mille ans: on les fit hommes, et ils apportèrent sur la terre le *mal* qu'ils avaient fait naître dans l'empyrée. Nous avons rapporté ailleurs avec étendue cette antique fable, la source de toutes les fables.[55]

Elle fut imitée avec esprit chez les nations ingénieuses, et avec grossièreté chez les barbares. Rien n'est plus spirituel et plus agréable en effet, que le conte de Pandore et de sa boîte. Si Hésiode a eu le mérite d'inventer cette allégorie, je le tiens aussi supérieur à Homère, qu' Homère l'est à Lycophron.[56]

Cette boîte de Pandore, en contenant tous les maux qui en sont sortis, semble aussi renfermer tous les charmes des allusions les plus frappantes à la fois et les plus délicates. Rien n'est plus enchanteur que cette origine de nos souffrances. Mais il y a quelque chose de bien plus estimable encore dans l'histoire de cette

692 B: Lycophron. Mais je crois que ni Homère ni Hésiode n'ont rien inventé; ils ont mis en vers ce qu'on pensait de leur temps.¶ Cette

---

premiers théologiens de toutes les nations durent se faire la question que nous faisons tous dès l'âge de quinze ans: pourquoi y a-t-il di mal sur la terre?' (*OC*, t.59, p.107, et le commentaire de H. Brumfitt, p.282).

[55] Renvoi au mythe des anciens Brachmanes rapporté dans l'art. 'Ange' des *Questions sur l'Encyclopédie*, I (1770; M.xvii.247-48). Le mythe de la désobéissance des anges, 'une cabale que Dieu punit en reléguant les anges rebelles dans un vaste lieu de ténèbres nommé Ondéra', est tiré du livre sacré *Shasta*. Voir aussi l'art. 'Brachmanes' des *Questions sur l'Encyclopédie*, III (M.xviii.43).

[56] Voltaire a été fasciné par le mythe de Pandore, sur lequel il revient maintes fois: *Notebooks* (*OC*, t.81-82), i.355; *L'Origine des métiers*, 1764 (M.x.48-49); art. 'Bien, tout est' des *Questions sur l'Encyclopédie*, III (M.xvii.583); 'Epopée', *ibid.*, V, 1771 (M.xix.564-65) où il paraphrase en vers de sa façon la fable de Pandore, tirée d'Hésiode, *Les Travaux et les jours*, v.75-105: voir Hésiode, *Théogonie. Les Travaux et les jours. Le Bouclier*, texte établi et traduit par Paul Mazon (Paris 1972), p.87-88.

Pandore. Il y a un mérite extrême dont il me semble qu'on n'a point parlé, c'est qu'il ne fut jamais ordonné d'y croire.

XVIII
De ces mêmes romans, imités par quelques nations barbares

Vers la Chaldée et vers la Syrie, les barbares eurent aussi leurs fables sur l'origine du mal. Chez une de ces nations voisines de l'Euphrate, un serpent ayant rencontré un âne chargé, et pressé par la soif, lui demanda ce qu'il portait. C'est la recette de l'immortalité, répondit l'âne; Dieu en fait présent à l'homme qui en a chargé mon dos; il vient après moi, et il est encore loin parce qu'il n'a que deux jambes; je meurs de soif, enseignez-moi de grâce un ruisseau. Le serpent mena boire l'âne, et pendant qu'il buvait il lui déroba la recette. De là vint que le serpent fut immortel, et que l'homme fut sujet à la mort et à toutes les douleurs qui la précèdent.[57]

Vous remarquerez que le serpent passait pour immortel chez tous les peuples, parce que sa peau muait. Or s'il changeait de peau, c'était sans doute pour rajeunir. J'ai déjà parlé ailleurs[58] de cette théologie de couleuvres; mais il est bon de la remettre sous les yeux du lecteur pour lui faire voir ce que c'était que cette vénérable

699a MS: §XVIII.
701 B: mal, et nous avons parlé ailleurs de ces fables[59]
714 NM, W68, W75G: faire bien voir

[57] Le mythe du serpent et de l'âne figure aussi dans *Les Adorateurs ou les louanges de Dieu* (1769; M.xxviii.321).

[58] Dans *La Philosophie de l'histoire*, *loc. cit.*, on lit une sorte d'histoire comparée des mythes où apparaît le serpent, 'le plus habile des animaux', symbôle d'immortalité à cause du changement de sa peau: l'explication rationaliste de Voltaire s'inspire probablement de Charles de Brosses, *Du culte des dieux fétiches* (Paris 1760).

[59] Par exemple dans *La Philosophie de l'histoire*, ch. 6 (*OC*, t.59, p.105-106); dans l'article 'Bien, tout est', dans *Dieu et les hommes* (1769), ch. VII, 'Des Chaldéens' (M.xviii.143-45).

antiquité chez laquelle les serpents et les ânes jouaient de si grands rôles.

En Syrie, on prenait plus d'essor; on contait que l'homme et la femme ayant été créés dans le ciel, ils avaient eu un jour envie de manger d'une galette; qu'après ce déjeûner il fallut aller à la garde-robe, qu'ils prièrent un ange de leur enseigner où étaient les privés. L'ange leur montra la terre. Ils y allèrent; et Dieu, pour les punir de leur gourmandise, les y laissa. Laissons-les y aussi eux et leur déjeûner, et leur âne et leur serpent.[60] Ces ramas d'inconcevables fadaises venues de Syrie ne méritent pas qu'on s'y arrête un moment. Les détestables fables d'un peuple obscur doivent être bannies d'un sujet sérieux.

Revenons de ces inepties honteuses à ce grand mot d'Epicure qui alarme depuis si longtemps la terre entière, et auquel on ne peut répondre qu'en gémissant. *Ou* Dieu *a voulu empêcher le mal, et il ne l'a pas pu: ou il l'a pu, et ne l'a pas voulu, etc.*[61]

Mille bacheliers, mille licenciés ont jeté les flèches de l'école contre ce rocher inébranlable; et c'est sous cet abri terrible que se sont réfugiés tous les athées; c'est-là qu'il vient des bacheliers et des licenciés. Mais il faut enfin que les athées conviennent qu'il y a dans la nature un principe agissant, intelligent, nécessaire, éternel, et que c'est de ce principe que vient ce que nous appelons le bien et le mal. Examinons la chose avec les athées.

719 K85: manger une
719 MS: il <fallait> fallut

[60] Ce mythe syrien figure aussi aussi dans l'article 'Bien, tout est' (M.xvii.584).

[61] Ce mot ne se trouve point dans les écrits d'Epicure. Voltaire le lui attribue faisant écho à 'Lactance, Père de l'Eglise, qui dans son chapitre XIII *De la colère de Dieu*, fait ainsi parler Epicure'; et après une citation plus étendue de ce texte, il commente: 'L'argument est pressant; aussi Lactance y répond fort mal, en disant que Dieu veut le mal, mais qu'il nous donne la sagesse avec laquelle on acquiert le bien. Il faut avouer que cette réponse est bien faible en comparaison de l'objection' (M.xvii.582).

XIX
Discours d'un athée sur tout cela

Un athée me dit: Il m'est démontré, je l'avoue, qu'un principe éternel et nécessaire existe. Mais de ce qu'il est nécessaire, je conclus que tout ce qui en dérive est nécessaire aussi; vous avez été forcé d'en convenir vous-même. Puisque tout est nécessaire, le mal est inévitable comme le bien. La grande roue de la machine qui tourne sans cesse, écrase tout ce qu'elle rencontre. Je n'ai pas besoin d'un être intelligent qui ne peut rien par lui-même, et qui est esclave de sa destinée, comme moi de la mienne. S'il existait, j'aurais trop de reproches à lui faire. Je serais forcé de l'appeler *faible* ou *méchant*. J'aime mieux nier son existence que de lui dire des injures. Achevons comme nous pourrons, cette vie misérable, sans recourir à un être fantastique que jamais personne n'a vu, et auquel il importerait très peu, s'il existait, que nous le crussions ou non. Ce que je pense de lui ne peut pas plus l'affecter, supposé qu'il soit, que ce qu'il pense de moi et que j'ignore, ne m'affecte. Nul rapport entre lui et moi, nulle liaison, nul intérêt. Ou cet être n'est pas, ou il m'est absolument étranger. Faisons comme font neuf cents quatre-vingt-dix-neuf mortels sur mille: ils sèment, ils plantent, ils travaillent, ils engendrent, ils mangent, boivent, dorment, souffrent et meurent, sans parler de métaphysique, sans savoir s'il y en a une.

XX
Discours d'un manichéen

Un manichéen, ayant entendu cet athée, lui dit: Vous vous trompez. Non seulement il existe un Dieu, mais il y en a nécessairement deux.

737a MS: §XIX.
755 NM, W68, W75G: cent [*passim*]
758a MS: §XX.

On nous a très bien démontré que tout étant arrangé avec intelligence, il existe dans la nature un pouvoir intelligent, mais il est impossible que ce pouvoir intelligent, qui a fait le bien, ait fait aussi le mal. Il faut que le mal ait aussi son Dieu. Le premier Zoroastre annonça cette grande vérité, il y a environ douze mille ans; et deux autres Zoroastres sont venus la confirmer dans la suite.[62] Les Parsis ont toujours suivi cette admirable doctrine, et la suivent encore. Je ne sais quel misérable peuple, appelé juif, étant autrefois esclave chez nous, y apprit un peu de cette science, avec le nom de Satan, et de Knatbul. Il reconnut enfin Dieu et le diable: et le diable même fut si puissant chez ce pauvre petit peuple, qu'un jour Dieu étant descendu dans son pays, le diable l'emporta sur une montagne.[63] Reconnaissez donc deux dieux: le monde est assez grand pour les contenir, et pour leur donner de l'exercice.

XXI
Discours d'un païen

Un païen[64] se leva alors, et dit: S'il faut reconnaître deux dieux, je ne vois pas ce qui nous empêchera d'en adorer mille. Les Grecs et les Romains, qui valaient mieux que vous, étaient polythéistes. Il faudra bien qu'on revienne un jour à cette doctrine admirable qui peuple l'univers de génies et de divinités. C'est indubitablement le seul système qui rende raison de tout; le seul dans lequel il n'y a point de contradiction. Si votre femme vous trahit, c'est Vénus qui en est la cause. Si vous êtes volé, vous vous en prenez à Mercure. Si

774a MS: §XXI.
776 MS: d'en adopter mille

[62] Sur les différents Zoroastres et leurs prophéties: article 'Prophétie' du *Dictionnaire philosophique* (1765; M.xx.284); *Dieu et les hommes,* ch. VIII, 'Des anciens Persans et de Zoroastre' (M.xviii.145).

[63] Matthieu, iv.8; Luc, iv.5.

[64] Voltaire reprend ici son *Discours sur la fable* de 1746, refondu dans les articles 'Fables' du *Dictionnaire philosophique* et 'Fable' des *Questions sur l'Encyclopédie*.

vous perdez un bras ou une jambe dans une bataille, c'est Mars qui l'a ordonné ainsi. Voilà pour le mal. Mais à l'égard du bien, non seulement Apollon, Cérès, Pomone, Bacchus et Flore vous comblent de présents; mais dans l'occasion ce même Mars peut vous défaire de vos ennemis: cette même Vénus peut vous fournir des maîtresses: ce même Mercure peut verser dans votre coffre tout l'or de votre voisin, pourvu que votre main aide son caducée.

Il était bien plus aisé à tous ces dieux de s'entendre ensemble pour gouverner l'univers, qu'il ne paraît facile à ce manichéen qu'Oromase le bienfaisant, et Arimane le malfaisant, tous deux ennemis mortels, se concilient pour faire subsister ensemble la lumière et les ténèbres. Plusieurs yeux voient mieux qu'un seul. Aussi tous les anciens poètes assemblent sans cesse le conseil des dieux. Comment voulez-vous qu'un seul dieu suffise à la fois à tous les détails de ce qui se passe dans Saturne et à toutes les affaires de l'étoile de la chèvre? Quoi! dans notre petit globe tout sera réglé par des conseils, excepté chez le roi de Prusse et chez le pape Ganganelli;[65] et il n'y aurait point de conseil dans le ciel? Rien n'est plus sage sans doute que de décider de tout à la pluralité des voix. La divinité se conduit toujours par les voies les plus sages. Je compare un déiste, vis-à-vis un païen, à un soldat prussien qui va dans le territoire de Venise: il y est charmé de la bonté du gouvernement. Il faut, dit-il, que le roi de ce pays-ci travaille du soir jusqu'au matin. Je le plains beaucoup. – Il n'y a point de roi, lui répond-on; c'est un conseil qui gouverne.

Voici donc les vrais principes de notre antique religion.

Le grand être appelé Jéhovah ou Hiao chez les Phéniciens; le Jov des autres nations asiatiques, le Jupiter des Romains, le Zeus des Grecs est le souverain des dieux et des hommes.

789 NM, W68, W75G: que vous l'aidiez.
MS: que <vous l'aidiés> ↑Vvotre main aide son caducée.↓
795 W68, W75G, K85: poètes rassemblent sans

[65] Vincenzo Ganganelli (1705-1774), pape Clément XIV, régnant à l'époque.

Deûm sator atque hominum rex.[66]

Le maître de toute la nature, et dont rien n'approche dans toute l'étendue des êtres.

Cui nihil simile, nec secundum.[67]

L'esprit vivifiant qui anime l'univers.

Jovis omnia plena.[68]

Toutes les notions qu'on peut avoir de Dieu sont renfermées dans ce beau vers de l'ancien Orphée, cité dans toute l'antiquité et répété dans tous les mystères.

Eis es autogènes enos ekdona panta tetuktai.
Il naquit de lui-même, et tout est né de lui.[69]

Mais il confie à tous les dieux subalternes le soin des astres, des éléments, des mers et des entrailles de la terre. Sa femme, qui représente l'étendue de l'espace qu'il remplit, est Junon. Sa fille, qui est la sagesse éternelle, sa parole, son verbe, est Minerve. Son autre fille Vénus est l'amante de la génération Philometai. Elle est la mère de l'amour qui enflamme tous les êtres sensibles, qui les unit, qui

821 NM, W68, W75G: *ckdona*
K85(2): *ikdona*
822 MS: tout naquit de

[66] *Aeneidos* Lib. X, v.2 et 734, in P. Vergili Maronis, *Opera* recognovit R. A. B. Mynors (Oxonii 1969), p.333, 357.

[67] A corriger: Nec viget quicquam similem aut secundum. Littéralement: 'Rien ne prend force qui lui soit semblable ou qu'il ait pour second'; Horace, *Odes*, Lib. I, xiii, v.18; voir *Odes et épodes,* texte établi et traduit par F. Villeneuve (Paris 1927), i.21.

[68] *Eclogae,* III, v.60; dans Vergili, *Opera,* p.8.

[69] Traduction de Voltaire. Le vers grec ne fait pas partie des *Hymnes orphiques* apocryphes; il est tiré d'un poème attribué à Orphée par les Pères grecs Clément d'Alexandrie, Eusèbe de Césarée, Aristocrite Manichéen. Mais ce vers ne se trouve que dans Pseudo-Justin, *De monarchia,* ch. 2, v.8; voir *Orphicorum fragmenta,* no 245, collegit Otto Kern, 2e éd. (Berlin 1963), p.257.

répare leurs pertes continuelles, qui reproduit par le seul attrait de la volupté tout ce que la nécessité dévoue à la mort. Tous les dieux ont fait des présents aux mortels. Cérès leur a donné les blés, Bacchus la vigne, Pomone les fruits, Apollon et Mercure leur ont appris les arts.

Le grand Zeus, le grand Demiourgos avait formé les planètes et la terre. Il avait fait naître sur notre globe les hommes et les animaux. Le premier homme, au rapport de Bérose, fut Alore père de Sarès, aïeul d'Alaspare; lequel engendra Amenon, dont naquit Métalare, qui fut père de Daon, père d'Evérodac, père d'Amphis, père d'Osiarte, père de ce célèbre Sixutros, ou Xixuter, ou Xixutrus, roi de Chaldée, sous lequel arriva cette inondation (*d*) si connue, que les Grecs ont appelée déluge d'Ogygès: inondation dont on n'a point aujourd'hui d'époque certaine, non plus que de l'autre grande inondation qui engloutit i'île Atlantide et une partie de la Grèce environ six mille ans auparavant.[70]

(*d*) Plusieurs savants croient que ce déluge de *Sixuter*, *Sixutrus* ou *Xixutre* est probablement celui qui forma la Méditerranée. D'autres pensent que c'est celui qui jeta une partie du Pont-Euxin dans la mer Egée. *Bérose* raconte que *Saturne* apparut à *Sixuter*; qu'il l'avertit que la terre allait être inondée, et qu'il devait bâtir au plus vîte, pour se sauver lui et les siens, un vaisseau large de mille deux cents pieds, et long de six mille deux cents.

Sixuter construisit son vaisseau. Lorsque les eaux furent retirées, il lâcha des oiseaux, qui n'étant point revenus, lui firent connaître que la terre était habitable. Il laissa son vaisseau sur une montagne d'Arménie. C'est de-là que vient, selon les doctes, la tradition que notre arche s'arrêta sur le mont Ararat.

note *d*, 1-2 MS, NM: *Sixuter, ou Sixutrus, est*

note *d*, 6-7 NM, W68, W75G: large et long de ¶ [*phrase tronquée*]

MS: large <et long de [*illisible*]> ↑Vde <douze>↑douze↓ cent <quarante> pieds et long de six mille deux cents.↓

[70] Ce mythe remonte à un ouvrage perdu de l'historien chaldéen Bérose; il est rapporté par Eusèbe de Césarée, *Cronicorum* Lib. 1, cap. 1, 1-2 (Migne, *Patrologia*

Nous avons une autre théogonie suivant Sanchoniathon, mais on n'y trouve point de déluge.[71] Celles des Indiens, des Chinois, des Egyptiens, sont encore fort différentes.

Tous les événements de l'antiquité sont enveloppés dans une nuit obscure; mais l'existence et les bienfaits de Jupiter sont plus clairs que la lumière du soleil. Les héros qui, à son exemple, firent du bien aux hommes, étaient appelés du saint nom de Dionysios, fils de Dieu. Bacchus, Hercule, Persée, Romulus reçurent ce surnom sacré. On alla même jusqu'à dire que la vertu divine s'était communiquée à leurs mères. Les Grecs et les Romains, quoique un peu débauchés, comme le sont aujourd'hui tous les chrétiens de bonne compagnie; quoiqu'un peu ivrognes comme des chanoines d'Allemagne; quoique un peu sodomites, comme le roi de France Henri III et son Nogaret, étaient très religieux. Ils sacrifiaient, ils offraient de l'encens, ils faisaient des processions, ils jeûnaient, *stolatæ ibant nudis pedibus, passis capillis, manibus puris, et Jovem aquam exorabant; et statim urceatim pluebat.*[72]

846 β: Celle
854 NM: quoiqu'un
857 NM: quoiqu'un
858 W75G: Nogaret. Mais ils étaient
860 NM, w68, W75G: *stalatæ*
860 NM, w68, W75G: *pedibus passis, capillis manibus*

Graeca, s.d., tome 19, p.106). Voltaire en parle aussi dans l'article 'Ararat' des *Questions sur l'Encyclopédie*, II (1770; M.xvii.347) et dans *Dieu et les hommes*, ch. XXVII (M.xxviii.188); il peut avoir lu les fragments de Bérose dans le recueil de J. A. Fabricius, *Bibliotheca Graeca* (Hamburgi 1705-1728), 14 vol.; éd. moderne dans F. Jacoby, *Die Fragmente der griechischen Historiker*, 680 F 1-4 (Berolini et Lugduni Batavorum 1923-1958). Sur Berossus: Pauly-Wissowa, *Real-Encyclopädie der Altertumwissenschaften* (Stuttgart 1897), *s.v.*

[71] Les fragments de la théogonie attribuée à l'historien phénicien Sanchuniaton sont rapportés par Eusèbe dans sa *Preparatio evangelica*. Une large discussion sur son ancienneté par rapport à la Bible fut commencée par F. Scaliger, G. L. Vossius, S. Bochart, et reprise entre autres par H. Dodwell et W. Warburton. Voltaire évoque la figure mythique de cet historien (voir Pauly-Wissowa, *Real-Encyclopädie*, *s.v.*) dans *La Philosophie de l'histoire*, ch. XIII (*OC*, t.59, p.133) et dans *Dieu et les hommes*, ch. IX, 'Des phéniciens et de Sanchoniaton' (M.xxviii.146-49).

[72] Citation du *Satyricon* de Pétrone, ch. XLIV. La première phrase est à corriger:

Mais tout se corrompt. La religion s'altéra. Ce beau nom de fils de Dieu, c'est-à-dire, de juste et de bienfaisant, fut donné dans la suite aux hommes les plus injustes et les plus cruels, parce qu'ils étaient puissants. L'antique piété, qui était humaine, fut chassée par la superstition qui est toujours cruelle. La vertu avait habité sur la terre tant que les pères de famille furent les seuls prêtres, et offrirent à Jupiter et aux dieux immortels les prémices des fruits et des fleurs; mais tout fut perverti quand les prêtres répandirent le sang, et voulurent partager avec les dieux. Ils partagèrent en effet, en prenant pour eux les offrandes, et laissant aux dieux la fumée. On sait comment nos ennemis réussirent à nous écraser, en adoptant nos premières mœurs, en rejetant nos sacrifices sanglants, en rappelant les hommes à l'égalité, à la simplicité, en se faisant un parti parmi les pauvres, jusqu'à ce qu'ils eussent subjugué les riches. Ils se sont mis à notre place. Nous sommes anéantis, ils triomphent; mais corrompus enfin comme nous, ils ont besoin d'une grande réforme que je leur souhaite de tout mon cœur.

XXII
Discours d'un juif

Laissons-là cet idolâtre qui fait de Dieu un stathouder, et qui nous présente des dieux subalternes comme des députés des Provinces-Unies.

876 NM, W68, W75G: anéantis, mais

879-881 MS: [*paragraphe ajouté de la main de ?Voltaire*] [...] députés <et des Dieux des états généraux> des provinces unies.

'Antea stolatae ibant nudis pedibus in clivum, passis capillis, mentibus puris'; et la dernière: 'Itaque statim urceatim plovebat'. Traduction: 'Autrefois les dames de la haute se rendaient nu-pieds au Capitole, les cheveux épars, le cœur pur, et suppliaient Jupiter pour avoir de l'eau. Aussi tout de suite il pleuvait à seaux'. Pétrone, *Le Satyricon*, texte établi et traduit par Alfred Ernout, 3e éd. (Paris 1950), p.41.

Ma religion étant au-dessus de la nature ne peut avoir rien qui ressemble aux autres.[73]

La première différence entr'elles et nous, c'est que notre source fut cachée très longtemps au reste de la terre. Les dogmes de nos pères furent ensevelis, ainsi que nous, dans un petit pays d'environ cinquante lieues de long sur vingt de large. C'est dans ce puits qu'habita la vérité inconnue à tout le globe, jusqu'à ce que des rebelles sortis du milieu de nous lui ôtassent son nom de vérité, sous les règnes de Tibère, de Caligula, de Claude, de Néron; et que peu-à-peu ils se vantassent d'établir une vérité toute nouvelle.

Les Chaldéens avaient pour père Alore, comme vous savez. Les Phéniciens descendaient d'un autre homme qui se nommait Origine, selon Sanchoniathon. Les Grecs eurent leur Prométhée; les Atlantides eurent leur Ouran, nommé en grec Ouranos. Je ne parle ici ni des Chinois, ni des Indiens, ni des Scythes. Pour nous, nous eûmes notre Adam,[74] de qui personne n'entendit jamais parler, excepté notre seule nation, et encore très tard. Ce ne fut point l'Ephaïstos des Grecs, appelé Vulcanus par les Latins, qui inventa l'art d'employer les métaux, ce fut Tubalkaïn. Tout l'Occident fut étonné d'apprendre sous Constantin que ce n'était plus à Bacchus que les nations devaient l'usage du vin, mais à un

884 NM, w68, w75G: enr'elle
884 MS: →elles V et nous,← c'est
885 MS: très <longtemps> ↑V longtemps au reste de la terre↓. Les
886 MS: ensevelis ↑V ainsi que nous↓ dans
886-887 MS: environ <soixante> ↑V cinquante↓ lieues
888 MS: inconnue <au reste du> ↑V à tout le↓ globe
888-889 MS: des <Chrétiens> ↑V rebelles sortis du milieu de nous↓ lui
891 MS: ils <établirent> ↑V se vantassent d'établir↓ une
896 MS: des <sectes> ↑Scites↓.
900 MS: fut notre Tubalkain
902 NM, w68, w75G: plus Bacchus à qui les

[73] Dans cette section Voltaire reprend pour l'essentiel l'*Examen important de Milord Bolingbroke*, §I-VIII (*OC*, t.62, p.173-98) et *Dieu et les hommes*, ch. XIV-XXX, consacrés aux juifs.

[74] Voir l'article 'Adam', *Questions sur l'Encyclopédie*, I (M.xvii.54).

Noé de qui personne n'avait jamais entendu prononcer le nom dans l'empire romain, non plus que ceux de ses ancêtres, inconnus de la terre entière. On ne sut cette anecdocte que par notre Bible traduite en grec, qui ne commença que vers cette époque à être un peu répandue. Le soleil alors ne fut plus la source de la lumière; mais la lumière fut créée avant le soleil et séparée des ténèbres, comme les eaux furent séparées des eaux. La femme fut pétrie d'une côte que Dieu lui-même arracha d'un homme endormi sans le réveiller, et sans que ses descendants aient jamais eu une côte de moins.

Le Tygre, l'Araxe, l'Euphrate et le Nil, ont eu tous quatre leurs sources dans le même jardin. Nous n'avons jamais su où était ce jardin; mais il est prouvé qu'il existait, car la porte en a été gardée par un chérub.

Les bêtes parlent. L'éloquence d'un serpent perd tout le genre humain. Un prophète chaldéen s'entretient avec son âne.[75]

Dieu, le créateur de tous les hommes, n'est plus le père de tous les hommes, mais de notre seule famille. Cette famille toujours errante abandonna le fertile pays de la Chaldée pour aller errer quelque temps vers Sodome; et c'est de ce voyage qu'elle acquit des droits incontestables sur la ville de Jérusalem, laquelle n'existait pas encore.

Notre famille pullule tellement que soixante et dix hommes, au bout de deux cents quinze ans, en produisent six cents trente mille portant les armes; ce qui compose, en comptant les femmes, les

912 NM, W68, W75G: quatre leur source dans

912-913 MS: ont <tous quatre eu chez nous> ↑V eu <chez nous> tous quatre↓ leur source dans

913-915 MS: [*ajouté par Voltaire dans l'interligne et la marge gauche*] nous n'avons jamais seu ou était ce jardin mais c'est une preuve qu'il existait: car la porte en a été gardée par un chérubin.

914 NM, W68, W75G: mais c'est une preuve qu'il

919-920 MS: famille <qui> ↑V cette famille toujours errante↓ abandonna

921 MS: et <qui de là> ↑V c'est de ce voyage qu'elle↓ acquit

925 MS: deux cent quinze [*passim*]

[75] Allusions aux versets de la Genèse, ii.11-14; iii.24 et 1; et Nombres, xxii.28.

vieillards et les enfants, environ trois millions.[76] Ces trois millions habitent un petit canton de l'Egypte qui ne peut pas nourrir vingt mille personnes. Dieu égorge en leur faveur pendant la nuit tous les premiers-nés égyptiens; et Dieu, après ce massacre, au lieu de donner l'Egypte à son peuple, se met à sa tête pour s'enfuir avec lui à pied sec au milieu de la mer, et pour faire mourir toute la génération juive dans un désert.[77]

Nous sommes sept fois esclaves malgré les miracles épouvantables que Dieu fait chaque jour pour nous, jusqu'à faire arrêter la lune en plein midi et même le soleil.[78] Dix de nos tribus sur douze périssent à jamais. Les deux autres sont dispersées et rognent les espèces. Cependant nous avons toujours des prophètes. Dieu descend toujours chez notre seul peuple, et ne se mêle que de nous. Il apparaît continuellement à ces prophètes, ses seuls confidents, ses seuls favoris.

Il va visiter Addo, ou Iddo, ou Jeddo, et lui ordonne de voyager sans manger. Le prophète croit que Dieu lui a ordonné de manger pour mieux marcher, il mange, et aussitôt il est mangé par un lion. (Troisième des Rois, chapitre XIII.)[79]

Dieu commande à Isaïe de marcher tout nu, et expressément de montrer ses fesses; *discopertis natibus*. (Isaïe, chapitre XX.)[80]

928-929 MS: Egypte. <Dieu> ↑V qui ne peut pas nourrir vingt mille personnes. Dieu↓ égorge

930 MS: et ↑V? Dieu↓ après

931 MS: peuple, <il> se

940 MS: apparaît ↑continuellement↓ à

945 MS: (Liv. III des Rois, ch.13.)

947 MS: discoopertis natibus. (ch.20.)

[76] Pour ces nombres voir: Genèse, xlvi.26; Nombres, i.46; Exode, i.5. Voltaire va reprendre ce récit dans *La Bible enfin expliquée* (M.xxx.70).

[77] Exode, xii.29; *La Bible enfin expliquée*, p.79 et 81.

[78] Josué, x.12; *La Bible enfin expliquée*, p.127.

[79] III Rois, xiii.26; *La Bible enfin expliquée*, p.214.

[80] Isaïe, xx.4; voir *Traité sur la tolérance* (*OC*, t.56C, note).

Dieu ordonne à Jérémie de se mettre un joug sur le cou et un bât sur le dos. (chapitre XXVII, selon l'hébreu.)[81]

Il ordonne à Ezéchiel de se faire lier, et de manger un livre de parchemin, de se coucher deux cents quatre-vingt-dix jours sur le côté droit, et quarante jours sur le côté gauche, puis de manger de la m...[82] sur son pain. (*e*)

Il commande à Osée de prendre une fille de joie et de lui faire trois enfants; puis il lui commande de payer une femme adultère, et de lui faire aussi des enfants, etc. etc. etc. etc.

Joignez à tous ces prodiges une série non interrompue de massacres, et vous verrez que tout est divin chez nous, puisque rien n'y est suivant les lois appelées honnêtes chez les hommes.

Mais malheureusement nous ne fûmes bien connus des autres nations que lorsque nous fûmes presque anéantis. Ce furent nos ennemis les chrétiens qui nous firent connaître en s'emparant de

(*e*) C'est ainsi que le convulsionnaire Carré Montgeron, conseiller du parlement de Paris, dans son recueil de miracles, présenté au roi, certifie qu'une fille remplie de la grâce efficace, ne but pendant vingt et un jours que de l'urine, et ne mangea que de la m..., ce qui lui donna tant de lait, qu'elle le rendait par la bouche. Il faut supposer que c'était son amant qui la nourrissait. On voit par là que les mêmes farces se sont jouées chez les Juifs et chez les Velches. Mais ajoutez-y toutes les autres nations; elles se ressemblent, au déjeûner près du prophète Ezéchiel et de la petite convulsionnaire.[83]

949 MS: (ch.17 selon
952 MS, NM, w68, W75G: la merde sur
953 MS: [*note ajoutée par Voltaire en bas de page*]
note *e*, 1-2 MS: Montgeron, ↑conseiller du parlement↓ dans
note *e*, 2 MS: Roy, <rapporta> ↑certifie↓ qu'une
note *e*, 4 NM, w68, W75G: la merde.

[81] *Traité sur la tolérance*, *OC*, t.56C, p.205 et note.

[82] Ezéchiel, iv; *La Bible enfin expliquée*, p.264.

[83] Voltaire a raconté dans son *Histoire du Parlement de Paris*, ch. LXV (M.xvi.78), l'affaire de Louis-Basile Carré de Montgéron (1688-1754), auteur d'un recueil des

nos dépouilles. Ils construisirent leur édifice des matériaux de notre Bible bien mal traduite en grec. Ils nous insultent, ils nous oppriment encore aujourd'hui; mais patience, nous aurons notre tour; et l'on sait quel sera notre triomphe à la fin du monde quand il n'y aura plus personne sur la terre.

XXIII
Discours d'un turc

Quand le juif eut fini, un turc, qui avait fumé pendant toute la séance, se lava la bouche, récita la formule *Allah Illah*, et s'adressant à moi, me dit:

J'ai écouté tous ces rêveurs, j'ai entrevu que tu es un chien de chrétien, mais tu m'agrées parce que tu me parais indulgent, et que tu es pour la prédestination gratuite. Je te crois homme de bon sens, attendu que tu sembles être de mon avis.

La plupart de tes chiens de chrétiens n'ont jamais dit que des sottises sur notre Mahomet. Un baron du Tott, homme de beaucoup d'esprit et de fort bonne compagnie, qui nous a rendu de grands services dans la dernière guerre,[84] me fit lire il n'y a pas longtemps un livre d'un de vos plus grands savants nommé Grotius, intitulé, *De la vérité de la religion chrétienne*.[85] Ce Grotius accuse notre grand Mahomet d'avoir fait accroire qu'un pigeon lui parlait à l'oreille, qu'un chameau avait avec lui des conversations pendant la nuit, et qu'il avait mis la moitié de la lune dans sa

964 MS, NM, W68, W75G: Bible grecque, bien mal
973 MS: tu <crois à> ↑es pour↓ la

---

miracles vantés par les convulsionnaires jansénistes de la paroisse parisienne de Saint-Médard, *La Vérité des miracles opérés à l'intercession de M. de Paris* (Paris 1736-1748), 3 vol.

[84] François de Tott (1733-1793), officier et diplomate.

[85] Hugo Grotius, *De veritate religionis christianae* (Leiden 1627), dont on fit plusieurs traductions françaises.

manche. Si les plus savants de vos christicoles ont dit de telles âneries, que dois-je penser des autres?

Non, Mahomet ne fit point de ces miracles opérés dans un village, et dont on ne parle que cent ans après l'événement prétendu. Il ne fit point de ces miracles que M. du Tott m'a lus dans la légende dorée écrite à Gènes.[86] Il ne fit point de ces miracles à la St Médard, dont on s'est tant moqué dans l'Europe, et dont un ambassadeur de France a tant ri avec nous. Les miracles de Mahomet ont été des victoires. Et Dieu, en lui soumettant la moitié de notre hémisphère, a montré qu'il était son favori. Il n'a point été ignoré pendant deux siècles entiers. Dès qu'on l'a persécuté il a été triomphant.

Sa religion est sage, sévère, chaste et humaine. Sage, puisqu'elle ne tombe pas dans la démence de donner à Dieu des associés et qu'elle n'a point de mystères; sévère, puisqu'elle défend les jeux de hasard, le vin et les liqueurs fortes, et qu'elle ordonne la prière cinq fois par jour; chaste, puisqu'elle réduit à quatre femmes ce nombre prodigieux d'épouses qui partageaient le lit de tous les princes de l'Orient; humaine, puisqu'elle nous ordonne l'aumône bien plus rigoureusement que le voyage de la Mecque.

Ajoutez à tous ces caractères de vérité la tolérance. Songez que nous avons dans la seule ville de Stamboul plus de cent mille chrétiens de toutes sectes, qui étalent en paix toutes les cérémonies de leurs cultes différents, et qui vivent si heureux sous la protection de nos lois, qu'ils ne daignent jamais venir chez vous, tandis que vous accourez en foule à notre porte impériale.

989 MS: dorée <faitte> ↑écrite↓ à
1006 MS: de toute secte,

[86] Jacopo da Varazze (1320-1389), *Legenda sanctorum sive historia longobardica*, ou *Legenda aurea*.

XXIV
Discours d'un théiste

Un théiste[87] alors demanda la permission de parler, et s'exprima ainsi:

Chacun a son avis, bon ou mauvais. Je serais fâché de contrister un honnête homme. Je demande d'abord pardon à monsieur l'athée, mais il me semble qu'étant forcé de reconnaître un dessein admirable dans l'ordre de cet univers, il doit admettre une intelligence qui a conçu et exécuté ce dessein. C'est assez, ce me semble, que quand monsieur l'athée fait allumer une bougie, il convienne que c'est pour l'éclairer. Il me paraît qu'il doit convenir aussi que le soleil est fait pour éclairer notre portion d'univers. Il ne faut pas disputer sur des choses si vraisemblables.

Monsieur doit se rendre de bonne grâce, d'autant plus qu'étant honnête homme il n'a rien à craindre d'un maître qui n'a nul intérêt de lui faire du mal. Il peut reconnaître un Dieu en toute sûreté, il n'en paiera pas un denier d'impôt de plus, et n'en fera pas moins bonne chère.

Pour vous, monsieur le païen, je vous avoue que vous venez un peu tard pour rétablir le polythéisme. Il eût fallu que Maxence eût remporté la victoire sur Constantin, ou que Julien eût vécu trente ans de plus.

Je confesse que je ne vois nulle impossibilité dans l'existence de plusieurs êtres prodigieusement supérieurs à nous, lesquels auraient chacun l'intendance d'un globe céleste. J'aurais même assez volontiers quelque plaisir à préférer les Naïades, les Dryades, les Sylvains, les Grâces, les Amours, à St Fiacre, à St Pancrace, à S^{ts}

1014 K85(1): un dessin admirable
1016 K85(1): ce dessin.
1019 MS: éclairer <les planètes> $\uparrow^{V}$ notre portion d'univers$\downarrow$.
1034 MS: Fiacre, à S^{t}. Roch, à S^{t}. Pancrace

[87] Voir *La Profession de foi des théistes* (1768; M.xxvii.55-74).

Crépin et Crépinien, à St Vitt, à Ste Cunégonde, à Ste Marjolaine. Mais enfin, il ne faut pas multiplier les êtres sans nécessité: et puisqu'une seule intelligence suffit pour l'arrangement de ce monde, je m'en tiendrai là, jusqu'à ce que d'autres puissances m'apprennent qu'elles partagent l'empire.

Quant à vous, monsieur le manichéen, vous me paraissez un duelliste qui aimez à combattre. Je suis pacifique; je n'aime pas à me trouver entre deux concurrents qui sont éternellement aux prises. Il me suffit de votre Oromase, reprenez votre Arimane.

Je demeurerai toujours un peu embarrassé sur l'origine du mal, mais je supposerai que le bon Oromase qui a tout fait n'a pu faire mieux. Il est impossible que je l'offense quand je lui dis: Vous avez fait tout ce qu'un être puissant, sage et bon pouvait faire. Ce n'est pas votre faute si vos ouvrages ne peuvent être aussi bons, aussi parfaits que vous-même. Une différence essentielle entre vous et vos créatures, c'est l'imperfection. Vous ne pouviez faire des dieux; il a fallu que les hommes, ayant de la raison, eussent aussi de la folie, comme il a fallu des frottements dans toutes les machines. Chaque homme a essentiellement sa dose d'imperfection et de démence, par cela même que vous êtes parfait et sage. Il ne doit pas être toujours heureux, par cela même que vous êtes toujours heureux. Il me paraît qu'un assemblage de muscles, de nerfs et de veines ne peut durer que quatre-vingts ou cent ans tout au plus, et que vous devez durer toujours. Il me paraît impossible qu'un animal, composé nécessairement de désirs et de volontés, n'ait pas trop souvent la volonté de se faire du bien en faisant du mal à son prochain. Il n'y a que vous qui ne fassiez jamais de mal. Enfin, il y a nécessairement une si grande distance entre vous et vos ouvrages, que le bien est dans vous, le mal doit être dans eux.

Pour moi, tout imparfait que je suis, je vous remercie encore de

1035 MS: Crépinien, ↑à S^{t}. Vitt↓, à →S^{te}.← Cunégonde ↑à Sainte Marjolaine↓.
1050 MS: pouv↑i↓és
1056 MS: paraît clair qu'un
1058 MS: paraît ↑impossible↓ qu'un
1062 NM, w68, w75G: que si le

m'avoir donné l'être pour un peu de temps, et surtout de ne m'avoir pas fait professeur de théologie.

Ce n'est point là du tout un mauvais compliment. Dieu ne saurait être fâché contre moi, quand je ne veux pas lui déplaire. Enfin, je pense qu'en ne faisant jamais de tort à mes frères, et en respectant mon maître, je n'aurai rien à craindre ni d'Arimane, ni de Satan, ni de Knatbul, ni de Cerbère et des furies, ni de St Fiacre et St Crépin, ni même de ce monsieur Cogé régent de seconde, qui a pris *magis* pour *minus*; et que j'achèverai mes jours en paix *in ista quæ vocatur hodie philosophia*.(*f*)

Je viens à vous, M. Acosta, M. Abrabanel, M. Benjamin, vous me paraissez les plus fous de la bande.[88] Les Caffres, les Hottentots, les nègres de Guinée sont des êtres beaucoup plus raisonnables et plus honnêtes que les Juifs vos ancêtres. Vous l'avez emporté sur toutes les nations en fables impertinentes, en

(*f*) Voyez dans ce volume le discours de M. Belleguier avocat.[89]

1072-1074 MS: même de Monsieur Ribalier Sindic de Sorbonne; et que j'achèverai mes jours en paix.//
1073 NM: *minus*; que
1074 MS, NM, W68, W75G: [*note manque*]
1079 MS: fables ↑impertinentes↓, en

[88] C'est à 'l'allemand Baratier que nous devons la traduction des *Voyages* du juif Benjamin de Tudèle avec des dissertations curieuses' (*Catalogue des écrivains français du siècle de Louis XIV*, M.xiv.36). Uriel Acosta, philosophe juif d'Amsterdam, 'parla contre la religion des Hébreux: il fut condanné à recevoir trente-neuf coups de fouet' (*Lettres à S.A.M. le prince de Brunswick*, 1767; M.xxvi.521).

[89] François-Marie Coger (1723-1780), professeur de rhétorique au Collège Mazarin, est l'auteur de l' *Examen du Bélisaire de Marmontel*, pamphlet qui suscita les sarcasmes des philosophes. Voltaire se moque de lui en plusieurs endroits: voir son *Discours de M. Belleguier ancien avocat sur le texte proposé par l'Université de la ville de Paris pour le sujet des prix de l'année 1773* (M.xxix.7-18). Le sujet du prix était ainsi formulé: 'Non magis Deo quam regibus infensa est ista quae vocatur hodie philosophia?' Voltaire traduit malicieusement à l'affirmative: 'Cette qu'on nomme aujourd'hui philosophie n'est pas plus ennemie de Dieu que des rois.' On remarqua que Coger était tombé dans une bévue, car il voulait dire au contraire que la philosophie n'est pas moins (*minus*) ennemie des rois que de Dieu.

mauvaise conduite et en barbarie; vous en portez la peine; tel est votre destin. L'empire romain est tombé; les Parsis vos anciens maîtres sont dispersés; les Banians le sont aussi. Les Arméniens vont vendre des haillons, et sont courtiers dans toute l'Asie. Il n'y a plus de trace des anciens Egyptiens. Pourquoi seriez-vous une puissance?

Pour vous, monsieur le turc, je vous conseille de faire la paix au plus vite avec l'impératrice de Russie, si vous voulez conserver ce que vous avez usurpé en Europe. Je veux croire que les victoires de Mahomet fils d'Abdala sont des miracles, mais Catherine II fait des miracles aussi; prenez garde qu'elle ne fasse un jour celui de vous renvoyer dans les déserts dont vous êtes venus. Continuez surtout à être tolérants; c'est le vrai moyen de plaire à l'être des êtres, qui est également le père des Turcs et des Russes, des Chinois et des Japonais, des nègres et des jaunes, et de la nature entière.

XXV
Discours d'un citoyen

Quand le théiste eut parlé, il se leva un homme qui dit: Je suis citoyen, et par conséquent l'ami de tous ces messieurs. Je ne disputerai avec aucun d'eux; je souhaite seulement qu'ils soient tous unis dans le dessein de s'aider mutuellement, de s'aimer et de se rendre heureux les uns les autres, autant que des hommes d'opinions si diverses peuvent s'aimer, et autant qu'ils peuvent contribuer à leur bonheur, ce qui est aussi difficile que nécessaire.

Pour cet effet, je leur conseille d'abord de jeter dans le feu tous les livres de controverse qu'ils pourront rencontrer, et surtout ceux du jésuite Garasse, du jésuite Guignard, du jésuite Malagrida, du jésuite Patouillet, du jésuite Nonotte, et du jésuite Paulian le plus impertinent de tous; comme aussi la gazette ecclésiastique, et tous autres libelles qui ne sont que l'aliment de la guerre civile des sots.

1094 MS: Nègres ↑^{V} des tannés↓ & des jaunes
1094a MS: §XXV.

Ensuite chacun de nos frères, soit théiste, soit turc, soit païen, soit chrétien grec ou chrétien latin, ou anglican, ou scandinave, soit juif, soit athée lira attentivement quelques pages des offices de Cicéron, ou de Montagne, et quelques fables de La Fontaine.

Cette lecture dispose insensiblement les hommes à la concorde que tous les théologiens ont eue jusqu'ici en horreur. Les esprits étant ainsi préparés, toutes les fois qu'un chrétien et un musulman rencontreront un athée, ils lui diront: Notre cher frère, le ciel vous illumine! Et l'athée répondra: Dès que je serai converti je viendrai vous en remercier.

Le théiste donnera deux baisers à la femme manichéenne à l'honneur des deux principes. La grecque et la romaine en donneront trois à chacun des autres sectaires, soit quakers, soit jansénistes. Elles ne seront tenues que d'embrasser une seule fois les sociniens, attendu que ceux-là ne croient qu'une seule personne en Dieu; mais cet embrassement en vaudra trois, quand il sera fait de bonne foi.

Nous savons qu'un athée peut vivre très cordialement avec un juif, surtout si celui-ci ne lui prête de l'argent qu'à huit pour cent: mais nous désespérons de voir jamais une amitié bien vive entre un calviniste et un luthérien. Tout ce que nous exigeons du calviniste, c'est qu'il rende le salut au luthérien, avec quelque affection, et

1108-1110 MS: Théiste, soit Payen Anglican, ou Suédois; soit Juif

1110-1111 MS: attentivement le livre De la Félicité publique; livre, dont tout homme sous quelque ciel qu'il soit né, peut faire sa félicité particulière

1111 B: La Fontaine.[a] Lisez attentivement le livre de *la Félicité publique*, livre dont tout homme, dans quelque siècle qu'il soit né, peut faire sa félicité particulière. Ce livre[90]

1112 MS: Ce livre dispose

1123-1124 MS: sera de bonne

[90] Note de Voltaire que Beuchot affirme avoir trouvée 'dans un manuscrit' (M.xxvii.550). L'allusion concerne le livre de François-Jean de Chastellux (1734-1788) *De la félicité publique* (Paris 1771), dont l'édition datée de 1822 est enrichie de notes posthumes de Voltaire.

qu'il n'imite plus les quakers qui ne font la révérence à personne, mais dont les calvinistes n'ont pas la candeur.

Nous exhortons les primitifs nommés quakers à marier leurs fils aux filles des théistes nommés sociniens, attendu que ces demoiselles étant presque toutes filles de prêtres, sont très pauvres. Non seulement ce sera une fort bonne action devant Dieu et devant les hommes, mais ces mariages produiront une nouvelle race qui, représentant les premiers temps de l'Eglise chrétienne, sera très utile au genre humain.

Ces préliminaires étant accordés, s'il arrive quelque querelle entre deux sectaires, ils ne prendront jamais un théologien pour arbitre; car celui-ci mangerait infailliblement l'huître, et leur laisserait les écailles.

Pour entretenir la paix établie, on ne mettra rien en vente, soit de grec à turc, ou de turc à juif, ou de romain à romain, que ce qui sert à la nourriture, au vêtement, au logement, ou au plaisir de l'homme. On ne vendra ni circoncision, ni baptême, ni sépulture, ni la permission de courir dans le caaba autour de la pierre noire, ni l'agrément de s'endurcir les genoux devant la Notre-Dame de Lorette qui est plus noire encore.

Dans toutes les disputes qui surviendront, il est défendu expressément de se traiter de chien, quelque colère qu'on soit; à moins qu'on ne traite d'hommes les chiens, quand ils nous emporteront notre dîner et qu'ils nous mordront, etc. etc. etc.

1131 MS, NM, w68, w75G: dont ils n'ont
1153 MS: mordront.//

Réflexions philosophiques sur le procès de mademoiselle Camp

Critical edition

by

A. Hunwick

TABLE OF CONTENTS

INTRODUCTION

At first glance Voltaire's main preoccupations during 1772 appear to have been the problems of individuals, rather than major causes, though a more general injustice was addressed in *La Voix du curé sur le procès des serfs du Mont-Jura* (below, p.119-53). However, he undoubtedly took an active interest in these problems of individuals because they related to the wider issues of injustice and, especially, religious intolerance, against which he waged a constant battle. In this year he supported the comte de Morangiés, probably unjustly accused of fraudulently obtaining a hundred thousand *écus*; the marquis de Florian, widower of Voltaire's younger niece who, despite his influence, was unable to obtain permission to marry a divorced Protestant;[1] and Marthe de Bombelles, *née* Camp, whose case was perhaps the most deserving of the Ferney patriarch's support.

As part of his campaign for religious toleration, Voltaire's remarks on Marthe Camp's case were published together with a reply to the anti-Protestant abbé de Caveirac, and verses commemorating the massacre of Protestants on St Bartholomew's Day two hundred years earlier.

On 21 March 1766 Jean-Louis-Frédéric-Charles de Bombelles had married the Protestant Marthe Camp *au désert*.[2] In 1771, on the supposed grounds that the marriage was invalid, but possibly in order to secure a richer spouse, he repudiated Marthe, then, in a Catholic ceremony, married Marie-Françoise de Carvoisin de Claignes (1736-*c.*1830). Marthe appealed to the Parlement, and in November 1771, supported by Anne-Rose Duvoisin, *née* Calas

[1] On Morangiés see, in *OC*, vol.74A, *Essai sur les probabilités en fait de justice* (p.243f.) and *Nouvelles probabilités en fait de justice* (p.385f.). On Florian see R. Pomeau, *VST*, v. 'On a voulu l'enterrer', ii.406 and notes 2 and 3; D17571 and D17615.

[2] That is, according to Protestant ceremony, then proscribed in France. See G. Gargett, *Voltaire and Protestantism*, *SVEC* 188 (1980), ch.7, 'Voltaire and the *églises du désert*'.

(D17461), she wrote asking Voltaire's help for herself and her four-year-old daughter Charlotte.[3] Voltaire replied, deploring his helplessness in the matter (D17470). Judgement, of which Voltaire eagerly awaited news (D17842), was rendered on 7 August 1772. Despite the spirited eloquence of Linguet,[4] the appeal failed. Costs

[3] D17460. Anne Rose appears to have become a 'Parisian personality' (Desnoiresterres, vi.412 [sources not cited], cit. R. Pomeau, *Ecraser l'infâme*, ch.9, p.158, n.112), and in any event undoubtedly remained in contact with Voltaire following the successful outcome of the Calas affaire in March 1765. In 1764 she had married Jean-Jacques Duvoisin, a Swiss pastor who was chaplain to the Dutch embassy in Paris. Presumably Marthe Camp knew of Anne Rose's connection with Voltaire; and as Marthe's letter to him was also sent from Paris, and both women were Protestants, possibly Marthe had approached Anne Rose for advice and support.

[4] The *Mémoires secrets* note (7 August) that 'M. l'avocat général, Vaucresson [...] a conclu contre la Dlle. Camp, il a mulcté M. Linguet', later alluding to Linguet's 'éloquence fausse et mal dirigée' (30 August 1772). Simon-Nicolas-Henri Linguet (1736-1764), Marthe de Bombelles's lawyer, was also counsel for La Barre (D19373 n.4), and for Jean-François-Charles de Molette, comte de Morangiés (D17715, n.4, D17721, n.1). Voltaire esteemed him highly (D15501), and late in life Linguet published an *Examen des ouvrages de M. de Voltaire* (Brussels 1788). Despite considerable success at law, he was eventually disbarred, mainly because of his attacks on other lawyers, symptomatic of his apparent delight in always taking the opposite view from everyone else's. Three other published works by Linguet concern Marthe de Bombelles's case: *Mémoire à consulter et consultation pour un mari dont la femme s'est remariée en pays protestant, et qui demande s'il peut se remarier de même en France* (Paris 1771); *Mémoire à consulter et consultation sur la validité d'un mariage contracté en France suivant les usages des protestans* (Paris 1771); *Plaidoyer pour demoiselle Antoinette-Louise-Angélique-Charlotte de Bombelles, procédant sous l'autorité d'Antoine Maugis, son tuteur ad hoc, contre Charles-Fréderic, vicomte de Bombelles, et demoiselle Marie-Françoise de Carvoisin* (Paris 1772); see also D17715, n.3.

A review by A. Coquerel *fils* of the second of these documents appeared in the anti-Catholic *Le Lien, journal des églises réformées en France* (1852, p.467-68), under the heading 'Bibliothèque d'un Huguenot'. The reviewer declares that Voltaire, in cowardly fashion, sided with the judges, and that the pension he refers to was worthless, since a journalist of the time had described the vicomte as 'un homme qui n'a pas un sou vaillant'. He then quotes Grimm who reproached Voltaire for condoning all acts of Maupeou's Parlement, and for stating that the Parlement's decree was approved by the public. He closes with praise for Linguet, the end of the latter's *mémoire*, and some information about the Van Robais family, Marthe Camp having found a second husband in the seventy-year-old Abraham van Robais

were awarded against Marthe, Bombelles's second marriage was declared the only legal one, and Charlotte ordered to be raised a Roman Catholic. This, however, was to be at the father's expense, while Marthe was, by the same judgement, awarded twelve thousand livres damages.[5]

For 'la première et la seconde' Mme de Bombelles, Voltaire intimated his sympathy (D17864, D17865). Writing to him in September, Mme Necker declared that Marthe had shown moral weakness in not invoking public opinion against an inequitable verdict (D17912). In reply, Voltaire expressed his hope that Protestant marriages, solemnised by civil ceremony, even if not by the church, would again become legal, as they had been in the previous century, and he begged the duc de Richelieu to use his influence in the matter (D17932, D17915). Voltaire's interest in the case may also be seen from letters he wrote to various persons from November 1771 to September 1772.[6]

In August 1772 he was already combating religious intolerance in the La Barre affair,[7] while the anniversary of the St Bartholomew's Day massacre and its bicentenary – possibly the

(D17912, n.3), one of whose nephews subsequently became the husband of Charlotte. See also J. Cruppi, *Un avocat journaliste au XVIIIe siècle: Linguet* (Paris 1895), p.281-92 (cit. Marc-Marie, marquis de Bombelles, *Journal*, ed. J. Grassion and F. Durif, Geneva 1977, i.76, n.16); and D. Baruch, *Linguet* (Paris 1991).

[5] A brief summary of the judgement is given by Simon-Prosper Hardy in *Mes loisirs*, ed. M. Tourneux and M. Vitrac (Paris 1912), i.353 (6 August 1772). In his *Journal*, Marc-Marie de Bombelles (i.76n), cousin to Jean-Louis-Fréderic-Charles, refers to the latter's 'conduite scélérate', adding: 'J'ai vu ce malheureux annoncer des talents militaires et d'autres bonnes qualités. Ses goûts effrénés pour la dépense et la débauche en ont fait un coquin.' On 13 December 1771 the *Mémoires secrets* reproduced the letter of exclusion, dated 27 November 1771, from the Council of the Ecole royale militaire to M. de Bombelles, condemning his behaviour, which the council considered unforgiveable. On 25 December François Marin wrote to Voltaire, promising to send him Bombelles's reply to the Ecole's letter (D17527).

[6] See Gargett, *Voltaire and Protestantism*, p.358-59 and especially n.176.

[7] See *Relation de la mort du chevalier de La Barre* (1767; M.xxv.501-16); *Cri du sang innocent* (1775; M.xxix.375-89).

coincidence occurred to him spontaneously (D17854) – could not fail to exert an inflammatory influence on him. The second canto of *La Henriade*[8] contains Voltaire's views on the massacre, which always remained for him 'le plus grand crime de l'histoire de France'.[9] In D15855 Voltaire declared that every year he contracted a temperature on 24 August, and fainted on 14 May, the date of the assassination of Henri IV, who had solved the problem of religious intolerance on a political level. Again referring to St Bartholomew's Day, he observed: 'Je ne sais pas par quelle fatalité j'ai la fièvre tous les ans ce jour-là' (D19110).

In light of this it would seem that the appearance, in 1772, of the *Lettre du docteur Chlévalès* and *Seconde lettre à M. de Voltaire*,[10] pseudonymously published by the abbé Jean Novi de Caveirac (1713-1782), incited Voltaire's return to the fray, Marthe Camp's case no doubt providing a convenient pretext for a reply to Caveirac. In fact Voltaire effectively took up the cause of Huguenots' civil rights by writing the present work, which he termed a 'diatribe' (D17845), yet which contains barely a trace of his customary irony and indignation.

Earlier, in 1756, Caveirac had openly opposed any form of toleration of Protestants. In 1758 he wrote *Apologie de Louis XIV et de con conseil, sur la révocation de l'Edit de Nantes.*[11] Voltaire described this book as an 'apologia' for the massacre, inscribing on the title page of his copy: 'ouvrage abominable au quel on prétend que Pompignan évêque du puy a quelque part il est rédigé par un abbé de caveirac, presque tous les faits sont déguisez, les

[8] *La Henriade*, ed. O. R. Taylor, *OC*, vol.2 (1970), p.391-408.

[9] O. R. Taylor, 'Voltaire et la Saint-Barthélemy', *RHLF* 73 (1973), p.829-38.

[10] *Lettre du docteur Chlévalès à M. de Voltaire, en lui envoyant la copie manuscrite d'une autre lettre à laquelle il ne paraît pas qu'il ait répondu* (Paris 1772).

[11] *Apologie de Louis XIV et de con conseil, sur la révocation de l'Edit de Nantes, pour servir de réponse à la Lettre d'un patriote* [Antoine Court] *sur la tolérance civile des protestants de France, avec une Dissertation sur la journée de la S. Barthélemi* (s.l. 1758; BV2593). See also Gargett, *Voltaire and Protestantism*, p.276-77.

raisonements faux, le stile déclamatoire, et les principes affreux', and he called Caveirac 'ennemi [...] du genre humain'.[12]

Of Protestant refugees after the Edict of Nantes was revoked Caveirac had written: 'Les mémoires de la maison de Brandebourg, écrits sous les yeux du roi de Prusse, et par une main dont on ne saurait ni méconnaître le beau pinceau, ni dissimuler le goût pour la fiction, n'en avouent que vingt mille, dont on peut bien, sur l'étiquette, retrancher quelques milliers.'[13] In D4206 Voltaire states that he had in part 'corrected' Frederick of Prussia's memoirs, but Frederick presumably resented their being attributed to Voltaire who, in June 1759 (D8376), declared that he had refuted the false attribution.

In 1762 there appeared Caveirac's *Nouvel appel à la raison des écrits et libelles publiés par la passion contre les jésuites de France*,[14] which Voltaire dismissed as 'insolent et [...] maladroit', and of no consequence.[15] Caveirac was banished by order of the Parlement in February 1763. Hearing he had fled to Rome, Voltaire commented acidly: 'Dieu le récompensera, il sera peut être cardinal.'[16] Speaking of Caveirac, D'Alembert had told Voltaire:

[12] D10877; see also Thiriot's letter to Voltaire (D8065), and D11761. In all fairness, however, it should be noted that Caveirac did express his own personal horror at the memory of the massacre: 'quand on enlèverait à cette journée les trois quarts des horribles excès qui l'ont accompagnée, elle serait encore assez affreuse pour être détestée de tous ceux en qui tout sentiment d'humanité n'est pas entièrement éteint' (*Dissertation*, p.i). In 1758 the abbé Gabriel-François Coyer called on the church to put its house in order, pointing out the ambivalence that silence on Caveirac's *Apologie* had implied (L. Adams, 'Coyer and the Enlightenment', *SVEC* 123 (1974), p.170-73).

[13] *Apologie de Louis XIV et de con conseil, sur la révocation de l'Edit de Nantes*, p.84.

[14] Brussels 1762 (BV2594); but see D10906, n.7.

[15] See D11008, D11117.

[16] D11764. Later pardoned by Louis XV, Caveirac returned to France after the disgrace of Choiseul, exiled by Louis in 1770, and took part in a scandalous law-suit: a woman who had renounced Catholicism asked the courts to annul as illicit a union contracted fifteen years earlier with a Protestant.

'on veut le pendre pour l'apologie des Jesuites', to which Voltaire replied: 'Il est difficile de plaindre Caveirac, quoique persécuté.'[17]

In a signed letter dated 21 February 1760 Caveirac reiterated Voltaire's authorship of the *Mémoires de Brandebourg*, adding a proviso to the effect that if Voltaire did not answer the letter by 1 April, it would be published. It did appear in print twelve years later, under the title *Seconde lettre à M. de Voltaire*, appended (p.37-67) to the *Lettre du docteur Chlévalès*, the 'second letter' being in fact composed first. 'Chlévalès' (from an apparently invented Greek word 'Kleuelon') asks whether Voltaire had withdrawn his post-script because it contained untruths, or through fear of reprisals.[18]

In the *Seconde lettre*, Caveirac contests Voltaire's alleged claim that Frederick had taken him away from country, family, friends, situation, and fortune. What 'family', Caveirac asks? 'Un neveu trop sage pour approuver ses écarts et sa conduite; deux nièces qui doivent son redoublement de tendresses pour elles à son éloignement forcé, et à l'abandon général qu'il éprouve.' In fact Voltaire had two nephews:

> La révolution faite dans tous les parlements du royaume, en 1767, devait [...] embarrasser [Voltaire]. Il avait deux neveux, dont l'un [Alexandre Jean Mignot] entrait au parlement de Paris, tandis que l'autre [Alexandre Marie François de Paule de Dompierre d'Hornoy] en sortait; tous deux d'un mérite distingué et d'une probité incorruptible, mais engagés l'un et l'autre dans des partis opposés.[19]

The exact time of publication of these texts is known. Voltaire forwarded them to Cramer in early August 1772:[20] he describes the *Stances* as a 'bouquet' for St Bartholomew's Day, using the same expression again in D17854 and D17859. The *Stances* were at

[17] D10906, D10922.

[18] Amid much self-justification, the author quotes Linguet, who had asserted that Caveirac and his writings had been misjudged.

[19] *Commentaire historique sur les œuvres de l'auteur de la Henriade* (M.i.116).

[20] D17849, probably a few days later than the 7th, the date suggested by Besterman.

first printed separately, this being presumably the edition alluded to in D17859 (14 August). Copies of all three texts apparently reached Voltaire on 23 August since in D17881, to Paul Claude Moultou, dated 24 August, he mentions receiving them the day before. He again refers ironically to 'la belle fête que nous célébrons aujourd'hui', also claiming that his household had pounced on all but two of the copies, one of which he was sending to Moultou, the other being saved for Mme Necker. He presumably located at least one other, since Frederick of Prussia subsequently acknowledged, with thanks and praise, receipt of the pamphlets with the *Stances* (D17916).

The publication is mentioned in the *Mémoires secrets* for 1 September 1772, though Bachaumont was more interested in the *Stances*, which Voltaire had 'prefaced' with the pages in prose. Voltaire, he says, actually approved of the decision handed down by the new tribunal whose competence, he claims, had been invalidated by a vote of the people. Voltaire claimed all Paris felt that the marriage should be annulled because a harsh law prevented a Catholic man from marrying a Protestant woman in a so-called Reformed church. Bachaumont notes that the marriage was not annulled: by declaring it had never existed, the magistrates had adroitly avoided deciding between Geneva and Rome. Voltaire, he further says, deplored this law which had deprived France of eight hundred thousand useful citizens, and made one hundred thousand other families uncertain of their situation. Apparently Voltaire hoped it would be revoked, but concluded that in such a delicate matter the government's wisdom and goodness could be relied upon. Bachaumont had no more time than did Voltaire for Caveirac, 'l'exécrable apologiste de la Saint-Barthélemy', and praises Voltaire for remaining aloof, instead of exchanging insults with the abbé.

Grimm, in the *Correspondance littéraire* for October 1772 (*CLT*, viii.74-77), goes into more detail. Like Bachaumont, he is more interested in the lines on the St Bartholomew's Day massacre than in what precedes them. He calls Mlle Camp's case one of the scandals of the year. He then explains that the vicomte, who had been educated at the Ecole royale militaire, was notorious for unworthy conduct during his first years of service, especially for the Camp affair. While staying at Montauban, says Grimm, Bombelles had come to know the Camp family, claimed he was a Protestant, married Marthe Camp in a Protestant church, and fathered a child on her. He wasted his dowry, and unpaid debts led to his imprisonment. When released, he married again, asserting that his marriage with Mlle Camp was mere concubinage: and because of Louis XIV's revocation of the Edict of Nantes he got away with it. Grimm says Mlle Camp found a more effective champion in the advocate Linguet than in Voltaire, whom he upbraids for justifying the Parlement's decree through fears of his own imminent death, saying he should have kept quiet. Grimm adds that the child probably would not be taken away, and that Mlle Camp had been married by the Swede M. de 'Vanrobais'.

Yet another account of the matter is to be found the the memoirs of the baroness d'Oberkirch,[21] who mentions having overheard the baron de Wurmoer tell the sad story of M. de Bombelles, which she proposed to relate, since the matter was more easily defensible than commonly supposed. While travelling in Paris she claims to have learnt a great deal about the Bombelles family, who had been slandered by the situation. Wishing to be impartial, she suggests there may be reasons for M. de Bombelles's blameworthy conduct. She has heard, but cannot vouch for the fact, that the Ecole militaire, where he had been educated, had written to him expressing its displeasure at his behaviour, which gave the Ecole a bad name. The baroness dreads even to think of such a thing happening to one of the most reputable families of Alsace, and can now no longer bear to think about it: such a thing is no longer possible, she adds, thank Heaven, not to mention Louis XVI.

[21] *Memoires de la baronne d'Oberkirch sur la cour de Louis XVI et la société française avant 1789, publiés par le comte de Montbrison, son petit-fils* (Paris 1853), p.51-52.

An account of the events by A. Coquerel *fils*[22] also includes the following codicil:

Il paraît que M. de Bombelles et sa seconde femme se crurent appuyés par Voltaire, qui, dans sa brochure faible et incohérente, avait affirmé la nullité du premier mariage. Ils lui firent plus tard, à Ferney, une visite qui ne lui plut nullement, et il écrivit contre eux cette épigramme qu'on trouve dans ses Œuvres:

> Pourquoi donc ces gens-là s'appellent-ils Bombelle?
> Le mari n'est pas bon, la femme n'est pas belle.

The epigram is, however, probably not by Voltaire, since Bengesco does not know of it.

Editions

72A

RÉFLEXIONS / PHILOSOPHIQUES, / *SUR LE PROCÉS* / DE MLLE. CAMP, / AVEC DES VERS SUR LE MASSACRE / *DE LA SAINT BARTHELEMI.* / [*thick-thin rule*] / PAR *M. DE VOLTAIRE.* [*thin-thick rule*] / [*typographical ornament*] / A GENEVE. / [*decorated rule*] / *M. DCC. LXXII.* [BnC suggests a Parisian printing.]

In-8°, 12 pp.

Bengesco 1815; BnC 4285.

Paris, BnF: Ld.176.934; Rés. Z. Bengesco 347; Rés. Z. Beuchot 745.

72B

SUR LE PROCÈS / DE / MADEMOISELLE CAMP. / N.p. n.d. [Geneva 1772, according to Bengesco 1815].

In-8°, 8 pp.

Bengesco 1815; BnC 4284.

Paris, BnF: Rés. Z. Bengesco 348.

[22] *Lettres inédites* [de Voltaire] *sur la tolérance* (Paris 1863), p.253-54, cit. Bengesco 1815, and M.xlviii.155; see also the commentary on D17460.

NM (1772)

Nouveaux Mélanges philosophiques, historiques, critiques, etc. [Genève, Cramer,] 1765-1775. 19 vol. 8°.

Vol.xi
(1772), p.123-30.

Bengesco 2212; BnC 111-135; Trapnell NM.

Paris, BnF: Rés. Z. Bengesco 487 (11).

W70L (1772, 1773)

Collection complette des œuvres de M. de Voltaire. Lausanne, Grasset, 1770-1781. 57 vol. 8°.

Vol.xxx (1772), p123-30; vol.xxxiv (1773), p.168-71.

Some volumes, particularly the theatre, were produced with Voltaire's participation.

Bengesco 2138; Trapnell 70L; BnC 149 (1-6, 14-21, 25).

Lausanne, Bibliothèque cantonale et universitaire. Oxford, Taylor: VI 1770 L.

N

Nouveautés, s.l.n.d. [1773]
8°.

BnC 2016.

Paris, BnF: Zz. 3879.

EJ (1773)

L'Evangile du jour. Londres [Amsterdam], 1769-1780. 18 vol.

Vol.ix
(1773), p.38-43.

Bengesco 1904; Trapnell EJ; BnC 5234-5281.

Paris, BnF: Rés. Z. Bengesco 379 (9); Rés. Z. Beuchot 290 (9); D2.5300 (9).

W72P (1773)

Œuvres de M. de V.... Neuchâtel [Paris, Panckoucke], 1771-1777. 34 or 40 vol. 8° and 12°.

Vol.xxi (1773), p.385-94.

Reproduces the text of W68. No evidence of Voltaire's participation.

Bengesco 2140; Trapnell 72P; BnC 152-57.

Paris, Arsenal: Rf. 14095.

K

Œuvres complètes de Voltaire. [Kehl], Société littéraire-typographique, 1784-1789. 70 vol. 8°.

Vol.xxx, p.500-506.

Bengesco 2142; BnC 164-193.

Oxford, Taylor: V1 1785/2 (30); VF. Paris, BnF: Rés. P Z 2209 (30).

Stances pour le 24 août 1772

Bengesco (555) lists the *Stances* separately from the two prose texts (1815, where he mistakenly gives the date as 26 August). Originally entitled *Stances pour le 24 août 1772 par M. de V****(in-8°, 3 pp.), they were in fact written before the prose pieces, but were soon reprinted with them (editions 72A, 72B above), under the title *Pour le 24 auguste ou aoust 1772*. Subsequently they appeared separately again, as *Ode: l'anniversaire de la Saint-Barthélemy*:

NM: vol.xi (1772), p.131-32; vol.xiv (1774), p.91-92
EJ: vol.ix (1773), p.44-45
W68: vol.xx (1774), p.77-78
W70L: vol.xxix (1774), p.398-400
W71: vol.xx (1775), p.66-68
W72P: vol.xv (1773), p.209-10
W75G: vol.xiii, p.245-47
K: vol.xiii, p.410-11.

The base text for the present edition is 72A.

Treatment of the base text

The punctuation of the base text, along with the spelling of proper names, has been respected. Otherwise the base text has been modernised in terms of spelling and the use of capitals and italics.
The following aspects of spelling and orthography have been modernised to conform to modern usage:

I. Consonants

- *p* was not used in: tems.
- *t* was not used in the endings -ants, -ents: enfans, habitans, protestans, renaissans, turbulens.
- a double consonant was used in: rappeller.
- a single consonant was used in: pourait.
- final x was used instead of s in: loix.

II. Vowels

- final *e* was omitted in: encor.
- *e* was used instead of *o* in: meurir.
- *y* was used instead of *ï* in: ayeux.

III. Accents

- The acute accent
  - was used in: mercénaires.
- The grave accent
  - was used instead of the acute in: répètera.
  - was used in: lière.
- The circumflex accent
  - was used in: toûjours.

IV. Hyphenation

- the hyphen was used in: non-seulement.

V. Other

- the ampersand was used throughout.

RÉFLEXIONS PHILOSOPHIQUES SUR LE PROCÈS DE MADEMOISELLE CAMP

Avec des vers sur le massacre de la Saint Barthélemy.

La loi commande, le magistrat prononce; le public, dont l'arrêt est inutile pour l'exécution des lois, mais irrévocable au tribunal de l'équité naturelle, décide en dernier ressort. Sa voix se fait entendre à la dernière postérité.

Ce juge suprême, quoique sans pouvoir, et dont au fond tous les tribunaux ambitionnent le suffrage, a consacré l'arrêt du nouveau parlement de Paris, porté entre le vicomte de Bombelles et la demoiselle Camp. Le public a senti qu'une loi dure ne permettant pas en France à un catholique de se marier à une protestante par le ministère d'un prétendu réformé, le mariage devait être déclaré nul.[1] Mais en même temps la bonne foi de la mariée a été récompensée par une réparation civile et par une somme d'argent proportionnée aux facultés du mari; si pourtant un peu d'argent peut tenir lieu d'un état dans la société.

Les juges ont assigné une pension à la fille née de ce mariage malheureux. Ils ont même eu soin de la recommander au roi comme ayant droit à ses grâces par les vertus de sa mère. Ainsi ils ont rempli tous les devoirs de la législation et de l'humanité.

Il ne reste plus à la nation qu'à désirer de voir finir cette séparation funeste, qui a privé la patrie d'environ sept à huit cent

c W70L, absent
a-c EJ, K: SUR LE PROCÈS / DE / MADEMOISELLE CAMP. / 1772.//
5 NM: Le juge

[1] According to the *Mémoires secrets* (vi.172-73), 'M. de Voltaire prend le change comme beaucoup d'autres: l'arrêt ne déclare pas le mariage nul, il reconnaît simplement qu'il n'y a point de mariage, faute d'acte de célébration.'

mille citoyens utiles, et qui plonge encore cent mille familles dans l'incertitude continuelle de leur sort, dans la douleur de mettre au monde des enfants dont la subsistance peut toujours être disputée, et dont la naissance est regardée comme un crime. Cette fatalité destructive de la population, de la paix et du bien de l'état, réputée autrefois nécessaire, désole sourdement la France depuis près de cent années.

Les guerres et les assassinats de religion sous François II, Charles IX, Henri III, Henri IV, Louis XIII, furent les motifs qui semblèrent déterminer Louis XIV aux sévérités qu'il exerça dans un temps où ces guerres civiles n'étaient plus à craindre; il punit les petits-neveux tranquilles des fautes de leurs aïeux turbulents.[2]

Nous nous sommes aperçus enfin que la médecine trop forte, donnée aux petits-fils pour la maladie de leurs grands-pères,[3] n'avait pu les guérir. Ils ont persisté dans leur culte; mais si on n'a pu ouvrir leurs yeux à nos sublimes vérités, on avait guéri leurs cœurs; il faut avouer qu'ils étaient de bons citoyens et des sujets fidèles, dans le temps de la révocation de l'édit de Nantes.

Si on défend pendant la contagion toute communication avec une province infectée, il est triste que cette défense ait lieu lorsque le mal est entièrement passé.

On doit espérer qu'un jour la sagesse du ministère trouvera le moyen de concilier ce qu'on doit à la religion dominante et à la mémoire de Louis XIV, avec ce qu'on doit à la nature et au bien de la patrie.

Ce moyen semble déjà indiqué en quelque sorte par la conduite qu'on tient en Alsace. Les luthériens y jouissent sans interruption

[2] François II reigned 1559-1560; the Edict of Nantes put an end to the Wars of Religion (1562-1598), fought during the reigns of Charles IX (1560-1574), Henri III (1574-1589), and Henri IV (1589-1610). Henri III was assassinated by the Jacobin fanatic Clément, Henri IV by Ravaillac. Under Louis XIII (1610-1643), the protestant rebellion ended with the curtailment of protestant privileges by the Edict of Alès in 1629. Louis XIV revoked the Edict of Nantes in 1685.

[3] This comparison is also used by Voltaire in *Traité sur la tolérance*, ch.4 (*OC*, vol.56C, p.147), *Pot-pourri* (M.xxv.266), and *Anecdote sur Bélisaire* (*OC*, vol.63A, p.187).

de tous les droits de citoyen, depuis que le roi est en possession de cette belle province. Leurs mariages sont reconnus légitimes, ils partagent les charges municipales avec les catholiques. L'université de Strasbourg leur appartient toute entière. Les calvinistes même y possèdent quatre temples. Ces trois religions vivent en paix comme dans l'Empire.

Il est donc évident par une expérience heureuse, que plusieurs religions peuvent subsister ensemble sans aucun trouble, ainsi que plusieurs manufactures jalouses l'une de l'autre peuvent prospérer dans une même ville, lorsqu'une administration prudente contient chacune dans ses bornes. L'émulation les vivifie et la discorde ne les déchire pas. C'est ce qu'on voit en Allemagne, en Russie, en Angleterre, en Hollande, en Suisse.

Le seul obstacle qui pourrait détruire en Alsace l'esprit de charité qui doit régner entre tous les hommes, serait peut-être l'ancienne loi qui défend aux catholiques et aux protestants, soit luthériens, soit calvinistes, de s'unir par les liens du mariage. Si saint Paul a dit que l'épouse fidèle convertissait le mari infidèle,[4] cette conversion ne devait s'opérer en aucun pays plus promptement qu'en France où le sexe a tant d'empire, où les plaisirs, les spectacles, les fêtes brillantes sont le partage de la religion dominante, où les grâces du prince souvent sollicitées par les femmes, volent en foule au-devant de quiconque en est susceptible.

Cette proscription de mariages entre catholiques et protestants, est une loi contre l'amour; elle semble désavouée par la nature; elle forme deux peuples, où l'on n'en devrait voir qu'un seul. On ne répétera pas ici tout ce qui a été dit sur une matière si intéressante et si délicate. Cent volumes ne valent pas un arrêt du conseil.

71 NM: de mariage entre
73 K: l'on en devrait voir

[4] I Corinthians vii.13-14: 'And the woman which hath an husband that believeth not, and if he be pleased to dwell with her, let her not leave him. For the unbelieving husband is sanctified by the wife.'

Attendons de la prudence et de la bonté de nos rois ce qu'on n'obtiendra jamais par des arguments de théologie.

Espérons pour nos frères désunis une tolérance politique que nos maîtres sauront accorder avec la religion dont ils sont les protecteurs.

RÉPONSE À M. L'ABBÉ DE CAVEYRAC

Gardons-nous seulement de dire avec M. l'abbé de Caveyrac (*a*) que la tolérance n'a produit en Angleterre que des fruits funestes, qu'il n'en restait qu'un seul à mourir, qu'ils le recueillent aujourd'hui, et que c'est le mépris des nations. Notre roi a triomphé trois fois des Anglais, à Fontenoy, à Liège, à Laufelt,[5] et les a toujours estimés.

On ne les voit méprisés, en Asie, en Afrique, en Amérique et en Europe, que de monsieur l'abbé de Caveyrac.

Gardons-nous de répéter avec lui, (*b*) que Dieu ordonna d'exterminer jusqu'au dernier Amalécite,[6] qu'il voulut que celui qui aurait été sollicité à servir des Dieux étrangers livre l'instigateur au peuple, et soit le premier à l'assommer, fût-il son frère, son fils, sa femme ou son mari.[7]

Cet ordre ne fut donné que dans la loi de rigueur; et nous sommes dans la loi de grâce. Il est un peu trop dur de nous proposer d'assommer nos frères, nos fils et nos femmes. Nous devons d'autant plus pencher vers la douceur, que nous sommes dans l'année centenaire et dans le mois de la Saint-Barthélemi, fête un

(*a*) Page 362 de l'apologie de la révocation de l'édit de Nantes et de la Saint Barthélemi.

(*b*) Page 368.

[5] In the War of the Austrian Succession (1742-1748).

[6] Deuteronomy xxv.19.

[7] Deuteronomy xiii.9.

peu lugubre, dans laquelle en effet les frères assommèrent leurs frères, et que M. l'abbé de Caveyrac nous reproche dans une nouvelle dissertation de n'être pas de son avis sur cette journée.

Il dit que cette journée ne fut (*c*) qu'une affaire de proscription.[8] Quelle affaire, juste ciel! nous sommes encore étonnés qu'on dise affaire de proscription comme affaire de finances, affaire de famille, affaire d'accommodement. Une proscription est-elle donc si peu de chose? et le faux zèle de religion n'entra-t-il pour rien dans cette affaire épouvantable?

N'est-il pas prouvé que plusieurs personnes à qui l'on offrit leur grâce s'ils voulaient changer de religion, furent massacrés sur leur refus? Le respectable de Thou[9] ne dit-il pas expressément au livre 53, que la nouvelle des massacres causa dans Rome une joie inexprimable, que le pape Grégoire XIII, suivi de tous les cardinaux, alla, le 6 septembre, remercier Dieu dans l'église de saint Marc, que le lundi suivant il fit chanter une messe solennelle à Minerve, qu'on tira le canon, qu'on fit des illuminations; qu'il marcha en procession le 8 septembre à l'église de Saint-Louis, qu'on mit à la porte de cette église un écriteau, par lequel Charles IX remerciait le pape de ses bons conseils qu'on avait exécutés, etc.

(*c*) Page première de sa dissertation sur la Saint Barthélemi.

[8] In the *Fragment sur l'histoire générale*, XIV (M.xxix.272-75), Voltaire makes similar replies to assertions in the 'Dissertation', stressing that whatever the number of victims, the massacre remained a crime of fanaticism. On Caveirac and the *Apologie*, see also *Dialogue d'un Parisien et d'un Russe* [*Le Russe à Paris*] (M.x.128), *Conclusion et examen de ce tableau historique* (M.xxiv.476), *Eclaircissements historiques* (M.xxiv.506), *Avis au public* (M.xxv.524), *Les Honnêtetés littéraires* (M.xxvi.124).

[9] Jacques-Auguste de Thou (1553-1617), *Historia sui temporis 1543-1608* (Paris 1604-1614). De Thou witnessed the St Bartholomew's day massacre. His history was placed on the catholic Index of prohibited books in 1609. Voltaire owned a French translation of it (BV3297). In a French translation published in London (1734), the passage here referred to may be found in volume 6 (1570-1573), p.441-43. Voltaire refers elsewhere to de Thou's excellence as magistrate and man of letters: see *Le Président de Thou justifié* (M.xxv.477-90), and *Commentaire sur le livre des délits et des peines* (M.xxv.563); cf. also *Histoire du parlement*, ch.40 (M.xv.570).

En est-ce assez pour réfuter M. l'abbé de Caveyrac, faut-il nous forcer à rappeler ce que nous voudrions ensevelir dans un oubli éternel?

Comment peut-il dire que cette affaire ne fut que l'effet d'une résolution subite, quand le jésuite Daniel avoue que Charles IX dit, n'ai-je pas bien joué mon rôlet? comment peut-on démentir ainsi tous les mémoires du temps?[10]

Pourquoi s'obstiner encore à vouloir persuader que depuis l'an 1680, l'émigration de nos concitoyens n'a été que médiocre et presque insensible? Pense-t-on fermer nos plaies en les niant, et en contredisant ceux qui ont vu des villes entières bâties par des réfugiés? peut-on dire qu'il ne s'est pas établi cinquante familles françaises à Genève,[11] tandis que le quart de la ville au moins est composé de Français; et de quels Français encore! des citoyens les plus utiles, parmi lesquels il en est qui possèdent des fortunes de deux à trois millions. Il ne faut ni exagérer ni diminuer nos pertes et nos malheurs, mais il est permis de montrer nos blessures aux yeux d'un gouvernement qui peut les guérir.

Enfin, pourquoi répéter dans son nouvel écrit que le roi de Prusse s'est trompé en assurant que plus de vingt mille Français se réfugièrent dans ses états. Pourquoi dire que c'est moi qui suis l'auteur des mémoires de Brandebourg, quand il est avéré que ce monarque est le seul historien de sa patrie comme il en est le législateur et le héros? M. l'abbé de Caveyrac se trompe assuré-

53-54 K: de fortunes de trois millions

[10] Gabriel Daniel (1643-1728), Jesuit teacher and author, in his *Histoire de France depuis l'établissement de la monarchie française dans les Gaules* (Paris 1755-1757; cf. BV938), says it is difficult to ascertain the king's attitude because of his constant dissembling (x.503).

[11] Elsewhere, in *Fragment sur l'histoire générale*, XV (M.xxix.275-79), Voltaire makes a similar refutation of the claim, put forward by Caveirac on page 83 of the 'Dissertation', that there were no more than fifty French families in Geneva. The *Mémoires secrets* for September 1772 (vi.183) note Caveirac's attribution of the *Mémoires de Brandebourg* to Voltaire. Cf. also *Fragment sur l'histoire générale*, XV (M.xxix.277-79).

ment en disant (*d*) que j'ai donné cette histoire de Brandebourg à beaucoup de personnes comme mon ouvrage, et que je l'ai vendue à plus d'un libraire comme mon bien.

La vérité et l'honneur m'obligent de dire qu'il n'y a personne en Europe à qui j'aie jamais ni prêté ni donné, encore moins vendu l'histoire de Brandebourg, et que du jour où cette histoire parut jusqu'à présent, il n'y a aucun libraire à qui j'aie jamais vendu un seul manuscrit. Si M. de Caveyrac était mieux informé de la vie que je mène, il ne me ferait pas de telles imputations. Enfin, pourquoi mêler mes neveux conseillers au parlement dans cette question?[12]

Ces réflexions sont bien étrangères au mariage de Mademoiselle Camp et au jugement de son procès. Mais nous avons cru ne devoir pas rejeter cette occasion de nous défendre contre les accusations de M. l'abbé de Caveyrac, à qui nous demandons non seulement de l'indulgence pour les protestants, mais encore pour nous qui avons été obligés de réfuter ses opinions.

POUR LE 24 AUGUSTE OU AOÛT 1772

Tu reviens après deux cents ans,
Jour affreux, jour fatal au monde.
Que l'abîme éternel du temps
Te couvre de sa nuit profonde.
Tombe à jamais enseveli
Dans le grand fleuve de l'oubli
Séjour de notre antique histoire.
Mortels à souffrir condamnés,
Ce n'est que des jours fortunés

(*d*) Page 43 de sa seconde lettre.

64 β: comme un ouvrage

[12] See Introduction, n.18.

Qu'il faut conserver la mémoire.[13]

C'est après le Triumvirat
Que Rome devint florissante.
Un poltron tyran de l'état,
L'embellit de sa main sanglante.
C'est après les proscriptions
Que les enfants des Scipions
Se croyaient heureux sous Octave.
Tranquille et soumis à la loi,
On vit danser le peuple Roi
Et portant des chaînes d'esclave.

Virgile, Horace, Pollion
Couronnés de myrte et de lierre,
Sur la cendre de Cicéron
Chantaient les baisers de Glicère.
Ils chantaient dans les mêmes lieux
Où tombèrent cent demi-Dieux
Sous des assassins mercenaires,
Et les familles des proscrits
Rassemblaient les jeux et les ris
Entre les tombeaux de leurs pères.

Bellone a dévasté nos champs
Par tous les fléaux de la guerre.
Cérès par ses dons renaissants
A bientôt consolé la terre.
L'enfer engloutit dans ses flancs
Les déplorables habitants

18o all editions after 72A, 72B: à sa loi

[13] The note in M.viii.494 compares the opening with lines from Statius's Silvae, ii.88-90: 'May that day perish from Time's record, nor future generations believe it! Let us at least keep silence, and suffer the crimes of our own house to be buried deep in whelming darkness' (trans. J. H. Mozley, London 1928).

De Lisbonne aux flammes livrée.
Abandonna-t-on son séjour?...
On y revint, on fit l'amour;
Et la perte fut réparée.

Tout mortel a versé des pleurs,
Chaque siècle a connu les crimes;
Ce monde est un amas d'horreurs,
De coupables et de victimes.
Des maux passés le souvenir
Et les terreurs de l'avenir
Seraient un poids insupportable;
Dieu prit pitié du genre humain:
Il le créa frivole et vain,
Pour le rendre moins misérable.

Quelques petites hardiesses de Mr. Clair, à l'occasion d'un panégyrique de Saint Louis

Critical edition

by

M. Waddicor

TABLE OF CONTENTS

INTRODUCTION

Every year, a churchman was chosen to pronounce the panegyric of the good king Saint Louis as part of a sung mass in celebration of his feast-day, 25 August, in the chapel of the Louvre, in front of the members of the French Academy. This was an occasion when ambitious clerics could draw attention to their oratorical talents. In 1772 the chosen orator was the abbé J.-S. Maury (1746-1817), who had already become known as a writer of *éloges* (including that of Fénelon in 1770) and other *morceaux d'éloquence*. As was usually the case with *panégyriques de Saint Louis*, his panegyric was published shortly afterwards, in September 1772.[1] In his works, Maury attempted to unite his version of 'philosophie' with religious orthodoxy. This concern is reflected in the *Panégyrique*, where he claims to be concerned above all with the 'grandes idées' of Saint Louis 'dans son gouvernement', and with the King's efforts to combat prejudice and abuses (p.5). He states for example that 'Ce n'est [...] pas [...] dans l'histoire de ses guerres, c'est dans le code de Saint Louis, que la France doit chercher les véritables causes de sa grandeur' (p.41-42). But anyone who had hoped to hear Maury condemning the crusades of Saint Louis would have been disappointed: his enthusiasm for these expeditions is evident. Over and above the political justifications which he alleges (there were French captives who needed to be rescued, and there was the necessity of diverting attention from internal conflicts, p.51-55), were the intellectual and spiritual benefits: 'Eh! où en seriez-vous sans les croisades? [...] En vous arrachant à vos climats pour vous conduire à la source des lumières, S. Louis alluma en vous la soif des sciences' (p.55-56). Maury's oratory evidently appealed to the

[1] *Panégyrique de Saint Louis, roi de France, prononcé dans la chapelle du Louvre, le 25 août 1772, en présence de l'Académie française* (Paris 1772), BnF 8° Lb[18] 135. The *Panégyrique* was reviewed in the 1 October 1772 number of the *Correspondance littéraire* (*CL*, x.76-79).

authorities, for he was shortly afterwards given the abbey of Frénade. He subsequently continued as an orator at court, and was elected to the Academy in 1785. He became a cardinal in 1794.[2]

Voltaire probably acquired a copy of the *Panégyrique* soon after its publication.[3] However, there is no direct reference to Maury's work, or to Voltaire's criticism of it, namely *Quelques petites hardiesses*, in the correspondence before the appearance of the *Hardiesses* on about 22 March 1773 in the volume entitled *Les Loix de Minos, Tragédie. Avec les notes de Mr. de Morza, et plusieurs pièces curieuses détachées*, which was published at Geneva by Cramer.[4] The only reference to the *Quelques petites hardiesses* occurs in a letter from Voltaire to D'Alembert dated 27 March 1773: 'Vous trouverez dans ce recueil [sc. *Les Loix de Minos*] la seule bonne édition de l'épître à Horace, le discours de l'avocat Belleguier, des réflexions sur le panégirique de s[t] Louis prononcé par l'abbé Mauri, lesquel [*sic*] ne sont pas à l'avantage des croisades' (D18273). Beuchot states that *Quelques petites hardiesses* was composed in September 1772.[5] This date is plausible: it is quite likely that Voltaire wrote the piece soon after receiving the *Panégyrique*, and that he received it soon after publication. However there is no proof offered by Beuchot, and no proof elsewhere, as to the exact date of composition. All that can be said with certainty is that it was written between September 1772, when

[2] Details from Michaud, and from the *Correspondance littéraire*, *loc. cit.*

[3] The *Panégyrique* features in Voltaire's library, BV2373.

[4] In D18281, 29 March 1773, Voltaire writes to Marmontel, sending him a copy of *Les Loix de Minos*, and stating that 'cette édition de Genève ne paraît que depuis huit jours'. The progress of work on the volume can be followed in the correspondence, through Voltaire's numerous letters to Cramer, e.g. D18018, D18032, D18046, D18055 (where there is a reference to 'deux ou trois autres pièces que j'ai un peu relimées' which could be printed in the volume – these could include the *Hardiesses*, but it is impossible to say this is definitely the case, since, when it appeared, the volume had some 31 items apart from *Les Loix de Minos*, most of them by Voltaire – see D.app.365), D18076, etc.

[5] Beuchot cited in M.xxviii.559.

the *Panégyrique* appeared, and March 1773, when *Les Loix de Minos* was published.

In *Quelques petites hardiesses*, Voltaire returns to a subject which he had often dealt with before: the Crusades. Their importance for him lay in the fact that he saw them as an extreme manifestation of the harmful effects of religious zeal and religious intolerance, extreme in their effect both on the 'infidels' whose defeat was the principal object of the expeditions, and on the Christians who undertook them (death, injury or enslavement of the crusaders, political and economic harm to the countries from which the crusaders came, not to mention the crimes committed against those Christians who unfortunately happened to live on the routes used by the crusaders). Voltaire's attitude emerges from the *Panégyrique de Saint Louis* which he himself composed for the unfortunate abbé d'Arty in 1749. In that work he performs the minor miracle of seeming to conform to Christian orthodoxy, while putting across a philosophic message.[6] Necessarily, therefore, his opposition to the Crusades is expressed in somewhat covert terms. In the *Essai sur les mœurs*, the opposition emerges more clearly and more forcefully, as the notes to the present edition show. *Quelques petites hardiesses* is closer to the manner of presentation of the *Essai* than to that of 'd'Arty's' *Panégyrique*.

Quelques petites hardiesses is divided into two unequal sections. In the first (l.1-197), Voltaire concentrates on the Crusades. In the second (l.198-239), he turns his attention to the code of law supposedly promulgated by Saint Louis, the *Etablissements*.[7] At first sight this would appear to suggest a lack of unity in approach, but this is not the case: Maury had spoken at some length of the *Etablissements*, praising them fulsomely;[8] furthermore, both sections are united by Voltaire's hatred of superstition and fanaticism.

[6] See my edition of Voltaire's *Panégyrique de Saint Louis* in *OC*, vol.31B.

[7] See below, n.47.

[8] See below, n.47 and 58.

Editions

73G

[*The first three lines in decorative type:*] LES / LOIX DE MINOS, / *TRAGÉDIE.* / AVEC LES NOTES / DE / *M*R. *de MORZA*, / ET / PLUSIEURS PIECES / CURIEUSES DÉTACHÉES. / [*typographical ornament*] / [*decorated thick-thin rule*] / [Genève, Cramer,] 1773. /

8°. 395 p. plus 2 unnumbered pages for the errata.

A[iv], A[4]-Z[4], Aa[4], B6[4].

Paris, BnF: Rés. Z Bengesco 116. BnC 996. There are four other copies of this edition at the Bibliothèque nationale: Yf 12118; Z Rothschild 5232, Rés. Z Beuchot 536, and Z Bengesco 981.

This is the edition published by Cramer.

Quelques petites hardiesses appears on p.219-32.

Error at l.223 ('Dragon' for 'Dracon'); inconsistent spelling: 'Sirie' (l.192), 'Syrie' (l.103 and 185).

73L

[*The second and third lines in decorative type:*] LES / LOIX DE MINOS, / TRAGÉDIE. / PAR MR. DE VOLTAIRE. / AVEC LES NOTES / *DE* / *MR. De Morza*, / ET / PLUSIEURS PIÈCES NOUVELLES, / DÉTACHÉES DU MÊME AUTEUR / [*ornament*] / *A LAUSANNE*, / Chez FRANÇOIS GRASSET & COMP. / [*decorated thick-thin rule*] / M. D. CCLXXIII.

170 p., plus 11 unnumbered pages devoted to a catalogue 'Des Ouvrages de Mr. de Voltaire, ou qui lui sont attribués, que nous pouvons fournir à leur juste prix', and of works by other authors.

*[5], A[5]-L[5].

Paris, BnF: Rés. Z Beuchot 535. BnC 1000.

Quelques petites hardiesses appears on p.111-22. 73L corrects (or avoids) 73G's error at l.223, but maintains the inconsistent spelling of 'Syrie'.

EJ

[*half-title*] L'EVANGILE / DU / JOUR. / [*single rule*] / *TOME DIXIEME.* / [*single rule*] /[*title*] L'EVANGILE / DU JOUR. / *CONTENANT* / LES LOIX DE MINOS, Tragédie, *avec des Notes.* / [*complete list of contents*] / [*typographical ornament*] / *A LONDRES,* / MDCCLXXIII. / Bengesco ii.404-11; Trapnell EJ; BnC 5234-5281.

p.1-82, 1-179.

A[5]-F[5] (p.1-82), A[5]-L[5], M[1] (p.1-179).

Paris, BnF: Rés. Z Beuchot 290 (10); BnC 5266. Rés. Z Bengesco 378 (10) is similar.

Quelque petites hardiesses occupies p.56-66 of the second pagination.

A careless edition: error at l.6 ('elles' for 'elle').

W68

Collection complette des œuvres de M. de Voltaire. [Genève, Cramer; Paris, Panckoucke], 1768-1777. 30 vol. 4°. Bengesco iv.73-83; Trapnell 68; BnC 141-144.

Vol. 20 (1774), p.132-39.

London, BL: 94. g. 1.

Two new readings: l.102 (omission of 'presque'); l.118; ('à se' instead of 'de se'.)

NM

Nouveaux Mélanges philosophiques, historiques, critiques, etc. [Genève, Cramer], 1765-1776. 19 vol. 8°. Bengesco iv.230-39; Trapnell NM; BnC 111-135.

Vol. 14 (1774), p.62-75.

Paris, BnF: Rés. Z. Bengesco 487 (14). BnC 127. Another copy, BnF Rés. Z. Beuchot 28 (14).

Follows earlier editions rather than W68 at l.102 and 118. Several errors: l.8 ('lever' for 'relever'); l.37 ('le tombeau' for 'les tombeaux'); l.138 ('lui: il' for 'lui, qui'). Seems to follow 73G rather than 73L (l.223, spelling 'Dragon').

W72

Œuvres de M. de V... Neufchatel [Paris, Panckoucke], 1772-1777. 34 or 40 vol. 8° and 12°. Bengesco iv.91-94; Trapnell 72P; BnC 152-157.

Vol. 20 (1775), p.115-23.

Uppsala (photocopy kindly supplied by the Librarian).

Follows W68 at l.102 and 118. Error at n.(b), l.1: 'dire ce' for 'dire à ce'.

W75G

La Henriade, divers autres poèmes et toutes les piéces relatives à l'épopée. [Genève, Cramer & Bardin], 1775. 37 vol. (40 vol. with the *Pièces détachées*). 8°. Bengesco iv.94-105; Trapnell 75G; BnC 158-161.

Vol. 37, p.120-29.

Paris, BnF: Z 24875.

Mainly follows W68. New spellings at l.114 ('Guienne' for 'Guyenne') and l.125 ('Melecsala' for 'Meleisala').

There are no cancels in this text in W75G (see J. Vercruysse, 'Les éditions encadrées des Œuvres de Voltaire de 1775', *Studies* 168 (1977), p.164-65). Volume xxxviii of W75G is missing from Voltaire's 'Ferney set', and p.1-160 of the volume are uncut in his 'Paris set' (see S. Taylor, 'The definitive text of Voltaire's works: the Leningrad *encadrée*', *Studies* 124 (1974), p.126-29).

K84

Œuvres complètes de Voltaire. [Kehl], Société littéraire-typographique, 1784-1789. 70 vol. 8°. Bengesco 2142; BnC 164-169.

Vol. 47 (1784), p.536-46.

Paris, BnF: p. Z. 2209 (47). BnC 167.

Follows W68 at l.102 and 118. Follows W75G's new spellings at l.114 and 125. New readings in n.(a): l.2, 'protéger' for 'projeter'; l.6, 'lisons' for 'avons'. Error at l.76 ('troupe' for 'troupes').

K85

Œuvres complètes de Voltaire. [Kehl], Société littéraire-typographique, 1784-1789. 70 vol. 8°. Bengesco 2142; BnC 164-193.

Vol. 47 (1785), p.536-46.

Copy collated: University of Bristol Library. BnF p. Z. 609 (47), BnC 174, seems identical, except that the collation letters are preceded by an asterisk, at their first appearance, in the Bristol, but not in the BnF copy. Generally, same text as K84, but there are several differences: K85 'corrects' the Italian at l.27; introduces three errors at l.208-209: 'le *Testament*' for 'ce *Testament*'; 'deshonorait' for 'deshonorerait'; 'qu'on n'a' for 'qu'on a'. K85 maintains K84's error at l.76.

K12

Vol. 62 (1785), p.269-81.

Paris, BnF: Z. 25088. BnC 189.

Keeps K85's 'corrections' to the Italian, l.27, and introduces a further one: '*che 'l*' for '*che*', as well as introducing an error in the Italian at line 28 and at l.81: '*è*' for '*e*'. Follows K84 and not K85 at l.208-209, but maintains the error at l.76. New spelling, 'Meleksala', at l.125.

Principles of this edition

Choice of the base text

73L is the most correct of the editions before W68. This latter edition introduces two new readings maintained in the later editions (except in NM). W75G differs from W68 only in spelling and punctuation. Kehl introduces a new reading which looks like an editorial stylistic correction, or which could be an error. K85 only also 'corrects' the Italian quotation at l.31. I have chosen W75G, as the last edition printed in Voltaire's lifetime, for the base text.

Treatment of the base text

The punctuation of the base text has been respected.

The following aspects of spelling and orthography have been modernised to conform to modern usage:

I. Consonants

– *p* was not used in: tems, longtems.
– *t* was not used in the endings -ants, -ents: accablans, enfans, sanglans, savans; imprudens, ossemens.
– a double consonant was used in: projetter.
– final x was used instead of s in: loix.
– x was used in: fauxbourgs.

II. Accents

– The acute accent
  – was used instead of the grave in: grossiéreté, pélérinages, pélerins, siécle, siége (and instead of unaccented e in pélérinages).
– The circumflex accent
  – was used instead of the acute in: chrêtiens.
  – was not used in: ame.
– The dieresis
  – was used instead of the grave in: poëme.

III. Hyphenation

– the hyphen was used in: grand-seigneur, non-seulement, saints-lieux.

IV. Points of grammar

– the final *s* was not used in the ordinal number in: deux cent années.

V. Other

– the ampersand was used throughout.

QUELQUES PETITES HARDIESSES DE M. CLAIR, À L'OCCASION D'UN PANÉGYRIQUE DE SAINT LOUIS

En lisant le panégyrique de St. Louis, prononcé par Mr. Mauri devant notre illustre académie,[1] je croyais, à l'article des croisades, entendre ce Cucupiètre ou Pierre l'Hermite, changé en Démosthène et en Cicéron.[2] Il donne presque envie de voir une croisade. J'avoue que je ne serais pas fâché qu'on en fît une contre l'empire ottoman. J'aime l'église grecque; elle est la mère de l'église latine. J'ai ouï dire qu'il y a quelques princes qui, dans l'occasion, s'uniraient pour relever (non pas trop haut, mais sur ses pieds) le patriarche de Constantinople écrasé par le muphti. Je verrais avec plaisir la belle Grèce, la patrie d'Alcibiade et d'Anacréon, délivrée de son long esclavage. Il serait doux de souper dans Athènes libre avec Aspasie et Périclès au sortir d'une tragédie de Sophocle.

Mais pour aller faire la guerre vers Immaüs et Corozaïm, je confesse que ce n'est pas mon goût.

Tous les premiers historiens des croisades semblent mordus des

8 NM: pour lever

[1] J.-S. Maury, *Panégyrique de saint Louis, roi de France, prononcé dans la chapelle du Louvre, le 25 août 1772, en présence de l'Académie française* (Paris 1772). In-8°, 103p. BnF 8° Lb^{18} 135; and X 18843 (1).

[2] Concerning Peter the Hermit, see *Essai sur les mœurs*, ch.LIV, M.xi.440. The sobriquet 'Cucupiètre' = Peter with the 'Coule' or *Cuculla*, is given to him by Anna Comnenus (*Alexiade*, [1943] X, V, 5, in ed. B. Leib, Paris 1967, ii.207). Even Velly has reservations about the sincerity of Peter the Hermit, 'versant à propos des torrents de larmes qu'il avait toujours à commandement' (*Histoire de France, depuis l'établissement de la monarchie jusqu'au règne de Louis XIV* (1755-1758), ii.439); but Fleury has no doubts about his wisdom or good faith (*Histoire ecclésiastique*, Paris 1691-1738, xiii.615).

mêmes tarentules que les croisés.[3] Il semble à les entendre qu'on rendait un service important à Dieu en abandonnant la culture des terres les plus fertiles de l'Occident, en portant son or et son argent dans un pays aride, en visitant les saints lieux sur un cheval de charrette avec sa maîtresse en croupe,[4] et en se faisant tuer par des Turcs et par des Sarrasins à dix-huit cents lieues de sa patrie.

De droit, on n'en avait aucun. Quelle fut donc l'origine de cette fureur épidémique[5] qui dura deux cents années, et qui fut toujours signalée par toutes les cruautés, toutes les perfidies, toutes les débauches, toute la démence dont la nature humaine est capable.

L'arme pietose el capitano, che grand sepolcro libero di Christo col senno e con la mano[6] est fort bon dans un poème épique; mais il n'en est pas de même dans l'histoire telle que le *senno* l'exige aujourd'hui.

27 K85: *e'l liberò*
K12: *e'l che'l liberò*
28 K12: *è*

[3] Rousset, analysing the attitude of the early chroniclers of the Crusades: the author of the *Gesta francorum,* Raoul de Caen, Robert le Moine, Baudry de Bourgueil, Oderic Vital, etc., emphasises the enthusiasm which they express for the holy wars: 'Les chroniqueurs voient [...] dans la croisade une guerre sainte entreprise au nom de Dieu [...]; la note la plus importante chez tous les chroniqueurs de la première croisade, c'est la présence divine' (P. Rousset, *Les Origines et les caractères de la première croisade,* Neuchâtel 1945, p.83).

[4] Fleury, *Histoire ecclésiastique,* xiii.634: 'quantité de femmes suivaient les croisés en habit d'hommes, et s'abandonnaient à eux'.

[5] Cf. *Essai sur les mœurs,* ch.LIV, M.xi.442: 'Cette fureur épidémique' (1761: in the notes which follow, a date in brackets after a reference from the Moland edition of the *Essai sur les mœurs* indicates when the relevant passage was added to the work: this information is taken from the Pomeau edition of the *Essai,* Paris 1963); *ibid.*, ch.LVII, M.xi.470: 'la fureur des croisades'.

[6] Voltaire is loosely quoting the opening lines of Tasso's *Gerusalemme liberata*:

Canto l'arme pietose e 'l capitano
Che 'l gran sepolcro liberò di Cristo.
Molto egli oprò co 'l senno e con la mano...

(in Torquato Tasso, *Opere,* ed. E. Mazzali, Naples 1969, 1970, i.75). The 'capitano' is of course Godefroy de Bouillon.

Je hasarde de dire avec soumission, et en me trompant peut-être, que les papes conçurent ce vaste et hardi dessein de transporter l'Europe militaire en Asie.[7] Les pèlerinages étaient fort à la mode; ils avaient commencé dans l'Orient à la Mecque, où les savants arabes prétendaient qu'Abraham et Ismaël étaient enterrés. On avait imité ces émigrations passagères dans l'Occident. On allait visiter à Rome les tombeaux de St. Pierre et de St. Paul, dont les corps reposent dans cette ville, selon les savants occidentaux; mais l'opinion répandue depuis très longtemps parmi les chrétiens que le monde allait finir, avait, depuis près de cent ans, détourné les fidèles du pèlerinage de Rome au pèlerinage de Jérusalem. Le tombeau de Jésus-Christ l'emportait, comme de raison, sur le tombeau de ses disciples: quoiqu'après tout la saine critique n'ait pas plus de preuve démonstrative de l'endroit précis où notre Seigneur fut enseveli, que de celui où gît le corps d'Abraham.

Le monde ne finissant point, et les Turcs maîtres de Jérusalem rançonnant les pèlerins, ces pieux voyageurs latins se plaignirent non seulement des Turcs qui leur faisaient payer trop cher leur dévotion; mais encore plus des Arabes qui les dépouillaient, et beaucoup plus des Grecs chrétiens, qui ne les assistaient pas à leur retour par Constantinople.[8] Car les malheureux et les imprudents s'irritent plus contre leurs frères qui ne les secourent pas, que contre les ennemis qui les dépouillent.

Le premier qui imagina d'armer l'Occident contre l'Orient sous prétexte d'aider les pèlerins, et de délivrer les saints lieux, fut ce pape Grégoire VII,[9] ce moine si audacieux, cet homme si fourbe à

37 NM: le tombeau

[7] Rousset confirms this view concerning the Papacy as the initiator of the early Crusades (see n.9).

[8] Rousset, analysing the causes of the Crusades as revealed in the chroniclers of the time, gives much weight to the desire to make Jerusalem more accessible to pilgrims (*Les Origines*, p.70-74).

[9] *Essai sur les mœurs*, ch.LIV, M.xi.444: 'Grégoire VII avait autrefois conçu ce projet des croisades. Il aurait armé l'Occident contre l'Orient' (1769). Rousset endorses the view that it was the papacy which originated the idea of the Crusades,

la fois et si fanatique, si chimérique et si dangereux, cet ennemi de tous les rois, qui établit sa chaire de St. Pierre sur des trônes renversés.[10] On voit par ses lettres qu'il s'était proposé de publier une croisade contre les Turcs.[11] Mais cette croisade devait nécessairement être dirigée contre l'empire chrétien de Constantinople: on ne pouvait rétablir l'église latine en Asie que sur les ruines de la grecque sa rivale éternelle; et on ne pouvait écraser cette église qu'en prenant Constantinople.

Urbain second eut le même dessein. C'est cet Urbain second qui aggrava la persécution commencée par Grégoire VII, contre le grand et infortuné empereur Henri quatre. C'est lui qui arma le fils contre le père et qui sanctifia ce crime. C'est lui qui, né sujet du roi de France Philippe premier, osa excommunier son souverain dans la France même, où il prêcha la croisade.

Le dessein était si bien pris de s'emparer de Constantinople,[12]

---

but points to the fact that three popes before Gregory VII had suggested, or even conducted to a limited extent, such campaigns (John VIII, Leo IX, Alexander II) (p.43-51). See n.11.

[10] Gregory VII's pontificate lasted from 1073 to 1085. Voltaire is alluding here principally to his disputes with the emperor Henry IV (cf. *Essai sur les mœurs*, ch.XLVI, M.xi.387-98).

[11] Pope Gregory's letter to the emperor Henry IV, stressing the desirability of a crusade against the pagans (7 December 1074; Migne, *Patrologiae cursus completus, Patres latini*, vol. cxlviii (1853), p.386) is translated thus by Fleury, who could well be Voltaire's source: 'Je vous donne avis que les chrétiens d'outre-mer, persécutés par les païens, [...] ont envoyé me prier humblement de les secourir [...]. J'en suis pénétré de douleur [*sc.* de la situation des chrétiens] [...]. C'est pourquoi j'ai travaillé à y exciter tous les chrétiens [...]. / Les Italiens et les Ultramontains, inspirés de Dieu [...], ont reçu de bon cœur cette exhortation; et il y en a déjà plus de cinquante mille qui se préparent à cette expédition, s'ils peuvent m'y avoir pour chef: résolus de marcher à main armée contre les ennemis de Dieu, et d'aller jusqu'au sepulcre de Notre Seigneur' (*Histoire ecclésiastique*, xiii.278-79).

[12] Velly makes no mention of any plan to capture Constantinople (*Histoire de France*, ii.447-57). But Fleury claims that the emperor Alexis wrongly believed that such was the intention of the Crusaders: 'Il croyait que la croisade n'était qu'un prétexte, et que ce prince ambitieux [Bohémondo] en voulait à sa couronne' (*Histoire ecclésiastique*, xiii.644-45). Modern historians emphasise that the main aim of the

que l'évêque Monteil, légat du pape et guerrier,[13] voulut absolument qu'on commençât l'expédition par le siège de cette capitale, et qu'on exterminât les chrétiens grecs, avant d'aller aux Turcs. Le comte Bohemondo, qui était dans le secret, n'eut jamis d'autre avis.[14] Hugues, frère du roi de France, n'ayant ni troupes ni argent, ayant hautement soutenu ce projet, fut assez imprudent pour aller faire une visite à l'empereur Alexis Comnène qui le fit arrêter et qui eut ensuite la générosité de le relâcher.[15] Enfin ce Goffreddo, qui n'était point du tout le chef des croisés, comme on l'a cru,[16] attaqua les faubourgs de la ville impériale *col senno e con la mano,* pour son premier exploit; mais trop heureux de faire sa paix avec l'empereur,

76 K: troupe
81 K12: *è*

Crusaders was the deliverance of Jerusalem, and make no mention of a plot against Alexis (Rousset, *Les Origines,* p.43-67; Grousset, *Histoire des Croisades,* Paris 1960, i.1-27). It would appear that Voltaire is interpreting this episode in the light of his opposition to the Catholic Church, but the *Alexiade* provides an interpretation similar to his: 'Il se produisit alors un mouvement à la fois d'hommes et de femmes, tel qu'on ne se souvient pas en avoir jamais vu de semblable: les gens les plus simples étaient réellement poussés par le désir de vénérer le sepulcre du Seigneur et de visiter les Saints-Lieux; mais des hommes pervers, comme Bohémond surtout et ses comparses, avaient au fond du cœur un autre dessein et l'espoir que peut-être ils pouvaient en passant s'emparer de la ville impériale elle-même' (x, v, 10, p.209).

[13] Aimard de Monteil, bishop of Le Puy en Velai, papal legate to the Crusaders (Velly, *Histoire de France,* ii.453).

[14] A judgement not echoed by modern historians: 'Bohémond arrivait tout disposé à s'entendre avec les Grecs' (C. Diehl, L. Œconomos, R. Guilland and R. Grousset, *Histoire du moyen âge,* t.ix, 1, *L'Europe occidentale de 1081 à 1453,* Paris 1945, p.20).

[15] Probably based on *Alexiade,* x, vii, 1-3, ii.213-15: Alexis, hearing that Hugues is on his way to court, gives orders that he should be kept under close surveillance, though he does not arrest him and in fact receives him with demonstrations of good will. According to the work cited in n.14 (p.18-25), Alexis Comnenus's main aim, in his dealings with the European Crusaders, was to avoid antagonising them without conceding anything essential, and to use them in his own plans for recapturing territory lost to the Turks.

[16] Velly, *Histoire de France,* ii.450-51: 'On dit communément que Godefroy de Bouillon en fut [de la première croisade] le généralissime; c'est une erreur.'

il en obtint enfin la permission d'aller à Jérusalem, dont le comte de Toulouse et le prince de Tarente lui ouvrirent le chemin par la prise, ou plutôt par la surprise d'Antioche.[17] En un mot, le but de cette croisade était si bien de se saisir de l'empire grec, que les croisés s'en emparèrent en 1204, et en furent les maîtres pendant environ cinquante ans.[18]

Si tout cela fut juste, je m'en rapporte à Grotius *De iure belli et pacis*.

Alors les papes se virent élevés à ce point de grandeur dont les califes descendaient. Ces califes avaient commencé par porter le glaive et l'encensoir: les papes qui commencèrent par l'encensoir, se servirent ensuite du glaive des princes. S'ils s'en étaient armés eux-mêmes, ils auraient peut-être, à l'aide du fanatisme de ces temps, réuni sous leurs lois les empires d'Orient et d'Occident du même bras dont ils terrassaient Henri quatre, Frédéric Barberousse et Frédéric second; mais ils restèrent dans Rome, et ils ne combattirent qu'avec des bulles.[19]

[17] According to the *Gesta francorum,* Bohemondo gained Antioch (3 June 1098) by having intelligence with one of its inhabitants, named Pyrrhus (translated as *Histoire anonyme de la première croisade,* by L. Bréhier, Paris 1924, p.100-11). Velly agrees with this, describing Pyrrhus as a traitor (*Histoire de France,* ii.457); nevertheless, he still believes that the valour of Godefroy de Bouillon, stressed in the traditional accounts of the capture of Antioch, was an important factor (p.458). Bohemondo had agreed to hand the town over to Alexis, but failed to do so.

[18] At the start of the fourth Crusade, Constantinople was captured from the Greeks (August 1203), lost to them again shortly after, then recaptured in April 1204; the seat of Greek empire was transferred to Nicea. Villehardouin has left a famous description of the capture of Constantinople by the Crusaders. Compare l.62-102 with what Voltaire says in the *Essai sur les mœurs,* ch.LIV, M.xi.440-47.

[19] Henry IV and his quarrel with Gregory VII, in the eleventh century: *Essai sur les mœurs,* ch.XLVI, M.xi.388-98; Frederick Barbarossa and his quarrel with Adrian IV and Alexander III, in the twelfth century: *ibid.*, ch.XLVIII, p.402-10. Frederick II and his quarrel with Gregory IX and Innocent IV in the thirteenth century: *ibid.*, ch.LII, p.427-35; Frederick II, grandson of Frederick Barbarossa, was excommunicated by Innocent IV at the Council of Lyons in 1245; at the same time Innocent freed his subjects of the duty to obey him, and reserved the right to dispose of the Kingdom of Sicily (see Velly, *Histoire de France,* iv.322-23). The dispute dragged on for several years, despite attempts at mediation by Saint Louis.

On sait comment les Grecs chassèrent les Latins, et reprirent leur malheureux empire:[20] on sait comment les musulmans exterminèrent tous les croisés dans l'Asie mineure et dans la Syrie. Il ne resta de ces multitudes de barbares émigrants que quelques ordres de religieux qui firent vœu au Dieu de paix de verser le sang humain.

Ce fut dans ces circonstances que St. Louis eut le malheur de faire le même vœu à Paris dans un accès de fièvre, pendant lequel il crut entendre une voix céleste qui lui ordonnait d'entreprendre une croisade.[21] Il devait bien plutôt écouter la véritable voix céleste, celle de la raison,[22] qui lui ordonnait de rester chez lui, de continuer à faire fleurir dans son royaume l'agriculture, le commerce et les lois, d'être le père de son peuple[23] et l'arbitre de ses voisins.[24] Il jouissait de cette gloire; et s'il voulait conquérir, il pouvait être plus à propos de reprendre la Guienne que d'aller lui-même se faire

102 73G-EJ, NM: presque tous les
114 73G-W72: Guyenne

[20] Constantinople was recaptured by the Greeks under Alexis Strategopoulos on 25 July 1261; the emperor Michael VII was recrowned shortly after.

[21] Cf. *Essai sur les mœurs*, ch.LVIII, M.xi.469. Saint Louis took the cross in 1248. Joinville implies a divine voice: 'Advint que le Roy cheut en une très-grant maladie à Paris. [...] Et tantost [...] nostre Seigneur ouvra en lui, & lui donna la parolle. Et demanda le bon Roy, qu'on luy apportast la croix, ce que fut fait' (*Histoire de S. Louys, IX du nom, roy de France, écrite par Iean Sire de Ionville*, Paris 1668, i.22; 1761 ed., p.24). Mézeray (*Histoire de France*, Paris 1663, i.590), Daniel (*Histoire de France depuis l'établissement de la monarchie française dans le Gaules*, Paris 1755-1757, iv.368) and Velly (*Histoire de France*, iv.307-11) are all silent about this supposed voice. Voltaire seems to be embroidering on Joinville here.

[22] Cf. *Essai sur les mœurs:* 'Si le fureur des croisades et la religion des serments avaient permis à la vertu de Louis d'écouter la raison [...]' (1753) (ch.LVIII, M.xi.470).

[23] Cf. Velly, *Histoire de France*, vi.98: 'Il regardait son royaume comme une grande et nombreuse famille dont il était le chef, moins pour la gouverner en maître que pour en être le père et le bienfaiteur.'

[24] Saint Louis successfully arbitrated in the dispute over the succession of Flanders in 1246 (Velly, *Histoire de France*, iv.347-51). He was less successful in his attempts to arbitrate between Henry III and his barons (cf. *Essai sur les mœurs*, ch.LVIII, M.xi.472), and between the papacy and Frederick II (see above, n.19).

prendre en Egypte, en appauvrissant et en dépeuplant son royaume.

Il suivait, dit-on, le préjugé du temps.[25] C'était à sa grande âme de se mettre au-dessus du préjugé. Il lui appartenait de changer son siècle. Il avait déjà donné cet utile exemple en résistant avec piété aux entreprises de la cour de Rome.[26] Que ne résistait-il de même à la démence des croisades? lui qui regardait le bien de son état comme son premier devoir. Qu'est-ce donc que la France avait à démêler avec Jérusalem? Quel intérêt, quelle raison, quel traité, l'appelaient en Egypte?[27] S'il y avait quelques Français esclaves dans cette contrée, le vieux et sage Melecsala, qui demandait la

118 73G-EJ, NM: à se
125 73G-W72: Meleisala
K12: Meleksala

[25] Perhaps an allusion to this passage in Maury's *Panégyrique* (p.52-53): 'S'il faut une apologie plus particulière pour justifier Saint-Louis [...] interrogeons les faits et prononçons [...]. Les chevaliers français, persuadés que l'univers touchait au terme de sa durée, regardaient le voyage de Jérusalem comme une espèce de sacrement qui effaçait tous les crimes; et l'on conçoit combien ces pénitences militaires avaient d'attraits pour une noblesse belliqueuse qui ne connaissait que la gloire des batailles [...]; dans un siècle où un berger enthousiaste, au sein même de la capitale, devenait chef de cinquante mille brigands [...], où tout ce que la religion éplorée avait pu obtenir dans ces conciles en faveur de l'humanité, c'était la trêve du Seigneur [...]. Saint Louis, forcé d'opter entre une guerre étrangère et des massacres domestiques, dut préférer une expédition militaire à ces épouvantables expéditions.'

[26] Saint Louis's resistance to the demands of Rome is praised by Mézeray (*Histoire de France*, ii.621), the Jesuit Daniel (*Histoire de France*, iv.563) and the abbé Velly (vi.95-96). All three historians believe the Pragmatic Sanction to be genuine.

[27] An allusion to two points made by Maury (*Panégyrique*, p.52): 'Depuis deux cents ans des flots de croisés s'étaient précipités vers l'Asie, lorsque S. Louis prit la croix; et les européens n'allaient plus dans la Palestine en conquérants, mais en défenseurs, pour racheter des compatriotes, des amis, des frères [...]. Puisque Saint Louis ne pouvait éloigner ces calamités [the results of the violent character of his subjects] qu'en prenant les armes, n'était-il pas plus sage de combattre des peuples avec lesquels il n'était lié par aucun traité, qui retenaient ses sujets dans les fers, et dont il ne pouvait ni craindre le ressentiment, ni tolérer les outrages.'

paix,[28] les lui aurait rendus pour mille et mille fois moins d'argent que ne lui coûta sa fatale entreprise. Nulle nation ne le pressait d'aller faire en Egypte une guerre qui l'aurait ruiné, quand même elle eût été heureuse. Au contraire, toutes les nations de l'Europe étaient lasses de ces croisades ridicules et affreuses, à commencer par Rome même.

On reproche à notre siècle de ne condamner sa croisade que parce qu'il était un saint;[29] mais c'est (nous osons le dire) parce qu'il était un saint, qu'il ne devait pas l'entreprendre. Il la fit en saint et en héros sans doute; mais s'il eût employé autrement ses grandes vertus, il eût été plus saint et plus héros.

C'est parce que nous révérons sa mémoire avec amour, que nous pleurons sur lui, qui se rendit le plus malheureux des hommes; sur sa femme qui accoucha dans une prison de l'Egypte dans la crainte continuelle de la mort;[30] sur son fils qui périt avec le père dans ces entreprises funestes; sur son frère le comte d'Artois dont les vainqueurs portèrent la tête au bout d'une lance;[31] sur la fleur de la chevalerie égorgée à ses yeux;[32] sur cinquante mille Français perdus dans cette expédition désastreuse.

Nous chérissons sa mémoire, nous nous prosternons devant ses

[28] Cf. *Essai sur les mœurs,* ch.LVIII, M.xi.470: 'Le vieux Mélecsala, malade, demanda la paix.' Velly spells the name 'Melech-Sala' (*Histoire de France,* iv.400).

[29] An allusion to Maury's *Panégyrique* (p.51): 'Si l'on examinait avec la même rigueur les motifs de toutes les guerres, on en trouverait peu dans l'histoire de plus justes que les croisades; que la malignité du siècle ne les condamne [*sc.* the Crusades] aujourd'hui que parce qu'un saint les a continuées: puisque tous les autres souverains croisés échappent à la censure.'

[30] 'Ne tarda guères, que la Royne acouscha audit lieu de Damiete d'un filz, qui ot nom Iehain & en surnom Tristan. La raison estoit, pour ce qu'il auroit esté né en tristesse & en pouvreté' (Joinville, 1688 ed., i.79; cf. 1761 ed., p.84). Velly gives a pathetic account of the Queen's fears that either she or her husband might die in captivity (*Histoire de France,* iv.501-504).

[31] Robert, comte d'Artois (1216-1249), was killed in the first battle of Al Mansura. Joinville does not mention that his head was displayed on a lance (1688 ed., i.42; cf. 1761 ed., p.47), nor does Daniel (*Histoire de France,* iv.426).

[32] 'La fleur de la chevalerie chrétienne laissée dans un pays étranger' (Mézeray, *Histoire de France,* i.630, concerning Saint Louis's second crusade).

autels;[33] mais qu'on nous permette d'estimer son vainqueur Almoadan qui le fit guérir de la peste, et qui lui remit deux cent mille besants d'or de sa rançon.[34] On le sait, et on doit le dire: les Orientaux étaient alors les peuples instruits et civilisés; et nous étions les barbares.

Enfin Blanche sa mère, qui savait gouverner, désapprouva hautement cette croisade; et l'on peut faire gloire de penser comme la reine Blanche.[35]

Je suppose maintenant qu'on raconte à un homme de bon sens l'histoire de cette croisade de St. Louis, et qu'on lui dise tout ce qu'il a fait de sage, de grand, de beau, c'est-à-dire de juste, avant cette héroïque imprudence. (*a*) L'homme de bon sens dira sans

(*a*) L'abbé de Véli avoue dans son histoire qu'on la traita de *pieuse extravagance; et qu'un roi sage ne devait ni l'autoriser, ni la projeter.*[36]

Joinville s'exprime bien plus fortement. Voici ses paroles. *J'ai ouï dire*

n. (a), l.2 K: *ni la protéger*

[33] A reminiscence of Maury's conclusion: 'Grand roi! aujourd'hui le protecteur d'une nation dont vous fûtes le père, votre peuple prosterné aux pieds de vos autels vous invoque en ce jour par ma bouche' (p.61).

[34] Based on Joinville (1668 ed., i.68; cf. 1761 ed., p.73): the Sultan agrees to reduce Louis's ransom by one fifth, because Louis agreed so readily to the sum asked: 'franc & liberal est le François qui n'a voulu barguigner sur si grant somme de deniers [...]; je lui donne sur sa ranczon cent mil livres, & ne paiera que quatre cens mil'. Daniel fails to mention the Sultan's generosity (iv.456-57). Cf. *Essai sur les mœurs*, ch.LVIII, M.xi.470.

[35] Cf. Joinville (1688 ed., i.22; cf. 1761 ed., p.24): 'Et quant la bonne dame sa mère sceut, qu'il eut recouvert la parolle [that is, had recovered from his illness], elle en eut si grant joie, que plus ne pouvoit. Mais quant elle le vit croisé, elle fut aussi transie, comme s'elle l'eust veu mort.'

Velly claims that Blanche's opposition to the first crusade of her son arose from her view that the vow made in illness was not binding, that the internal and external situation of France was too precarious, and that he should not leave his family (*Histoire de France*, vol. iv (1756), p.335-36). Velly adds that 'la plupart des seigneurs pensaient comme elle' (p.336). Cf. similar remarks in Daniel, iv.381-82.

[36] Velly, *Histoire de France*, vi.41-42, on Louis's second crusade: Voltaire has distorted Velly's intention: 'L'engager en de si rudes travaux était le conduire à une

doute; ce grand roi n'en commettra pas une seconde. Mais qu'il sera étonné! quand vous lui apprendrez qu'il retourne encore en Afrique; qu'il fait encore une croisade plus funeste que la première,

---

que ceux qui conseillèrent au bon roi cette entreprise firent un très grand mal, et péchèrent mortellement.[37]

Au reste il faut savoir que le *Joinville* que nous avons est une traduction faite du temps de François premier. Le jargon de Joinville ne s'entend plus.[38]

n. (a), l.6 K: nous lisons est

---

mort certaine. On alla même jusqu'à traiter cette expédition de pieuse extravagance, qu'un roi sage ne devait ni projeter, ni autoriser: c'est encore de nos jours la façon de penser la plus commune sur ces entreprises [...]. Nous n'entreprendrons point de le justifier sur ce point, ni de prouver que s'il y a de la faute, ce fut moins la sienne que celle de son siècle; dans un temps éclairé, il eût sans doute épargné cette tache à sa gloire; si cependant c'en est une; il y a beaucoup de témérité à condamner certaines actions des saints.' Elsewhere in his history, Velly is more critical of Louis's second crusade: for example by his use of the phrase 'ces idées que sa piété lui représentait conformes à la raison' (vi.14).

[37] These words, with which Joinville concludes his reasons for not accompanying Saint Louis on his second crusade, are quoted by Velly just before he refers to the king's alleged 'pieuse extravagance' (see previous note). Voltaire appears to be adapting Velly's quotation ('Depuis [...] j'ai ouï dire à plusieurs, que ceux qui conseillèrent cette entreprise au bon Roi, firent un très grand mal, et péchèrent mortellement', vi.41), rather than quoting directly from Joinville, either in the 1668 edition ('Depuis ouy-je dire à plusieurs, que ceulx, qui lui conseillerent l'entreprinse de la croix, firent ung très-grant mal, & pecherent mortellement', i.125), or in the 1761 edition ('Je entendi que touz ceulz firent péché mortel, qui li loèrent l'alẹe', p.154).

[38] The first edition of Joinville's *Vie de Saint Louis* was published in 1547; it was the work of P. de Rieux, who modernised the language, and made arbitrary additions to his manuscript source. In 1617 Mesnard produced an edition based on a manuscript at Laval. In 1668 Du Cange, for his edition, having failed to locate the manuscripts used by Rieux and Mesnard, was obliged to conflate their texts to produce his own. In 1761 Mellot, Sallier and Capperonnier published a new edition based on a manuscript recently acquired by the Bibliothèque du roi, in which they followed the original language fairly scrupulously. To judge by what Voltaire says here, it would seem that he was unaware of the new edition.

puisqu'elle coûta à la France le meilleur de ses rois, et le plus grand homme de l'Europe. Ce n'est plus en Egypte qu'il porte la guerre, c'est à Tunis. Et pour qui va-t-il faire cette guerre funeste? pour un de ses frères, à la vérité; mais pour un usurpateur, pour un barbare souillé lâchement du sang de Conradin, légitime héritier des deux Siciles, et du duc d'Autriche; pour un monstre (appelons les choses par leur nom, si nous espérons d'effrayer les tyrans), pour un monstre qui fit servir la religion et la justice, le pape et les bourreaux au supplice de deux têtes couronnées innocentes et respectables.[39]

Ce Charles d'Anjou réclamait un petit subside que lui devait le roi de Tunis; et, dans la vue de recouvrer ce peu d'argent pour Naples, on chargea la France d'impôts si accablants, que le peuple fit entendre partout ses cris de douleur, et que tout le clergé refusa longtemps de payer.

Charles d'Anjou fit accroire à son frère que le roi de Tunis voulait se faire chrétien, et qu'il n'attendait que l'armée française pour déclarer sa conversion. St. Louis partit sur cette étrange espérance.[40]

[39] Cf. *Essai sur les mœurs*, ch.LVIII, M.xi.473-74, and ch.LXI, M.xi.488-94. Voltaire (ironically?) expresses surprise that Louis did not condemn his brother (p.493). Maury appended a note to his panegyric condemning the cruelty of the duc d'Anjou, and calling him a 'barbare' (p.63-64). This episode is recounted by Velly with much pathos, and much indignation against Charles (*Histoire de France*, v.360-430). Daniel, on the other hand, makes no condemnation of Charles's killing of Conradin. Both Mézeray (*Histoire de France*, i.619) and Velly (*loc. cit.*) express uncertainty as to whether Clement IV was a party to Conradin's death.

Pope Clement IV, as part of his campaign to reduce German influence in Italy, declared a crusade against Mainfroy, ruler of Sicily, and appealed to Charles d'Anjou to lead it. Charles was crowned king of Sicily in Rome in 1266, before he had conquered the kingdom. He defeated and killed Mainfroy at Grandella. Conradin, Mainfroy's half-brother, aged 16, took up arms against Charles, as did Conradin's young companion Frederick duke of Austria. Their army was defeated at Tagliacozzo in August 1268, and they were decapitated, after a mockery of a trial, at Naples in October of the same year.

[40] Voltaire's account here tallies with Mézeray's, in which Louis is depicted as the victim of Charles's scheming: 'On aurait cru qu'il [Louis] s'acheminerait en Syrie [...], mais [...] Charles, ayant pour lors d'autres desseins dans la tête, le détourna du

Il voulait de Tunis aller vers la Palestine; il n'y avait plus de chrétiens dans ce triste pays, nul reste de ces multitudes innombrables, sinon quelques esclaves qui avaient renoncé à leur religion.[41]

Le fameux Bondocdar, (*b*) autrefois l'un des émirs qui avaient le

(*b*) NB. Véli dans son *Histoire de France* fait dire à ce Bondocdar, *Qu'il aimait mieux un petit nombre de gens sobres, qu'une multitude d'efféminés: vils esclaves plus propres à briller dans l'obscurité des tavernes et des ruelles que dans les nobles champs du Dieu Mars.*[42] Il n'est guère probable qu'un soudan ait tenu un tel discours, qu'il ait parlé du Dieu Mars, des tavernes et des ruelles que les musulmans ne connaissaient pas. Il n'y avait point chez eux de tavernes, encore moins de ruelles. L'abbé Véli lui prête son langage, ou plutôt le langage des écrivains des charniers du temps de Louis XIII. Il y a des morceaux bien faits dans Véli, on lui doit des éloges et de la reconnaissance, mais il faudrait avoir le style de son sujet; et pour faire une bonne histoire de France il ne suffirait pas d'avoir du discernement et du goût, il faudrait assembler longtemps tous ses matériaux à Paris, et aller faire imprimer son ouvrage en Hollande.[43]

---

côté de l'Afrique représentant aux croisés que le roi de Tunis lui avait promis d'embrasser le christianisme sitôt qu'il verrait des forces suffisantes à son port pour le garantir contre ses sujets. [...] Mais la vraie intention de Charles était de forcer [le sultan d'Egypte] à payer tribut au royaume de Sicile' (*Histoire de France*, i.627).

[41] Mézeray, on the contrary, insists that there were still many Christians in the Levant, and that, because of their precarious situation, they 'tournaient les yeux devers la France, et adressaient leurs prières à Louis' (*Histoire de France*, i.624).

[42] Having condemned Bondocdar for his tyranny, Velly adds: 'on le loue cependant pour sa continence. Il n'avait que quatre femmes [...]; le concubinage et le péché infâme lui étaient en horreur; il détestait le vin et les femmes publiques [...]. En vain on lui objecta que ses prédécesseurs tiraient de ce double commerce de quoi entretenir mille stipendiaires, il répondit constamment qu'il aimait mieux un petit nombre de gens sobres, qu'une multitude d'effeminés, vils esclaves, plus propres à briller dans l'obscurité des tavernes et des ruelles, que dans les nobles champs du Dieu Mars' (*Histoire de France*, vi.33).

[43] Voltaire's sarcasm against Velly is probably an act of retaliation for the abbé's remarks concerning a passage from the *Essai sur les mœurs* (ch.LVIII, M.xi.473) concerning Charles d'Anjou, Saint Louis, and the wish to be converted supposedly expressed by the ruler of Tunis: 'On ne disputera point à cet illustre écrivain [V.] le talent singulier d'arranger les faits historiques d'une façon neuve, vive, ingénieuse,

plus servi aux défaites de St. Louis, était soudan de Damas, de la Syrie et de l'Egypte. Ses armées montaient, dit-on, à trois cent mille hommes;[44] il avait toujours été vainqueur. Nos chroniqueurs en parlent comme d'un brigand; tous les Orientaux le regardent comme un héros égal aux Saladins, aux Omars, et aux Alexandres.[45]

C'était contre ce grand homme que St. Louis avait le courage d'aller combattre sur les ossements de deux millions de croisés morts en Syrie, avec une faible armée, déjà découragée par les défaites de celles qui l'avaient précédée; il n'eut pas le malheur de parvenir jusqu'à Bondocdar; il mourut de la peste sur les sables de l'Afrique, et laissa son royaume dans la désolation et dans la pauvreté:[46] quels

188-189 73G, 73L, EJ: aux Omar, & aux Alexandre
NM: aux Omar,
192 73G, 73L, NM: Sirie (this line only, not l.103 or 185)

---

intéressante même, quelquefois aussi très équivoque; mais quand il demandera *sur quel fondement* tous nos historiens disent que le saint roi se flattait de gagner le Mahométan au christianisme, il permettra de le renvoyer aux auteurs contemporains, guides toujours nécessaires aux modernes qui ne veulent point s'égarer' (Velly, *Histoire de France*, vi.73, alluding to Guillaume de Nangis and Godefroy de Beaulieu who, according to Velly, both affirm that the ruler of Tunis had expressed such a wish).

Velly takes, on occasion, a view similar to that of Voltaire regarding the justification of the Crusades. Talking of the help Blanche sent to her captive son, he says: 'Tous ces mouvements produisirent peu d'effet, ou plutôt en produisirent un très fâcheux, en dépeuplant la campagne de ses utiles habitants: exemple étrange des illusions dont le peuple est susceptible; nouvelle preuve que rien n'est plus aisé que de passer de la superstition aux plus grands excès du fanatisme' (*Histoire de France*, v.5).

[44] Cf. Velly, *Histoire de France*, vi.35-36: the Christians, having failed to hand back, as promised, their prisoners, 'Bondocdar, indigné de la perfidie, rassemble trois cent mille chevaux, entre dans la Palestine'.

[45] Cf. Velly, *Histoire de France*, vi.30-31: 'Les historiens arabes le peignent [Bondocdar] comme un héros sublime dans ses vues, fécond dans le projet, d'une activité enfin qui le multipliait [...] partout [...]. Mais les chrétiens, dont il fut le plus terrible fléau, nous le représentent sous d'autres couleurs.'

[46] Saint Louis died on 25 August 1270. 25 August became the Feast of Saint Louis, and, in the seventeenth and eighteenth centuries, the day upon which his panegyric was pronounced in front of the French Academy.

sentiments doit-il inspirer? il faut le révérer à jamais, le chérir, l'admirer, et le plaindre. (*c*)

Nous avons parlé des guerres de ce prince infortuné: parlons des lois de ce prince juste: on lui attribue une pragmatique sanction, et les établissements qui portent son nom.[47] Mais comment n'avons-nous pas du moins une copie authentique et légale de ces deux fameuses pièces, quand nous en avons de ses simples ordon-

(*c*) Véli dit, *que St. Louis songeait à rendre son fils Philippe digne du premier sceptre du monde.*[48] Cela n'est pas poli pour l'empereur, ni pour l'impératrice de Russie, ni pour le grand seigneur, ni pour le grand-mogol, ni pour l'empereur de la Chine. Le sceptre de la France était un très beau sceptre, mais la modestie l'aurait embelli encore.

[47] Du Cange discusses the question of the authenticity of the *Etablissements* in his preface to his edition of them, reprinted in vol. iii of Joinville, *Histoire de Saint Louys:* 'Il n'est pas bien aisé de résoudre si ces Etablissemens ont esté effectivement publiez par le Roy S. Louys en plein Parlement, pour avoir force de loix'; he points to the fact that the full title of the *Etablissements* indicates they were published in 1270, when Saint Louis had already left for his second crusade (p.[i-ii]). This objection was answered by Laurière in the preface to the *Ordonnances des rois de France de la troisième race:* he argued that the king had not in fact left France before the *Etablissements* were published (VI-VIII).

Maury praises the spirit of the *Etablissements*, and has no doubts concerning their authenticity: 'Le code [...] de ce prince est son ouvrage, et ses lois portent d'autant mieux l'empreinte de son âme qu'il n'eut pour les créer ni les ressources d'un conseil ni les lumières d'un ministre' (p.24; n.(8), p.66 of the panegyric makes it clear that by 'le code' Maury understands the *Etablissements*, and that he accepts Laurière's proofs of their authenticity).

More recent scholars have denied that Saint-Louis had anything to do with the *Etablissements*, which they see as a private collection of *coutumes* (see P. Viollet, *Les Etablissements de Saint Louis*, Paris 1881-1886, i.1-3). The chapters cited by Voltaire all come from a section of the work which, according to Viollet, is based on the *Coutume d'Anjou*, *ibid.*, p.8-9).

[48] 'Philippe était destiné à régner sur les Français: Louis songeoit surtout à le rendre digne du premier sceptre du monde' (Velly, *Histoire de France*, vi.97). Voltaire seems to be implying here that Louis took the prince with him in order to instruct him in the art of reigning. There is no evidence for such a view, and in fact Velly is summarising Louis's instructions to his son just before his death.

nances?[49] Comment peut-on croire que St. Louis ait cité le *Code* et le *Digeste* qui n'étaient nullement connus de son temps en France?[50]

On se fonde sur l'opinion commune qui lui attribua ces lois plusieurs années après sa mort. Mais n'a-t-on pas imputé au cardinal de Richelieu ce testament ridicule qui deshonorerait sa mémoire s'il était de lui, et qu'on a reconnu trop tard n'être pas son ouvrage?[51]

A Dieu ne plaise que St. Louis ait fait un code où l'on ordonnait de brûler vive une pauvre femme qui recelait un petit vol pour lequel le voleur était pendu.[52]

Qu'il ait privé les enfants de la succession mobiliaire d'un père

208 K85: le *Testament*

208-209 K85: deshonorait sa mémoire s'il était de lui, et qu'on n'a reconnu

[49] Cf. *Essai sur les mœurs*, ch.LVIII, M.xi.473, where Voltaire expresses the same doubts concerning the authenticity of the Pragmatic Sanction.

[50] Eg. *Etablissements*, II, xxii, Laurière edition, i.272: 'selonc droit escrit en Code'; see also II, xxi; there are many other allusions to the *Institutes*, the *Decretals* and the *Codex*. Du Cange (*Histoire de Saint Louis*, 1688, iii.[II]) raises the objection made here by Voltaire: 'Ce qui peut faire un autre doute sur la qualité de ces établissemens, est la citation fréquente qui s'y rencontre des lois du Code et du Digeste et des canons du Decret: cette forme de dresser les ordonnances ne se trouvant dans aucune de celles, qui ont esté publiées par les premiers rois de la troisième race.' Du Cange does not in fact answer this objection, but Laurière attempts to do so (*Ordonnances*, Preface, i.VIII): 'de quelque manière qu'ils soient rédigés [les *Etablissements*], il suffit que le Roi les ait autorisés pour leur avoir donné force de loi'.

[51] Cf. *Des Mensonges imprimés*, in *OC*, vol.31A, p.315-428.

[52] *Etablissements*, I, xxxii, Laurière edition, i.132:

'De tenir compagnie à larrons & meutriers [*sic*], *& de ceus qui les consentent.'*

'Fames qui sont avec murtriers [*sic*] & avec larrons, & les consentent, si sont à ardoir.'

Laurière comments (same page, n.(6)): 'Il paraît par là que les femmes qui sont avec les meurtriers [...] sont traitées plus sévèrement que les larrons et les meurtriers, parce que ceux-ci ne sont que pendus.'

mort malheureusement sans s'être confessé après huit jours de maladie.[53]

Qu'il ait fait arracher les yeux à ceux qui *emblent un cheval.*[54]

Qu'il ait permis qu'on excommuniât pour dettes.[55]

Qu'il ait condamné à la corde tout gentilhomme qui se serait sauvé de prison.[56]

Qu'on coupât le poing au fabricant qui vendrait du drap trop étroit.[57]

[53] '*D'hons qui meurt desconfés* Se aucuns hons, ou aucune fame avoit geu malade huit jours, & il ne se voulust confesser, & il mourust desconfés, tuit li müebles seroient au Baron: més se il mouroit desconfés de mort subite, la Justice, ne la seignorie n'i auroit riens' (*Etablissements,* I, lxxxix, Laurière ed., i.178-79).

Laurière argues, in his note on p.178, that 'mourir *desconfés* ou intestat n'était qu'une même chose'. Velly clearly disapproves of this article, on the grounds that it encouraged cupidity among the clergy (*Histoire de France,* vi.141-48).

[54] '*D'hons qui emble à son Saignour qu'il sert.* Hons, quand il emble à son Saignour, & il est à son pain & à son vin, il est pendables: car c'est manière de traison. Et cil à qui il fet le mefet, le doit pendre par droit, se il a Justice en sa terre' (*Etablissements,* I, xxx, Laurière ed., i.131). There is no reference here to horses, or to the putting out of the eyes of the criminal.

[55] *Etablissements,* II, xxi and xl, Laurière ed., i.272, 288-89: on the subject of debts due to the king – the debtor must be asked to swear he will repay the debt as soon as possible. There is no mention of excommunication, or even of imprisonment.

[56] '*D'Ome qui s'enfuit de prison* Se aucun estoit en prison pour souspeçon de murtre, ou de larrecin, ou d'aucun grand meffet, dont l'en doutast que il deust prendre mort, & se il s'en aloit de prison, il seroit aussi coupables du fet, comme se il l'avoit fet [...]. Si en seroit-il pendus' (*Etablissements,* I, lxxxi, Laurière ed., i.174). There is no suggestion in this article that it applies particularly to *gentilhommes* and in fact the punishment, hanging, indicates that it was not meant to apply to the nobility. Laurière claims (*loc.cit.*) that it originates in the *Digest.* Velly condemns the article as contrary to 'la raison, la justice et l'humanité' (*Histoire de France,* vi.160).

[57] 'Marcheant qui porte fausses mesures & il en est provés, il en paie soixante s. Et qui porte faus dras à vendre [...] paiera cil qui les aura apportés soixante s. d'amende à la Justice. Et se il estoit prouvé que li meismes eust fet les dras qu'il auroit apportés, il en perdroit le poing par droit' (*Etablissements,* I, cxliv, Laurière ed., i.228). Velly cites this article, but does not condemn the punishment (*Histoire de France,* vi. 165-66).

Ce sont là des lois de Dracon, et non des lois de St. Louis. N'outrageons point sa mémoire jusqu'à l'en croire l'auteur.[58]

Défions-nous de tout ce qu'on a écrit dans ces temps d'ignorance et de barbarie. Comparons un moment ces nuits de ténèbres à nos beaux jours, comparons la multitude de nos florissantes villes avec ces prisons qu'on appellait fertés, châtels, roches, basties, bastilles; nos arts perfectionnés à la disette de tous les arts, la politesse à la grossièreté; les scandales sanglants et abominables de Rome à la paix, à la décence, à la politique circonspecte qui rendent aujourd'hui le séjour de Rome délicieux; l'absurde atrocité anglaise au siècle de Newton; la raison humaine perfectionnée à l'instinct humain abruti; nos mœurs douces et polies, aux mœurs agrestes et féroces. St. Louis en sera plus grand pour s'être élevé dans ses domaines peu étendus, au-dessus de la fange où l'Europe était plongée. Mais nous en serons plus heureux en considérant que nous n'avons été que des barbares dans un si grand nombre de siècles, et que nous ne le sommes plus.

223 73G, NM: Dragon

[58] Compare this view with that of Maury, who, though he is not commenting specifically on the *Etablissements*, believes that the latter are the work of Saint Louis: 'Egalement éloigné de tout excès dans sa jurisprudence criminelle, notre saint législateur ne connut ni cette sévérité barbare qui outrage l'humanité pour punir le crime, ni cette pitié plus barbare encore, qui perd un état pour sauver un coupable' (*Panégyrique*, p.27-28).

La Voix du curé sur le procès des serfs du Mont-Jura

Edition critique

par

Robert Granderoute

TABLE DES MATIÈRES

INTRODUCTION

1. Circonstances de composition

Dans la longue entreprise menée par Voltaire de 1770 à sa mort en faveur des serfs de diverses communautés du Mont-Jura contre les chanoines de Saint-Claude, et déjà marquée par les parutions successives de plusieurs opuscules (*Au roi en son conseil. Pour les sujets du roi qui réclament la liberté en France contre des moines bénédictins devenus chanoines de Saint-Claude en Franche-Comté*, mai 1770, *Nouvelle Requête au roi en son conseil. Par les habitants de Longchaumois, Morez, Morbier, Belle-Fontaine, Les Rousses, et Bois d'Amont. etc. en Franche-Comté*, septembre 1770, *Coutume de Franche-Comté*, *Supplique des serfs de Saint-Claude à Monsieur le Chancelier*, 1771),[1] la date du 18 janvier 1772 marque un tournant important: ce jour-là, le Conseil d'Etat du Roi, devant qui a été porté le litige qui oppose les habitants au chapitre, rend sa décision et, conformément aux prétentions des chanoines pour qui la discussion d'un droit seigneurial ne saurait concerner que les tribunaux locaux, renvoie l'affaire devant le Parlement de Besançon. Cette issue, Voltaire, en dépit de ses espoirs liés à ses interventions de toutes sortes, ne cessait de la redouter. Car, si la compétence des juges bisontins venait à être reconnue, n'était-ce pas le triomphe assuré du préjugé et de l'oppression, étant donné l'esprit conservateur des magistrats et leur statut de propriétaires de domaines où la mainmorte est établie?[2] Déçu, le philosophe estime pourtant qu'il sera difficile que les nouveaux juges, qui seront contraints de s'appuyer sur les pièces mises en avant (titres, chartes...), n'accordent pas au moins une partie de ce qui est demandé. Et, soutenant et flattant le zèle de l'avocat des serfs,

[1] Voir tomes 72 et 73 et nos Introductions respectives.

[2] Voltaire craint en particulier le procureur général au parlement de Besançon, Doroz.

Charles-Frédéric-Gabriel Christin, originaire de Saint-Claude,[3] qui revient de Paris où il s'était rendu en 1771 pour mieux défendre ses protégés, il déclare attendre de lui la rédaction d'un nouveau mémoire (D17600).

Le 19 février 1772, l'arrêt du Conseil est enregistré à Besançon. Le 1er mars, le chapitre des chanoines est assigné par exploit d'huissier et l'instruction commence. Tandis que Voltaire continue à se documenter (il étudie, par exemple, un acte que lui soumet un habitant de Longchaumois et qui lui semble d'ailleurs d'une portée équivoque, D17663), Christin fait parvenir à Ferney, dans le courant du mois de mars, le mémoire souhaité où il montre que les titres avancés par les chanoines sont des faux fabriqués aux douzième et treizième siècles: c'est la *Dissertation sur l'établissement de l'abbaye de Saint-Claude, ses chroniques, ses légendes, ses chartes, ses usurpations et sur les droits des habitants de cette terre avec les pièces justificatives*. Le 21 avril, Wagnière l'envoie pour publication à Neufchâtel et prie F. S. Osterwald d'imprimer le tout 'en grand 8°, beau papier, beau caractère, la plus grande exactitude pour la correction'. Il l'assure d'une vente importante qui sera faite pour son compte par un genevois notamment (D17706). Le 12 mai, il lui adresse des additions reçues la veille de Christin (D17739). Le 18, Voltaire félicite l'auteur de la *Dissertation* pour le service qu'il rend aux esclaves du Mont-Jura et également à tout le genre humain (D17748). Mais, le 22 juin, Wagnière ne cache pas à Osterwald son étonnement, celui de Christin et celui de son maître devant l'empêchement mis à l'entrée de la *Dissertation*: 'Il me paraît que l'on a envie de faire revenir les temps de barbarie' (D17793). De fait, la censure parisienne interdit l'introduction de l'ouvrage sur le motif 'qu'il y est mal parlé du saint Pape Jean et des moines'. Néanmoins, Christin se flatte de faire débiter l'édition 'entièrement petit à petit'. Le 29 juin, quarante exemplaires parviennent à Ferney dont les uns sont distribués 'dans le château' et les autres

[3] Ch. F. G. Christin (1744-1799) appartient à une famille qui, depuis deux cents ans, compte des avocats. Voir George B. Watts, 'Voltaire, Christin and Panckoucke', *French review* 32 (1958), p.138-43.

transmis à l'avocat (D17801). Finalement Wagnière précise à Osterwald, le 16 juillet, que, pour faire entrer à Besançon des Dissertations, il suffit d'adresser à l'Intendant lui-même, Charles-André de La Corée, le ballot que le secrétaire principal, Dominique-Louis Ethis de Corny, fera retirer. Du reste, la *Dissertation* produit 'un grand effet à Besançon' et Christin a 'de grandes espérances' (D17831).

C'est dans le courant de cette même année 1772 que paraît aussi le recueil intitulé *Collection des Mémoires présentés au Conseil du Roi par les habitans du Mont-Jura et le chapitre de S. Claude avec l'arrêt rendu par ce tribunal*. Ouvert sur une épigraphe tirée de la tragédie des *Scythes* ('Le Ciel, en le créant, forma-t-il l'homme esclave?...'), clos sur la reproduction de la décision du 18 janvier 1772 et des Lettres patentes 'portant renvoi au Parlement de Besançon', le volume regroupe des textes des deux parties. Il comprend, d'une part, outre la requête de Voltaire *Au roi en son conseil*, diffusée en mai 1770, la *Seconde Requête au Roi et à nos seigneurs de son Conseil* et la *Troisième Requête. Addition à la Requête des habitans et communautés de Long-chaumois, d'Orcière, Lamouille, Morbier, Bellefontaine, des Rousses, du Bois-d'Amont au comté de Bourgogne* et, de l'autre, le *Mémoire pour le chapitre noble de Saint Claude*. Tableau des usages gothiques et barbares érigés en principes aux dépens du droit naturel et du droit public d'un royaume où les habitants sont francs et libres, la *Seconde Requête* est signée Chery comme la *Troisième* pour laquelle Voltaire, le 13 mars 1771, remerciait Christin[4] et qui, elle, vise à approfondir, à la lumière des diplômes apocryphes et falsifiés, l'histoire 'des manœuvres par lesquelles des moines subtils ont usurpé l'étrange pouvoir de faire des malheureux'. Quant au *Mémoire des chanoines*, signé du député du chapitre, Jouffroy d'Abbans, et qui entend exposer les preuves qui assurent l'existence et la légitimité du droit de mainmorte, il est

[4] 'Votre mémoire, mon cher philosophe, contre des usurpateurs, des tyrans et des faussaires est un des meilleurs écrits que j'aie encore vu en ce genre' (D17077). Chery est l'avocat parisien installé rue Saint-Pierre à l'adresse duquel est envoyé le courrier destiné à Christin pendant son séjour à Paris.

accompagné de notes qui sont destinées à 'servir de réponses' et par le biais desquelles les défenseurs des serfs – dont vraisemblablement Voltaire – dénoncent l'embellissement opéré de l'état de servitude présenté comme un bien, rejettent l'accusation d'injures, et soulignent à quel point leurs requêtes, loin d'être des libelles, ne contiennent que 'des faits vrais et prouvés'.[5]

Cependant Voltaire qui, avec Christin, semble bien avoir présidé à la publication de la *Collection des Mémoires*, estime ne pas devoir rester lui-même plus longtemps silencieux. Au cours de la première quinzaine d'octobre, il lance *La Voix du curé sur le procès des serfs du Mont-Jura* où il quitte le ton relativement retenu de ses opuscules antérieurs et notamment de ses Requêtes pour composer, en vue de frapper vivement l'opinion, un véritable pamphlet. Riche de pathétique avec la mise en scène de Jeanne-Marie Mermet victime récente des chanoines heureusement défendue par Christin, forte d'une dénonciation mordante avec le rappel des impostures et des crimes de faux commis par les bénédictins et des mensonges soutenus par leurs successeurs, rehaussée d'ironie vengeresse quand, dans le cadre d'une vision, Jésus-Christ, interpellant le cellérier, oppose sa vie de pauvreté à l'opulence des chanoines, la brochure se distingue par son élan, sa force de raisonnement et d'imagination mêlés, et aussi son habileté polémique, puisque l'auteur a l'art de placer dans son camp deux représentants de la religion, d'une part le curé héros de la fiction, qui s'inscrit dans la lignée des personnages simples et naïfs de Voltaire, ignorant, étonné, effaré, horrifié, mais empressé à s'enquérir, à interroger et s'instruire, et d'autre part un chanoine volontiers disposé à reconnaître le caractère apocryphe des titres.

2. Diffusion et réimpressions

Imprimée à Genève, *La Voix du curé* paraît sous la forme d'un petit in-8° de 16 pages sans nom de lieu ni d'adresse. C'est le 20 octobre que les *Mémoires secrets*[6] en signalent la parution. Dans le cadre

[5] *Collection des Mémoires* (1772), p.102n.

[6] Tome vi, p.209-11.

d'un compte rendu précis de l'opuscule et de ses trois articles, les rédacteurs, non insensibles au 'zèle' et à 'l'enthousiasme' de Voltaire, s'insurgent contre les manifestations d'un droit aussi barbare et vantent l'éloquence du philosophe 'en faveur de l'humanité', tout en reconnaissant que celui-ci ne manque pas de saisir l'occasion d'exercer son 'esprit satirique contre les moines, l'église et la religion'. Par sa violence, la brochure a dû attirer l'attention[7] et être l'objet d'une assez large diffusion, si l'on se reporte aux éditions séparées successivement faites. Bengesco relève qu'un *Catalogue des ouvrages de M. de Voltaire ou qui lui sont attribués* joint à un exemplaire des *Lois de Minos* mentionne une édition in 8° avec le millésime 1773.[8] Nous possédons à tout le moins deux autres éditions séparées, respectivement datées de 1775 et 1776. Signée 'Au Jura 1775', la première, composée, comme l'édition originale, de 16 pages in-8°, présente avec celle-ci des différences sensibles. Tandis que de courts passages sont omis, des additions sont opérées. Ainsi l'issue finale du procès Mermet, intervenue en 1774, est signalée (arrêt du 20 juillet 1774). Surtout, un long développement est inséré dans l'Article troisième. Composé de neuf paragraphes scandés sur la reprise anaphorique 'J'avoue que', ce développement qui fait état de titres et de pièces, de dates et de lieux a pour effet de ralentir considérablement le rythme du récit et ne semble pas devoir être attribué à Voltaire lui-même. N'oublions pas que certaines des brochures lancées dans la polémique des serfs, telle la requête *Au roi en son conseil*, ont été le fruit d'une collaboration de l'écrivain et de Christin. Quant à l'édition de 1776, qui forme un in-8° de vingt-quatre pages et qui reproduit la version de 1772, elle est publiée sous l'adresse de Paris et le titre précise: 'Par l'Auteur du Dialogue entre un Evêque et un Curé sur les Mariages des Protestans'.

En dehors des trois éditions séparées que nous connaissons aujourd'hui, *La Voix du curé* proposée dans son texte premier a été

[7] Nous n'avons pas cependant trouvé mention de *La Voix* dans les journaux contemporains (ni même dans les gazettes hollandaises).

[8] *Voltaire, bibliographie de ses œuvres*, n° 1817.

insérée, dès 1775, dans les *Nouveaux Mélanges* et par deux fois puisque contenue dans le tome 17, elle est reprise dans le tome 19. La même année, elle est publiée dans le tome 37 de l'édition encadrée. Deux ans plus tard, elle figure dans la *Collection complette des œuvres* de Cramer: le 8 janvier 1777, Voltaire se plaint de cette édition qu'il trouve 'remplie de fautes de typographie', sans compter, ajoute-t-il, 'celles de l'auteur'; mais, se demande-t-il, comment envisager une réimpression qui se révèle indispensable alors que Cramer et de Tournes ont vendu leurs presses et leurs caractères (D20506)? Quoi qu'il en soit, on constate que, de 1772 jusqu'à la veille de la mort de l'auteur, *La Voix du curé* n'a cessé d'être présente. Cette présence s'impose et s'explique par la poursuite du litige par-delà même la décision du parlement de Besançon du 19 août 1775 qui donne raison aux chanoines. En 1777, n'ira-t-on pas jusqu'à proposer de décréter 'l'auteur du *Curé*' 'cruellement' pris à partie dans un factum de l'adversaire? Voltaire qui l'annonce à Christin le 10 février sent alors qu'il lui convient de ne 'point sortir du port' (D20558) et il mourra, comme il l'avait prévu (D20511), sans voir la délivrance de ses 'chers Saint-Claudiens', malheureuses victimes des vestiges d'un 'droit diabolique' (D20983, D17361).

3. Sources

Pour composer *La Voix du curé*, Voltaire dispose de l'information et de la documentation qu'il a accumulées depuis qu'il s'est engagé ouvertement et activement dans la lutte pour la libération des habitants des communautés du Mont-Jura et qu'il a déjà mises en œuvre dans les opuscules précédemment lancés. C'est ainsi que l'énoncé de certains usages au début de l'Article premier fait écho à certains développements antérieurs de la requête *Au roi en son conseil* ou de la *Coutume de Franche-Comté* qui présentent un tableau plus précis et plus complet de l'état de servitude. Cependant Voltaire qui peut profiter des textes repris et regroupés dans la *Collection des Mémoires présentés au Conseil du Roi* exploite ici une source particulière qu'il cite d'ailleurs au sein même de sa brochure: le livre que vient de publier 'l'avocat de l'humanité' (D18611, D18631), c'est-à-dire la *Dissertation sur l'établissement de l'abbaye de Saint-Claude*... C'est en effet Christin qui, dans la *Dissertation*, rapporte l'histoire de Jeanne-Marie Mermet que met en scène l'Article premier de *La Voix*, c'est lui qui fait le récit du procès qui, au dix-septième siècle, opposa aux moines les héritiers du sieur Boisset. C'est Christin également qui reprend l'énumération de la liste des diplômes dont font état les chanoines et des titres que mettent en avant les victimes du servage.

D'autre part, lorsque Voltaire, soucieux de dégager la signification du terme 'mainmorte', en suggère l'origine, il semble bien se souvenir de l'article correspondant de l'*Encyclopédie*, même si, poussé par son esprit satirique, il propose une explication plus révoltante de la main coupée.

En dehors de ces sources écrites, *La Voix du curé* révèle des sources qu'on serait tenté d'appeler 'vécues'. Elle traduit, en effet, les préoccupations voltairiennes du moment. A l'Article troisième, l'auteur rapporte le récit d'une tentative de conciliation entre les adversaires. C'est qu'en cette fin de l'année 1772 précisément, Voltaire, qui tremblera jusqu'à la décision finale (D18384), est enclin à préférer la solution d'une négociation, tant il redoute les aléas d'une action judiciaire: 'Un bon accommodement', écrit-il ainsi à Christin le 15 novembre 1772, 'vaudrait mieux qu'un procès dont l'issue est toujours incertaine.' Et il en vient à imaginer que la transaction qui serait conclue avec les chanoines pourrait servir 'de modèle' à d'autres transactions en vue d'une abolition générale de la servitude en France (D18015). Cependant la fin de la narration avec l'échec des pourparlers entrepris montre que le philosophe ne se fait guère d'illusion sur cette voie rêvée d'un accord amiable.

Reste que la brochure, par la fiction d'ensemble sur laquelle elle repose, prend l'allure d'une sorte de 'conte' et qu'à partir des éléments d'information réunis, l'auteur déploie sa verve inventive et met en œuvre son art du récit bref, enlevé, et piquant.

4. Choix du texte de base

Nous choisissons comme texte de base l'édition de 1772 publiée sans lieu ni date, mais imprimée en Suisse et qui comprend 16 pages. Edition originale, elle reflète fidèlement le mouvement de la pensée et de la plume de Voltaire en cette année 1772 cruellement marquée en son début par l'arrêt de renvoi devant les juges de Besançon. Nous ne saurions retenir l'édition qui porte la souscription 'Au Jura 1775' et qui présente, par rapport à la première édition, outre des omissions, des ajouts où l'on ne reconnaît guère la manière de l'auteur. Quant à l'édition parisienne de 1776, elle reprend, nous l'avons dit, le texte de 1772.

5. Editions

72G

[*titre de départ: deux petites croix surplombant deux filets gras-maigre ornementés, 77 mm*] *LA* / VOIX DU CURÉ / *Sur le Procès des Serfs du Mont Jura*. [Genève?, Grasset?, 1772].

8°. sig. A-A iv; titre de départ, [1]-[16] La Voix du curé.

Genève, Bibliothèque publique et universitaire: Sm 3263 (5). Paris, BnF: Rés. Z. Beuchot 875; Rés. Z. Bengesco 349 (avec ex-libris Bengesco); 8° Lk7 8584.

Edition choisie comme texte de base.

75SL

[*titre de départ: deux petites croix surplombant deux filets gras-maigre ornementés, 79 mm*] / *LA* / VOIX DU CURÉ / *Sur le Procès des habitans du Mont Jura*. S.l. [1775].

8°. sig. a-a4.

Titre de départ, [1]-[16] La Voix du curé.

Genève, Bibliothèque publique et universitaire: Se 4163 (3).

76P

LA / *VOIX DU CURÉ* / SUR / LE PROCES DES SERFS / DU MONT JURA / Par l'Auteur du Dialogue entre / un Evêque & un Curé sur les / Mariages des Protestans. / [*vignette*] / A PARIS. / [*filet gras 50 mm – filet maigre 49 mm*] / *M. DCC. LXXVI.* /

L'ensemble du titre est encadré par un rectangle (65 x 134 mm) sur les côtés duquel court une torsade.

8°.

Titre; titre de départ: double filet ornementé 65 mm. / LA / *VOIX DU CURÉ* / *Sur le Procès des Serfs du Mont Jura.*, [3]-[24].

Genève, Bibliothèque publique et universitaire: Q 201/8 (10).

NM (1775/17)

Nouveaux Mélanges philosophiques, historiques, critiques, etc. [Genève, Cramer,] 1765-1775. 19 vol. 8°.
Bengesco 2212; BnC 111-135; Trapnell NM.

1 bl.; faux titre; titre; [1]-260 autres textes; 261: double filet sur lequel court une torsade 70 mm. / LA VOIX DU CURÉ, / *Sur le procès des serfs du Mont-Jura.* / 261-274 (sig. R 3-R4 – S).

Paris, BnF: Rés. Z. Bengesco 487(17).

NM (1775/19)

Nouveaux Mélanges philosophiques, historiques, critiques, etc. [Genève, Cramer,] 1765-1775. 19 vol. 8°.
1 bl.; faux titre; titre; [i]-xvi: Epître; [17]-232: autres textes; 232: LA VOIX DU CURÉ, / *Sur le procès des serfs du Mont-Jura.*, 232-245.

Bengesco 2212; BnC 111-135; Trapnell NM.

Paris, BnF: Rés. Z. Bengesco 487 (19).

W75G

La Henriade, divers autres poèmes et toutes les pièces relatives à l'épopée. Genève, [Cramer & Bardin], 1775. 37 [40] vol. 8°.

Tome xxxvii: 419 [titre de départ: deux croix surplombant une ligne

(75 mm.) ornementée de 19 signes en forme d'arbres] / LA VOIX DU CURÉ, / *Sur le procès des serfs du Mont-Jura.*, 419-429 La Voix du curé.

Bengesco 2141; BnC 158-61; Trapnell 75G.

Oxford, Taylor: V1 1775 (37); VF. Paris, BnF: Rés. Z Beuchot 32 (37).

W68

Collection complette des œuvres de M. de Voltaire. [Genève, Cramer; Paris, Panckoucke,] 1768-1777. 30 vol. 4°.

Tome xxviii: 561-570 La Voix du curé.

Bengesco 2137; BnC 141-44; Trapnell 68.

Oxford, Taylor, VF. Paris, BnF: Rés. m.Z. 587 (28).

K

Œuvres complètes de Voltaire. [Kehl,] Société littéraire-typographique, 1784-1789. 70 vol. 8°.

Tome xxix: [475]-486 La Voix du curé.

Bengesco 2152; BnC 164-69; Trapnell K.

Oxford, Taylor: V1 1785/2 (29); VF. Paris, BnF: Rés. p Z 2209 (29).

6. Principes de cette édition

L'édition de base est, nous l'avons dit, l'édition de 1772 en 16 pages. Les variantes sont empruntées aux deux autres éditions séparées ainsi qu'aux éditions précédemment décrites des *Nouveaux Mélanges* (NM 1775/17 et 1775/19) et *Mélanges* (W75G, W68). Elles font également état de l'édition Kehl (K) qui représente la tradition textuelle des œuvres voltairiennes. Dans ce jeu de variantes, nous ne tenons pas compte des différences d'orthographe ou de ponctuation.

Nous corrigeons les coquilles suivantes relevées dans l'édition de base:

– ligne 37: 'nonseulement' devient 'non seulement'
– ligne 48-49: 'une autre' devient 'un autre'
– ligne 109: 'extermi-/miner' devient 'exterminer'

– ligne 146: 'surprise a l'indignation' devient 'surprise à l'indignation'
– ligne 213: 'propriétaites' devient 'propriétaires'
– ligne 217: 'puissent produirent' devient 'puissent produire'
– ligne 263: 'leurs grandeur' devient 'leur grandeur'

Nous respectons l'orthographe des noms de lieux et de personnes. Nous respectons la ponctuation; les seuls changements apportés sont les suivants:

– nous supprimons les points qui suivent les sous-titres (Article...)
– nous supprimons les points qui peuvent suivre les chiffres
– nous ajoutons une virgule:
  ligne 13: après 'dire'
  ligne 79: après 'paroles'
  ligne 129: après 'Ier.' (et nous supprimons le point)
  ligne 230: après 'l'hérésie'
– nous ajoutons deux points: ligne 235: après 'dis'
– nous substituons
  ligne 126: aux deux points un point après 'siècle' (devenu 'siècles')
  ligne 177: au point d'interrogation un point-virgule après 'Gaulois'
  ligne 180: au point deux points après 'mots'

Les aspects suivants de l'orthographe et de la grammaire ont été modifiés selon l'usage moderne.

1. Consonnes

– emploi de la consonne c dans le substantif: bienfaicteurs, dans le verbe: je scais (mais aussi je sais), je scus
– emploi de la consonne d dans la locution prépositive: aux dépends (mais aussi aux dépens)
– absence de la consonne h dans: apoticaire, autentiques
– emploi de la consonne m dans: solemnel, solemnellement
– absence de la consonne p dans: tems
– absence de la consonne t dans la finale -ans: enfans, habitans
– emploi de la consonne simple: apartient, célerier, pourait, quitance
– emploi de la consonne double: sbirres, secrette

2. Voyelles

– e employé au lieu de a: terreins
– e élidé: entr'eux

– i présent dans: linceuil
– i employé au lieu de y: sindic, effraié, tirans
– y employé au lieu de i: joye

3. Accents
– Accent aigu
  – présent dans: célerier
  – absent dans: benedictins, célerier, proprieté (mais aussi propriété), proprietaires (mais aussi propriétaires)
  – employé au lieu du grave dans: dix-huitiéme, dix-septiéme, douziéme, seiziéme, treiziéme
– Accent grave
  – présent dans: celà
  – absent dans: acquiere, pieces, TROISIEME
– Accent circonflexe
  – présent dans les adjectifs possessifs (nôtre, vôtre), l'adverbe toûjours, le substantif tîtres, les verbes se taît, soûtenir
  – absent dans: ame, enchainant, enchainent (mais enchaînaient)

4. Trait d'union
– présent dans: main-mortables, main-morte
– absent dans: dernier né, Mont Jura (mais aussi Mont-Jura), nous mêmes, S. Claude, Saint Louis, voulez vous
– absent ou remplacé par une apostrophe: n'y aura t'il, accablera t'il

5. Apostrophe
– présente dans: d'avantage

6. Majuscules

Abbaye(s), Apôtres, Arrêt, Avocat(s), Benedictins (mais aussi benedictins), Bernardins, Cantons, Célerier, Chancelier, Chanoine (mais aussi chanoines), Chapitre, Chroniques, Ciel, Citoyens, Colons, Conseiller, De (Choiseul, Villefrancon), Décembre, Eglise, Empereur, Fermiers Généraux, Greffe, Habitans, Juin, Juges, Justice, Lecteurs, Légendes, Livre(s) (mais aussi livres), Marquis, Messieurs, Moines, Monsieur, Ouvrage, Parlement, Paroissiens, Pères, Peuple, Prémontrés, Procès, Providence, Roi, Sbirres, Seigneurs

7. Points de grammaire

– pluriel en -x: loix
– pluriel du participe présent: 'possédants'
– absence d'accord: au douziéme, et au treiziéme siècle, les a fait serfs, les avons fait chrétiens, se sont fait nos souverains, quatre cent francs

8. Divers

– Abréviations: Mr. devient M.; S. et St. deviennent Saint; Sr. devient sieur
– Mot composé: 'mal adroits' devient 'maladroits'

LA VOIX DU CURÉ SUR LE PROCÈS DES SERFS DU MONT-JURA

ARTICLE PREMIER

Le jour de Saint-Louis 1772, je pris possession de ma cure. Plusieurs de mes paroissiens vinrent en troupe me demander mes secours en versant des larmes. Je leur dis que ma cure appartient à des moines qui me donnent une pension de quatre cents francs, qu'on appelle, je ne sais pourquoi, portion congrue, et que je la partagerais volontiers avec mes amis. Leur syndic portant la parole me répondit ainsi.

Nous sommes prêts nous-mêmes à mettre à vos pieds le peu qui nous reste, et à travailler de nos mains pour subvenir à vos besoins. Nous venons seulement demander votre appui pour sortir de l'esclavage injuste sous lequel nous gémissons dans ces déserts que nous avons défrichés. [1]

Comment! que voulez-vous dire, mes enfants! quel esclavage? est-ce qu'il y a des esclaves en France? [2]

c 76P: Jura / Par l'Auteur du Dialogue entre / un Evêque et un Curé sur les / Mariages des Protestans. /

1 75SL: St. Louis, je

4-5 75SL: de cinq cent

[1] Selon une charte du 27 février 1390, les habitants des deux seules communautés alors existantes – celles de Long-Chaumois et d'Orcière – acquièrent la propriété des terres abandonnées, couvertes de forêts, et que les moines désespéraient de défricher: 'La glèbe rompue par leurs efforts et trempée de leur sueurs s'est couverte de plantes utiles' (*Seconde Requête au Roi et à nos seigneurs de son Conseil* in *Collection des Mémoires présentés au Conseil du Roi par les habitans du Mont-Jura et le chapitre de S. Claude avec l'arrêt rendu par ce tribunal*, p.44).

[2] 'Etre Français, c'est être libre', rappelle Voltaire au début de la *Coutume de Franche-Comté*, et, à la fin du même texte, il écrit: 'La France ne connaît point d'esclaves' (voir *OC*, t.73, p.323, 341).

Oui, monsieur, reprit le syndic, nous sommes esclaves des mêmes moines sécularisés,[3] qui vous donnent quatre cents francs pour desservir votre cure, et qui recueillent le fruit de vos travaux et des nôtres. Ces moines devenus chanoines, se sont faits nos souverains, et nous sommes leurs serfs nommés mainmortables. Secourez-nous au nom de ce roi qui ne fit la guerre que pour délivrer des esclaves chrétiens, et dont nous célébrons aujourd'hui la fête.[4]

Je leur demandai ce que signifiait ce mot étrange d'esclaves mainmortables. Lorsqu'autrefois, dit-il, nos maîtres n'étaient pas contents des dépouilles dont ils s'emparaient dans nos chaumières après notre mort, ils nous faisaient déterrer; on coupait la main droite à nos cadavres, et on la leur présentait en cérémonie, comme une indemnité de l'argent qu'ils n'avaient pu ravir à notre indigence, et comme un exemple terrible qui avertissait les enfants de ne jamais toucher aux effets de leurs pères, qui devaient être la proie des moines nos souverains.[5]

Je frémissais, et il continua ainsi:

Nous sommes esclaves dans nos biens et dans nos personnes.[6]

16 75SL: mêmes Religieux sécularisés [...] donnent cinq cent
18 75SL: Ces Religieux devenus
23 K: autrefois, me dit le syndic, nos

[3] En 1742 (voir ci-dessous). Les chanoines sont titulaires du titre de comtes.

[4] Allusion à la septième croisade qui conduit l'armée en Egypte et qui échoue devant Mansourah où le roi est fait prisonnier (1250) (voir *Essai sur les mœurs*, chap. 58).

[5] Voltaire a déjà expliqué l'origine du mot dans le chapitre 42 du *Précis du Siècle de Louis XV* où il évoque l'hypothèse précise du mort qui ne laisse pas d''effets mobiliers' que le seigneur puisse s'approprier: 'On apportait au seigneur la main droite du mort.' Voir *Encyclopédie*, 'Main-morte' (t.ix, 1765, 878-a): 'Anciennement, lorsque le seigneur de mainmorte ne trouvait point de meuble dans la maison du décédé, on coupait la main droite du défunt et on la présentait au seigneur pour marquer qu'il ne le servirait plus' (cf. Furetière, *Dictionnaire universel*).

[6] Dans sa requête *Au roi en son conseil* (mai 1770), Voltaire analyse et distingue l'esclavage de la personne, l'esclavage des biens et l'esclavage mixte. La *Seconde Requête* (p.31-36) examine aussi tour à tour la servitude personnelle qui attaque essentiellement la liberté de l'homme, la servitude réelle qui est la tache de l'héritage et non du possesseur, et la servitude mixte.

Si nous demeurons dans la maison de nos pères et mères, et si nous y tenons avec nos femmes un ménage séparé, tout le bien appartient aux moines à la mort de nos parents.[7] On nous chasse du logis paternel, nous demandons l'aumône à la porte de la maison où nous sommes nés. Non seulement on nous refuse cette aumône, mais nos maîtres ont le droit de ne payer ni les remèdes fournis à nos parents, ni les derniers bouillons qu'on leur a donnés. Ainsi dans nos maladies nul marchand n'ose nous vendre un linceul à crédit, nul boucher n'ose nous fournir un peu de viande; l'apothicaire craint de nous donner une médecine qui pourrait nous rendre la vie. Nous mourons abandonnés de tous les hommes, et nous n'emportons dans le sépulcre que l'assurance de laisser des enfants dans la misère et dans l'esclavage.

Si un étranger ignorant ces usages, a le malheur de venir habiter un an et un jour dans cette contrée barbare, il devient esclave des moines ainsi que nous. Qu'il acquière ensuite une fortune dans un autre pays, cette fortune appartient à ces mêmes moines; ils la revendiquent au bout de l'univers, et ce droit s'appelle le droit de poursuite.[8]

S'ils peuvent prouver qu'une fille mariée n'ait pas couché dans la maison de son père la première nuit de ses noces, mais dans celle de son mari, elle n'a plus de droit à la succession paternelle.[9] On lance

33 K: mères, si
50-51 75SL: droit de suite

[7] Pour ne pas perdre sans retour l'héritage paternel, il faut que l'enfant ait partagé 'toute sa vie' la chaumière du père et ses travaux. C'est ce qu'on appelle 'avoir eu meix ou manoir commun' (*Seconde Requête*, p.22).

[8] La cause de servitude qu'est l'habitation est le fruit de la jurisprudence. Les enfants tombent dans la même servitude. La dépendance est imprescriptible: 'les biens francs' que l'étranger peut ensuite acquérir, ceux qu'il avait avant, 'tout subit' le régime de la mainmorte (*Seconde Requête*, p.34). L'édition Kehl précise que 'le droit de poursuite a été aboli par l'édit de 1778'.

[9] La fille qui, par son mariage, quitte la maison paternelle est privée du droit de succéder et perd jusqu'à sa légitime. D'où le remède 'aussi bizarre que la loi est monstrueuse: la fille serve peut se faire expédier par un notaire une attestation qui

contre elle des monitoires qui effraient tout un pays,[10] et qui forcent souvent des paysans intimidés, à déposer que la mariée pourrait bien avoir commis le crime de passer la première nuit chez son époux; alors ce sont les moines qui héritent. Que l'héritage soit de vingt écus ou de cent mille francs, n'importe, il leur appartient.

Nous sommes des bêtes de somme; les moines nous chargent pendant que nous vivons; ils vendent notre peau quand nous sommes morts, et jettent le corps à la voirie.[11]

Je m'écriai, tout cela n'est pas possible, mes chers paroissiens; ne vous jouez pas de ma simplicité; nous sommes dans le pays de la franchise;[12] nos rois, nos premiers pontifes ont aboli depuis longtemps l'esclavage;[13] c'est calomnier des religieux de supposer

59-63 75SL: appartient. / Je m'écriai

---

constate que, la première nuit de ses noces, elle a couché dans la maison paternelle': c'est 'l'acte de repret' (*Seconde Requête*, p.23-24).

[10] Voir ci-dessous le récit de l'histoire de Jeanne-Marie Mermet. Injonctions généralement ordonnées par les officialités à la demande d'un juge séculier et lues par le curé trois dimanches consécutifs lors du prône de la messe paroissiale, les monitoires, qui invitaient les fidèles à révéler, sous peine d'excommunication, ce qu'ils savaient sur tel fait (d'ordinaire un crime), étaient parfois accordés avec une trop grande facilité que le clergé lui-même pouvait déplorer.

[11] Sans doute la *Seconde Requête* reconnaît-elle que les serfs de Franche-Comté ne sont plus 'ces hommes dégradés qu'un maître impétueux pouvait revendiquer en quelque lieu qu'ils se réfugiassent [...] qu'un tyran appelé seigneur conduisait comme les vils animaux à un accouplement fructueux pour lui [...] Les serfs peuvent aujourd'hui sans l'attache du seigneur devenir époux ou ecclésiastiques'; mais, ajoute-t-elle, 'leur situation en est-elle pour cela plus avantageuse?' (p.31-32).

[12] Au début de la *Coutume de Franche-Comté* (*OC*, t.73, p.323), Voltaire se plaît à souligner le caractère 'contradictoire' de cette coutume 'avec le nom de cette province'. Déjà en 1769, dans le chapitre 42 qu'il ajoutait alors au *Précis du Siècle de Louis XV*, il ironisait sur le nom de la province ('Quelle franchise!').

[13] Depuis Louis VI le Gros qui, comme le rappelle Voltaire dans l'*Essai sur les mœurs*, procède à des affranchissements dans ses domaines 'pour affaiblir des seigneurs qui lui faisaient la guerre' jusqu'à Louis X le Hutin qui 'dans ses chartes déclara que tous les serfs qui restaient encore en France devaient être affranchis, *parce que c'est* [...] *le royaume des Francs*'. Cependant Louis X, qui d'ailleurs faisait payer la liberté, 'ne put forcer les seigneurs ses vassaux à faire pour les sujets de leurs

qu'ils aient des serfs. Au contraire, nous avons des pères de la Merci qui recueillent des aumônes, et qui passent les mers pour aller délivrer nos frères lorsqu'on les a faits serfs à Maroc, à Tunis ou chez les Algériens.[14]

Eh bien, s'écria un vieillard de la troupe, qu'ils viennent donc nous délivrer.

Quoi! repris-je, des monitoires lancés pour découvrir si une fille esclave n'aurait pas couché dans le lit de son mari la première nuit de ses noces! non, ce serait un trop grand outrage à la religion, aux lois de la nature. On ne fulmine des monitoires que pour découvrir de grands crimes publics dont les auteurs sont inconnus. Allez, je ne puis vous croire.

Comme j'achevais ces paroles, une femme nommée Jeanne Marie Mermet tomba presque à mes pieds en pleurant, hélas! me dit-elle, ces bonnes gens ne vous ont dit que la vérité. Le fermier des chanoines de Saint-Claude ci-devant bénédictins, a voulu me

---

domaines ce qu'il faisait pour les siens [...] Ce ne fut guère en France que du temps de Charles VII que la servitude fut abolie dans les principales villes' (*Essai sur les mœurs*, éd. R. Pomeau, Paris, Garnier, 1963, t.i, chap. 83, p.776-77). La *Troisième Requête* (*Collection des Mémoires*, p.86-92) rappelle l'édit de janvier 1315 promulgué par Louis le Hutin et renouvelé par Philippe le Long sur tous les états du Prince, souligne que la Franche-Comté, comme les autres provinces, en a reçu l'impression et que les Francs-Comtois, passés sous la domination des Comtes, n'auraient pu 'perdre le bienfait de la domination française qu'autant qu'on le leur aurait enlevé par un édit exprès'. Dans sa *Requête au Roi pour les serfs de Saint-Claude etc.* (1777), Voltaire établira la liste des rois qui, de Louis VI à Henri II, se sont efforcés de réprimer l'esclavage (voir *OC*, t.80).

[14] L'ordre de la Merci ou ordre de Notre-Dame de la Merci fut fondé par un frère prêcheur, Raymond de Pennafort, et un chevalier français, Pierre Nolasque. La création remonterait à 1218, mais c'est en 1223 qu'est célébrée à Barcelone l'institution officielle. L'approbation papale est donnée en 1230 par Grégoire IX qui, en 1235, met l'ordre sous la règle de saint Augustin. Les chevaliers de la Merci, par-delà les trois vœux monastiques ordinaires, s'engageaient à aller se mettre entre les mains des Maures comme cautions des prisonniers qui seraient renvoyés sans rançon. Voué ainsi à la rédemption des captifs, l'ordre perdit au quatorzième siècle son caractère militaire et devint un ordre ecclésiastique qui devait disparaître en France à la Révolution.

dépouiller des biens de mon père, sous prétexte que j'avais couché dans le logis de mon mari la nuit de mon mariage. Le chapitre obtint un monitoire contre moi. J'étais réduite à la mendicité. Je voyais périr ces quatre enfants que je vous amène. Les sbires qui nous chassaient de notre maison me refusèrent le lait que j'y avais laissé pour mon dernier-né. Nous mourions, sans le secours du célèbre avocat Christin défenseur des opprimés et de M. de la Poule son digne confrère qui prirent ma défense, et qui trouvèrent des nullités dans le monitoire fatal publié pour me ravir tout mon bien, comme on m'a dit qu'on en publia un à Toulouse contre les Calas.[15] Le parlement de Besançon eut pitié de mon infortune et de mon innocence; mes persécuteurs furent condamnés aux dépens par un arrêt solennel et unanime rendu le 22 juin 1772.[16]

88-90 75SL: secours de deux Avocats qui prirent

94 75SL: innocence; le monitoire fut annulé et mes persécuteurs condamnés

95-96 75SL: 1772. Un autre arrêt rendu avec la même unanimité le 20 Juillet 1774 me rendit la succession de mon père. / Elle me fit voir les arrêts du Parlement

[15] Accordé le 17 octobre 1761 à la requête du procureur du roi, Charles Lagane, le monitoire est affiché et lu au prône dans toutes les paroisses de Toulouse les dimanches 18, 25 octobre et 8 novembre.

[16] Christin rapporte l'affaire dans la *Dissertation sur l'établissement de l'abbaye de Saint-Claude, ses chroniques, ses légendes, ses chartes, ses usurpations et sur les droits des habitants de cette terre avec les pièces justificatives*, 1772, p.77-79: 'Un père de famille de la paroisse des Bouchoux tomba malade au mois de mai 1770. Deux jours avant sa mort, le fermier du chapitre présente une requête aux juges pour avoir la permission de mettre le scellé sur sa succession [...] Le juge arrive dans la hutte avec le greffier, le fermier et des recors au moment que l'on sortait le cadavre pour le porter à la fosse. Il n'y avait dans la hutte qu'un enfant de deux ans dont les larmes ne les attendrissent point. La mère et le reste de la famille avaient suivi le convoi. Pendant leur absence, on met le scellé sur toutes les serrures [...] Cependant cette famille avait toujours vécu dans la communauté de son père, son mari y résidait avec elle depuis dix-huit ans et elle y avait fait quatre enfants. Mais le chapitre prétendait qu'elle avait passé les premiers six mois de son mariage dans la famille de son mari, qu'elle n'avait point couché dans la hutte paternelle la première nuit de ses noces et, sous ces prétextes, voulait s'emparer de l'héritage que la nature et la loi lui déféraient.' Le chapitre ayant récusé le premier juge qui l'avait pourtant 'si bien servi' et l'affaire ayant été évoquée dans un autre bailliage, 'on permet à la fille de prouver par témoins qu'elle avait passé chez son père la première nuit de ses noces. Le chapitre

Elle me fit voir l'arrêt du parlement de Besançon qu'elle avait entre les mains. Ma surprise redoubla. J'appris par mon sentiment qu'on pouvait être en même temps pénétré de douleur et de joie. J'avoue que je répandis bien des larmes, je bénis le parlement, je bénis Dieu; j'embrassai en pleurant mes chers paroissiens qui pleuraient avec moi. Je leur demandai pour quel crime leurs ancêtres avaient été condamnés à une si horrible servitude dans le pays de la franchise. Mais quel fut l'excès de mon étonnement, de ma terreur et de ma pitié, quand j'appris que les titres sur lesquels ces moines fondaient leur usurpation étaient évidemment d'anciens ouvrages de faussaires;[17] qu'il suffisait d'avoir des yeux pour en être convaincu; que dans plus d'une contrée des gens appelés bénédictins, bernardins, prémontrés, avaient commis autrefois des crimes de faux, et qu'ils avaient trahi la religion pour exterminer tous les droits de la nature.

Un des avocats qui avait plaidé pour ces infortunés et qui avait sauvé la pauvre Mermet des serres de la rapacité, accourut alors, et me donna un livre instructif et nécessaire, intitulé, *Dissertation sur*

99-100 75SL: larmes, je bénis la justice, je bénis
109 76P: crimes des faux

qui redoute cette preuve appelle du jugement; mais le parlement de Besançon le confirme par arrêt du 14 juin 1771. L'orpheline prouve par le témoignage unanime de six témoins qu'elle a rempli la formalité nécessaire dans ce pays pour qu'une fille succède à son père. Mais les chanoines ne se rendent point encore; après avoir déclamé contre les enquêtes, ils en veulent faire une à leur tour, et, pour se procurer des témoins qui contredisent ceux de l'orpheline, ils font lancer des monitoires.' Christin souligne le caractère 'extraordinaire' de cette procédure réservée jusque-là 'pour la découverte des crimes': 'C'est la première fois qu'on a prétendu l'employer pour chasser un enfant de l'héritage de son père.' Appel est interjeté contre le monitoire auprès du Parlement de Besançon qui refuse ce genre de vexation. Le 20 juillet 1774, le même Parlement fera rentrer la jeune femme dans la succession de son père.

[17] Dans sa requête *Au roi en son conseil*, Voltaire s'attache à montrer que la mainmorte de Saint-Claude ne s'appuie que sur des titres falsifiés et non authentiques. Dans la *Seconde Requête*, un long développement est consacré aux 'preuves de l'usurpation des droits de mainmorte sur les communautés suppliantes' (p.37 et s.)

l'abbaye de Saint-Claude, ses chroniques, ses légendes, ses chartes, ses usurpations, et les droits des habitants de cette terre.

Je congédiai mes paroissiens, je lus attentivement cet ouvrage que tous nos juges, et tous ceux qui aiment la vérité ont lu sans doute avec fruit.

Je fus d'abord effrayé de la quantité des chartes supposées, de ce nombre prodigieux de faux actes découverts par le savant et pieux chancelier d'Aguesseau,[18] et avant lui par les Launoy,[19] par les Baillet,[20] par les Dumoulin.[21]

Je vis avec le sentiment douloureux de la piété indignée d'avoir été trompée par des fables, que toutes les légendes de Saint-Claude n'étaient qu'un ramas des plus grossiers mensonges, inventés, comme le dit Baillet, au douzième, et au treizième siècles. Je vis que

120 75SL: découverts d'après les règles tracées par le savant
124-127 75SL: fables, que des diplômes
126 NM 1775/17: aux douzième et treizième siècles
126-127 W68: que les diplômes

[18] Henri-François d'Aguesseau (1668-1751), avocat général au Parlement de Paris, nommé procureur-général en 1700, chancelier de 1717 à 1718, de 1720 à 1722 et encore de 1737 à 1750. Il est souvent cité par l'auteur de la *Dissertation sur l'établissement de l'abbaye de Saint-Claude*.

[19] Jean de Launoy (1603-1678), docteur en Sorbonne, prêtre, censeur royal, auteur de nombreux ouvrages sur la théologie, la critique et l'histoire réunis en 1731 sous le titre d'*Œuvres de Launoy* (Genève, 10 vol. in-fol.).

[20] Adrien Baillet (1649-1706), prêtre, bibliothécaire de l'avocat général Lamoignon, érudit, auteur notamment des *Jugements des savants sur les principaux ouvrages des auteurs* (9 vol., 1685-1686) et des *Vies des saints* (4 vol. in-fol., 1701). Il est cité par Christin dans sa *Dissertation*.

[21] Charles Dumoulin (1500-1566), un des plus célèbres juristes de France au seizième siècle. Reçu avocat à Paris en 1522, il renonce bientôt à plaider et se consacre à l'étude. Jurisconsulte coutumier (du *Commentaire sur la Coutume de Paris, titre des fiefs*, 1539, à l'ouvrage de 1567: *Le Grand Coutumier contenant les coutumes générales et particulières du royame de France et des Gaules*), il s'est également intéressé au droit romain, au droit canon et aussi aux questions religieuses, ayant choisi le parti huguenot. Ses *Œuvres* recueillies en 1681 constituent une des meilleures collections en matière de jurisprudence. 'Le célèbre Dumoulin nous apprend [...] qu'il a vu un grand nombre de titres forgés par des moines et qu'il en a démontré la fausseté par les règles de l'histoire' (*Dissertation*, p.22).

des diplômes de l'empereur Charlemagne, de l'empereur Lothaire,[22] d'un Louis l'Aveugle se disant roi de Provence,[23] de l'empereur Fréderic Ier,[24] de l'empereur Charles IV,[25] de Sigimond son fils,[26] étaient autant d'impostures plus méprisables que la légende dorée.[27]

129 W68: Charles VI
130 NM 1775/17, W75G: d'impostures méprisables
NM 1775/19, W68, K: d'impostures aussi méprisables

[22] Lothaire I (vers 795-855), fils de Louis le Débonnaire, reconnu empereur d'Occident à la mort de son père (840).

[23] Né en 880, mort en 924, fils de Boson et d'Irmengarde, roi de Bourgogne (887-924) et d'Italie (900), empereur romain d'Occident en 901 (il reçoit la couronne impériale de Benoît IV), Louis III est surnommé l'Aveugle parce que Bérenger, son rival, l'ayant surpris une nuit à Vérone en 905, lui fait crever les yeux (voir *Dissertation*, p.42).

[24] Frédéric Ier Barberousse (1122-1190), empereur germanique de 1152 à sa mort.

[25] Charles IV de Luxembourg (1316-1378), né à Prague, fils de Jean de Luxembourg, roi de Bohême, empereur germanique de 1355 à sa mort.

[26] Sigismond (1368-1437), fils puîné de Charles IV et d'Anne de Silésie, obtient, à la mort de son père, le margravat de Brandebourg, devient roi de Hongrie le 10 juin 1386, est élevé à l'empire le 10 septembre 1410 et se fait couronner roi de Bohême le 28 juillet 1420.

[27] Nom donné au quinzième siècle au recueil de Vies des saints qu'avait composé Jacques de Voragine vers 1260. Les différents diplômes que Voltaire énumère sont rapportés et discutés dans la *Dissertation* (p.26-54). En s'appuyant sur les règles de la diplomatique, Christin montre leur invraisemblance et leur fausseté. Il souligne notamment que la contrée donnée par Charlemagne est la même que celle qui est donnée par le diplôme de Frédéric Ier (1183), que Louis l'Aveugle n'a jamais régné en Franche-Comté qui lui avait été ôtée dans l'assemblée de Saint-Maurice en Valais en 888, que Charles IV et Sigismond dont les moines ont des lettres-patentes de Prague, 7 juin 1360 (Charles IV), de Constance, 11 mars 1414, et de Bâle, 20 février 1430 (Sigismond), n'ont eux non plus jamais régné en Franche-Comté puisque cette province avait alors pour souverains Jeanne de France et Eudes de Bourgogne, Philippe de Rouvres, Marguerite de France, Louis de Marle, Marguerite II et Philippe le Hardi, Jean sans Peur et Philippe le Bon. La *Troisième Requête* examine également les diplômes de Charlemagne ou Charles le Chauve (30 septembre 790), de Lothaire (855), de Frédéric Ier, et conclut que ces chartes, 'loin de devenir un titre contre les habitants', 'présenteraient une preuve de leur liberté (p.59-63).

C'était pourtant sur ces mensonges si contemptibles aux yeux de tous les savants, et si punissables aux yeux de la justice, qu'autrefois les moines de Saint-Claude avaient fondé leurs richesses, leurs usurpations et l'esclavage du malheureux peuple dont la providence m'a fait le pasteur.

Il y a plus. Les tyrans de ces malheureux colons n'ont point dégénéré de leurs prédécesseurs, ils ont tronqué, falsifié un arrêt du parlement de Besançon rendu le 12 décembre 1679, entre eux et un sieur Boissette pour cette même mainmorte, ils ont osé imprimer récemment qu'ils avaient gagné ce procès, tandis que le greffe dépose qu'ils ont été condamnés.[28] C'est ce même procès qui sert

137-138 75SL: plus. Les Chanoines qui ont succédé à ces Religieux n'ont pas craint de tronquer devant le Conseil du Roi, un Arrêt
142 76P: procès qu'il sert

[28] Dans sa *Dissertation* (p.71-73), Christin retrace l'histoire de ce procès ouvert à la suite de la mort en 1636 du sieur Boisset, écuyer, propriétaire d'un domaine situé dans le territoire de Longchaumois et que les moines tentèrent de s'approprier par droit d'échute. Les héritiers soutinrent que, le territoire étant franc, le domaine devait être de la même condition; après une procédure longue de 43 ans du fait de l'attitude des moines, le Parlement de Besançon déclara le domaine 'de condition libre et les moines *non recevables dans l'échute*' (l'arrêt, retranscrit p.177-78, est du 20 décembre 1679). Mais, poursuit Christin, 'les moines sentant combien cette décision pouvait nuire à leurs prétentions, employèrent toutes sortes de moyens pour la dissimuler aux habitants. Ils menacèrent les héritiers du sieur de Boisset de faire casser l'arrêt au Conseil du roi et, soit par crainte d'être obligés de plaider encore vingt ans contre des moines, soit par l'appas de 2.000 livres que ces moines leur offrirent, les héritiers leur abandonnèrent le domaine par une transaction où tous ces motifs sont énoncés. Les moines le revendirent en 1690 à la communauté de Longchaumois et ne rougirent point de déclarer dans le contrat que ce domaine déclaré franc par un arrêt rendu contre eux-mêmes était de condition servile. Mais une chose qui étonnera davantage, c'est que le chapitre de Saint-Claude, successeur des moines de S. Oyan, dans le récit qu'il fit, l'année dernière, de cette contestation devant le conseil du roi, osa dire qu'il avait *obtenu gain de cause* au parlement de Besançon et se faire un titre contre les habitants de cette prétendue décision. Aurait-on cru que des chanoines, qui se disent *gens de qualité*, capables d'en imposer avec cette hardiesse aux pieds du trône, de tronquer les arrêts...?' (Voir *Mémoire pour le chapitre noble de S. Claude. Avec des notes pour servir de réponses* in *Collection des Mémoires*, p.114 note: 'L'imposture ne nous étonnerait pas dans la bouche des

aujourd'hui contre eux de nouvelle preuve; ils ont été faussaires dans le douzième siècle, ils le sont dans le dix-huitième. Ils mentent à la justice! (*a*)

Passant à tout moment de la surprise à l'indignation, je vis enfin qu'un très petit nombre de moines avait réussi insensiblement à réduire à l'esclavage douze mille citoyens, douze mille serviteurs du roi, douze mille hommes nécessaires à l'état,[29] auxquels ils avaient vendu solennellement la propriété des mêmes terrains dans lesquels ils les enchaînent aujourd'hui. Chaque ligne me remplissait d'effroi et de douleur; et je suis bien persuadé que nos juges, ainsi que tous les lecteurs auront éprouvé les mêmes sentiments que moi.

Quoi! disais-je en moi-même, des moines ont vendu à des hommes libres, des terrains immenses dont ils s'étaient emparés par de fausses chartes, et ensuite ils auront fait des esclaves de ces hommes libres en abusant de leur ignorance, en intimidant leurs consciences,[30] en les faisant trembler sous le joug de l'inquisition, lorsque la Franche-Comté si mal nommée Franche appartenait à

(*a*) Voyez les pages 117 et 115 du livre intitulé, Dissertation sur l'établissement de l'abbaye de Saint-Claude, ses chroniques, ses légendes etc.

143-146 75SL: preuve.a / Passant
156-157 76P, NM 1775/17 et 19, W75G, W68: par des fausses
note (*a*) NM 1775/17 et 19, W75G, W68, K: pages 115 et 117

moines vos devanciers; mais, vous, gentilshommes, deviez-vous vous rendre coupables de cette infidélité? L'arrêt que vous avez tronqué est rapporté dans la *Dissertation sur votre établissement*.')

[29] Chiffre le plus fréquemment avancé par Voltaire et dont fait également état, par exemple, la *Troisième Requête*, p.95. Cependant il arrive qu'en fonction des circonstances et de ses correspondants, le philosophe avance un chiffre supérieur (15.000: D17001, D17259 ... ou même 20.000).

[30] Voltaire insiste souvent sur l'état d'ignorance des paysans exploité par les moines (*Au roi en son conseil*, *Nouvelle Requête*, *OC*, t.72). La *Seconde Requête*, de son côté, souligne l'ascendant des moines et la grossièreté des paysans (p.37, 51).

l'Espagne![31] Ah! C'était plutôt à ces colons qui achetèrent ces terrains à imposer la mainmorte aux moines; c'était aux propriétaires incontestables que ce droit de mainmorte appartenait; car enfin tout moine est mainmortable par sa nature;[32] il n'a rien sur la terre, son seul bien est dans le ciel, et la terre appartient à ceux qui l'ont achetée.

ARTICLE SECOND

Emu et troublé dans toutes les puissances de mon âme, je crus voir pendant la nuit Jésus-Christ lui-même, suivi de quelques-uns de ses apôtres. Tout son extérieur annonçait l'humilité et la pauvreté, mais il nourrissait cinq mille hommes dans un désert avec quelques pains et quelques poissons.[33] Je crus voir dans un autre désert quelques moines et leur abbé possédant cent mille livres de rente, et enchaînant douze mille hommes au lieu de les nourrir.

Il me parut que Jésus se transporta dans un moment, quoiqu'à pied, du désert de Genezareth à celui de Saint-Claude; il demanda aux moines pourquoi ils étaient si riches et pourquoi ils enchaînaient ces douze mille Gaulois; un des moines (c'était le cellérier) répondit, Seigneur, c'est parce que nous les avons faits chrétiens. Nous leur avons ouvert le ciel et nous leur avons pris la terre.

Jésus-Christ repartit en ces mots: Je ne croyais pas être venu sur cette terre, y avoir enduré la pauvreté, les travaux et la faim, pratiqué constamment l'humilité et le désintéressement, uniquement pour enrichir des moines aux dépens des hommes.

[31] C'est le mariage de Jeanne de France avec Eudes de Bourgogne qui fait sortir la Franche-Comté des mains du roi de France. Liée à la Bourgogne, elle passe à l'Empire par le mariage de Marie de Bourgogne, fille de Charles le Téméraire, et de l'archiduc Maximilien. En 1548, Charles-Quint la donne à la branche espagnole de sa maison. Conquise pendant la guerre de Dévolution en 1668, restituée quelques mois après (traité d'Aix-la-Chapelle), reconquise en 1674, elle est définitivement réunie à la Couronne en 1678 par le traité de Nimègue.

[32] 'C'est aux moines d'être esclaves, et non d'en avoir' (D17663).

[33] Matthieu xiv.13-21, xv.32-38, Marc vi.30-44, viii.1-10, Luc ix.12-17, Jean vi.5-13.

Oh! répliqua le cellérier, les choses sont bien changées depuis vous et vos premiers disciples. Vous étiez l'église souffrante, et nous sommes l'église triomphante.[34] Il est juste que les triomphateurs soient des seigneurs opulents. Vous paraissez étonné que nous ayons cent mille livres de rente et des esclaves; que diriez-vous donc si vous saviez qu'il y a des abbayes qui en ont deux et trois fois davantage sans avoir de meilleurs titres que nous?[35]

A ces mots je m'écriai; n'y aura-t-il plus de frein sur la terre? l'heureux accablera-t-il toujours l'infortuné? Le tonnerre gronda et la vision disparut.

ARTICLE TROISIÈME

Quand je fus remis de ma frayeur, je m'appliquai à étudier avec le plus grand soin ce fameux procès de douze mille citoyens contre vingt moines sécularisés. Je sus que ces moines n'avaient été élevés à la dignité de chanoines qu'en 1742. Que depuis ce temps on avait donné plusieurs canonicats à des hommes qui n'ayant pas été nourris dans l'état monastique, n'avaient pu contracter cette dureté de cœur, cette avidité, cette haine secrète contre le genre humain, qui se puisent quelquefois dans les couvents.

J'allai trouver un de ces messieurs après avoir consulté mes paroissiens. Je lui dis que je venais lui procurer un moyen de terminer un procès odieux. Cet honnête gentilhomme m'embrassa cordialement; il m'avoua les larmes aux yeux qu'il avait toujours gémi en secret de soutenir une cause dont l'unique objet est de

187-191 75SL: opulents. / A ces mots
188 w68: nous ayions
196 75SL: ces Religieux n'avaient

[34] Voltaire joue des formules consacrées. L'Eglise souffrante désigne proprement les âmes qui sont dans le Purgatoire, l'Eglise triomphante les bienheureux qui sont dans le ciel (cf. 'L'Eglise militante').

[35] Les *Mémoires secrets* du 20.10.1772 (t.vi, p.211) jugent la 'conversation très plaisante et peu de la gravité du mémoire'.

dépouiller la veuve et l'orphelin.[36] Je sais bien, me dit-il, que s'il y a de la justice sur la terre, nous perdrons infailliblement notre procès. J'avoue que nos titres sont faux et que ceux de nos adversaires sont authentiques. J'avoue qu'en 1350 Jean de Chalons seigneur de ces cantons affranchit les colons de toute mainmorte.[37] Qu'en 1390

208-221 75SL: procès; car nous ne devons pas nous attendre que les dignes Magistrats que nous avons aujourd'hui pour juges, sacrifient la subsistance de douze mille français, au superflu de vingt hommes d'église. / J'avoue que nous n'avons rien à répondre aux preuves de la fausseté de nos diplômes. / J'avoue que les territoires de nos vassaux de la seigneurie de la *Mouille* sont renfermés dans les limites des terres, que nous cédames à la maison de Châlons par des Chartes de 1266 et de 1301, et qui furent affranchies par d'autres Chartes de 1364, et de 1384, comme Mrs. les Colons ont démontré dans leurs mémoires. / J'avoue qu'il n'est point de prescription contre ces actes solemnels que nos prédécesseurs garantissent sous la religion du serment. / J'avoue qu'il est prouvé par titres, par experts, par une carte juridique que le territoire des villages de Lonchaumois et Orciéres est renfermé tout entier dans la vente que nous fimes aux habitans de ces lieux le 27 Février 1390, et que ce contrat de vente exclut formellement la main-morte loin de l'imposer ou de la réserver. / J'avoue que toutes les piéces produites au procès justifient que les actes de vente et de franchise furent inviolablement observés jusqu'en 1505; que ce n'est qu'à cette époque que des Religieux violant les traités; [*sic*] leurs sermens, les droits des hommes, commencèrent à surprendre de quelques ignorans cultivateurs, des déclarations de main-morte. Et comment surprit-on les déclarations? je ne peux le dire sans émotion: on présenta aux Colons des traductions infidèles, des titres anciens, et on leur fit reconnaître la main-morte en conformité des titres qui portaient la franchise. Oui des prêtres trompèrent si indignement les hommes, et les trompèrent pour les rendre esclaves contre la foi des traités, contre la sainteté des sermens, contre la loi de

[36] La *Seconde Requête* (p.21) se plaît non sans habileté à imaginer que 'les ecclésiastiques respectables qui composent le chapitre' sont les premiers à être sensibles à l'état de leurs vassaux et laisse entendre que 'c'est malgré eux' qu'ils donnent comme 'règle de leur possession l'exemple de ces vexations que leur cœur désavoue'.

[37] Voltaire fait allusion à Jean de Châlons II qui rappela les cultivateurs qui avaient fui sous l'autorité de Jean de Châlons-Harlay Ier (lequel avait voulu les réduire en esclavage conformément au droit féodal) 'en leur promettant une entière franchise'. La charte du 13 janvier 1350 ne réserve en effet que la directe, les lods au vingtième du prix de vente et la dîme. C'est le premier titre d'affranchissement formel pour les communautés établies sur les terres que Jean de Châlons dit l'antique avait achetées des moines en 1266 (*Seconde Requête*, p.41). Voir *Au roi en son conseil* (*OC*, t.72) et aussi *Troisième Requête*, p.65.

Guillaume de la Beaume abbé de Saint-Claude vendit à ces mêmes colons, le reste des terrains dont ils sont propriétaires légitimes,[38] que sur la fin du seizième siècle, et au commencement du dix-septième, les moines de Saint-Claude usurpèrent le droit de mainmorte sur des cultivateurs ignorants et intimidés, sans qu'ils puissent produire le moindre titre de ce droit prétendu.[39] Je sais

---

l'évangile, contre les droits de la nature! la preuve de cette fraude odieuse est écrite dans nos terriers de 1505 et de 1684 que nous avons indiscretemens produits en justice. On y voit des assensemens en mauvais latin, mais en franchise, et à leur suite des reconnaissances en main-morte faites en conformité de ces mêmes assensemens. On y voit une reconnaissance en main-morte de 1684 faite en conformité d'une précédente, *c'y vue*, est-il dit, *représentée et examinée*, et cette ancienne reconnaissance ne dit pas un mot de la servitude? / J'avoue que suivant un titre de 1357 que nous avons aussi maladroitement produit, nous n'avions à cette date dans ce que nous appellons aujourd'hui la seigneurie de *la Mouille*, qu'une petite grange du raport d'un morceau de fromage par semaine, et de quatorze florins par an, *nec amplius*. Nous n'avions alors ni seigneurie, ni territoire, ni serfs dans cette partie du *Jura*. / J'avoue que nous ne persuaderons jamais ni aux Magistrats ni au public, que le petit Rural qualifié par notre propre titre *parva grangia tam exigui valoris*, soit le territoire de seize villages, et un territoire de six lieues en longeur [*sic*] sur trois ou quatre de large. / J'avoue que ce titre de 1357 qui règle les droits et les possessions que nous avions alors à la Mouille est une preuve décisive de l'usurpation des autres droits que nous commençames à établir en 1505. / J'avoue enfin que ce titre de 1357 et le terrier de 1505 où l'on voit les manœuvres criminellles [*sic*] / mises en usage par nos devanciers pour tromper les Colons et leur arracher des déclarations de main-morte, impriment à notre possession et à tous les actes par lesquels nous prétendons la prouver, un vice de mauvaise foi que le tems n'a pas pu effacer, et dont des magistrats qui sont essentiellement les pères et les protecteurs du peuple, ne nous absoudront jamais. / Les moines

217 K: pussent

[38] C'est le 17 février 1390 que Guillaume de La Baume revend, sans qu'on sache comment les moines avaient retrouvé le droit de disposer du fonds (Voltaire le souligne dans *Au roi en son conseil*), les terres déjà cédées aux seigneurs de Châlons auxquelles s'ajoutent d'autres terrains, le tout composant l'enclave des communautés réclamantes. C'est la paroisse de Long-Chaumois et d'Orcière, la seule paroisse alors existante, qui fait l'acquisition (*Seconde Requête*, p.42-43).

[39] Les chanoines parlent, eux, de 'titres justificatifs du droit de mainmorte' en faisant état de contrats de 1518 et 1551, de traités d'accensement du seizième siècle, d'enquêtes des seizième et dix-septième siècles (*Mémoire pour le chapitre noble de Saint Claude*, p.109 et s.).

qu'une telle possession sans titre ne peut se soutenir, et qu'il n'y a point de prescription contre les droits de la nature fortifiés par des pièces authentiques.[40]

Ces moines, à la place de qui je suis aujourd'hui, ne peuvent se comparer aux seigneurs légitimes des autres cantons mainmortables, qui concédèrent autrefois des terres à des cultivateurs, à condition que si les colons mouraient sans enfants, les terres reviendraient à la maison des donateurs. Ces seigneurs furent des bienfaiteurs respectables, et les moines, je l'avoue, furent des oppresseurs.[41] Ces seigneurs ont leurs titres en bonne forme, et les moines n'en ont point. Ces moines n'établirent insensiblement la mainmorte qu'en disant sur la fin du seizième siècle aux colons grossiers, si vous voulez vous préserver de l'hérésie, soyez nos esclaves au nom de Dieu.[42] Mais les colons plus instruits leur disent aujourd'hui, c'est au nom de Dieu que nous sommes libres.

Je fus si touché des paroles de ce brave gentilhomme que je le serrai dans mes bras avec la tendresse que m'inspirait sa vertu. Je lui dis: faites passer dans l'âme de vos confrères, vos sentiments généreux. Ni vous, ni eux vous n'êtes coupables des fraudes commises dans les siècles passés.[43] Il faut que les hommes deviennent plus justes à mesure qu'ils deviennent plus savants;

228-233 75SL: point. / Je fus si

[40] Voltaire se rallie à la jurisprudence du parlement de Paris: 'nulle servitude sans tître' (D16691). Dans sa requête *Au roi en son conseil*, il oppose à la prescription avancée par le chapitre 'une prescription plus respectable, celle du droit des gens, celle de la nature' (*OC*, t.72). Pour Christin, toute prescription est écartée par le vice des titres faux ou nuls (*Dissertation*, p.58).

[41] Les auteurs du *Mémoire pour le chapitre noble de Saint-Claude* présentent précisément les moines comme ces bienfaiteurs qui accordèrent à des hommes dénués de biens 'des asiles et des ressources contre la misère par la concession de terres à cultiver' (p.142). Voltaire n'a cessé de distinguer les seigneurs 'qui ont des tîtres' et les chanoines de Saint-Claude 'qui n'en ont point' (D17430).

[42] La *Seconde Requête* (p.37) souligne, entre autres raisons de l'établissement de la mainmorte, la 'dévotion trop peu éclairée' des fidèles.

[43] De façon habile, Voltaire tend à distinguer le chapitre (qui n'est que l'héritier d'une situation) des moines qui ont été inventeurs de l'oppression.

séparez vos vertus des prévarications de vos prédécesseurs. Il ne faut souvent qu'un homme de bien pour ramener tout un chapitre. Convertissez le vôtre. Ils y gagneront, ils éviteront un procès odieux qui les exposerait à la haine et à la honte publique, quand même ils le gagneraient. Qu'ils transigent avec les colons, qu'ils abandonnent le droit affreux d'imposer la servitude, si messéant à des prêtres.[44] Qu'ils renoncent à cette fatale prétention, pour des droits plus humains, pour des augmentations de redevances. Plusieurs seigneurs leur ont déjà donné cet exemple.

M. le marquis de Choiseul La Beaume[45] vient d'affranchir ses vassaux dans ses terres. M. de Villefrancon conseiller au parlement, M. l'avocat de Vorré,[46] et quelques autres dont j'aurai les noms,[47] ont eu la même générosité. Les fermiers généraux touchés d'une action si belle, en ont partagé l'honneur; ils ont refusé le droit d'insinuation qui leur est dû, et qui est très considérable.[48] Qu'en

245-254 75SL: prêtres. Plusieurs seigneur [*sic*] leur ont donné cet exemple, qu'en est-il arrivé?

[44] A la fin de la requête *Au roi en son conseil*, Voltaire invitait les chanoines à se joindre aux réclamants et à demander eux-mêmes la suppression de la mainmorte.

[45] Claude-Antoine-Clériardus de Choiseul, marquis de Choiseul-Beaupré, connu sous le nom de Choiseul-La-Baume, parent du duc de Choiseul (voir D16635).

[46] Voltaire fait-il ici allusion à Helvétius, seigneur de Voré, qu'il appelait 'le sage de Voré' (voir D12426)?

[47] La *Troisième Requête* (p.97) avance, elle, l'exemple des religieux du mont Benoît en Franche-Comté qui, en 1745, ont affranchi leurs serfs contre une simple augmentation de la dîme.

[48] L'insinuation est la formalité d'inscription d'un acte (donation, legs, substitution...) sur un registre faisant autorité afin de donner authenticité à l'écriture. Etablie en 1539 par l'ordonnance de Villers-Cotterets, confirmée par celle de Moulins en 1566, elle fut définitivement organisée par l'édit des insinuations de décembre 1703. D'abord perçus par un office de greffe des insinuations, les droits furent, dès 1704, perçus dans les mêmes bureaux que ceux du contrôle des actes, en un seul et même corps de ferme. Quant au tarif, il fut réglé définitivement par la déclaration du 29 septembre 1722. Les actes translatifs de propriété d'immeubles étaient taxés au centième denier de la valeur de ces immeubles (les successions en ligne directe et les donations par contrat de mariage étaient, elles, exemptes). Les actes autres que les actes translatifs de propriété (ou de jouissance) étaient taxés selon un tarif calqué sur les tarifs du contrôle, gradué selon la qualité des personnes.

est-il arrivé? ils y ont tous gagné. Leur bonne action a été récompensée, sans qu'ils espérassent aucune récompense. Des mains libres ont mieux cultivé leurs champs; les redevances se sont multipliées avec les fruits, les ventes ont été fréquentes, la circulation abondante; la vie est revenue dans le séjour de la mort.[49]

Que dis-je! le roi de Sardaigne vient d'affranchir tous les serfs de la Savoye;[50] et cette Savoye dont le nom seul était le proverbe de la pauvreté,[51] va devenir florissante.

Montrez ces grands exemples à vos confrères; enrichissez-les par leur grandeur d'âme. Proposez surtout à leur avocat[52] cet arrangement honorable, il sait combien leur cause est mauvaise. L'ordre des avocats pense noblement. La qualité d'arbitres est plus digne d'eux que celle de défenseurs d'une cause mal fondée.

Le chanoine fut transporté de ma proposition. Il courut chez ses confrères. Ceux qui n'avaient point été moines, l'écoutèrent avec attendrissement; ceux qui l'avaient été, le refusèrent avec aigreur. Il vint me retrouver en gémissant. Ah! me dit-il, il n'y a qu'un caractère indélébile dans le monde, c'est celui de moine.

Il faudra donc plaider, il faudra que ceux qui devraient édifier, scandalisent; il faudra que les tribunaux retentissent toujours des procès des moines! et quel procès que celui-ci! d'un côté trois mille familles utiles[53] qui composent au moins douze mille têtes

[49] Evoquant les personnes qui ont des mainmortables, Voltaire remarque, dans une lettre à d'Argental du 8 novembre 1771, qu'elles 'ne savent pas qu'il y aurait à gagner pour elles si on suprimait la mainmorte' (D17430). La *Troisième Requête* (p.97) précise que les religieux du mont Benoît retirent de leurs terres 2000 livres de plus qu'avant l'affranchissement.

[50] Charles-Emmanuel III abolit la mainmorte réelle et personnelle par ses édits du 20 janvier 1762 et de décembre 1771. Voltaire aime à citer ce précédent (*Au roi en son conseil*) ainsi que les exemples de Catherine II et du roi de Danemark (D17001).

[51] On se souvient de l'*Epître à Horace* évoquant 'l'indigent Savoyard' (l'*Epître* est composée au cours de l'été 1772, voir D17890 et D17908).

[52] Aludat, comme il est mentionné dans l'*Arrêt et Lettres patentes du Conseil d'état du Roi* du 18 janvier 1772 (*Collection des Mémoires*, p.153).

[53] 'Les hommes utiles à l'état doivent être libres' (D17663).

redemandant avec larmes et leurs titres à la main la liberté qu'ils ont payée, la propriété de leurs déserts, et de leurs tanières qu'on leur a vendus, et dont ils représentent la quittance; enfin des droits qui sont incontestables dans tous les tribunaux de la terre.

De l'autre côté sont vingt hommes inutiles,[54] qui disent pour toute raison, ces trois mille familles sont nos esclaves, parce que nous avons eu autrefois dans ces montagnes quelques faussaires, et même des faussaires maladroits.

Si notre religion qui commença par ne point connaître les moines, et qui sitôt qu'ils parurent leur défendit toute propriété, qui leur fit une loi de la charité et de l'indigence;[55] si cette religion qui ne crie de nos jours que dans le ciel en faveur des opprimés, se tait dans les montagnes et dans les abîmes du Mont-Jura, ô justice sainte! ô sœur de cette religion! faites entendre votre voix souveraine, dictez vos arrêts quand l'Evangile est oublié, quand on foule aux pieds la nature!

276 76P: redemandent
284 75SL: religion qui ne commença
291 75SL: nature! / *Au Jura* 1775.

[54] La *Troisième Requête* oppose dans un mouvement comparable 'l'aisance, le superflu de vingt célibataires paisibles' et 'la vie et le sang de douze mille chefs de famille actives' (p.95). Dans *Au roi en son conseil*, Voltaire fait dire aux réclamants: 'Nos mains industrieuses sont utiles à l'Etat; à quoi servent les leurs?' (*OC*, t.72). On voit que, dans le cadre de la polémique en faveur des serfs, Voltaire trouve une occasion privilégiée de reprendre un motif de dénonciation qui lui est cher, celui de la fainéantise des moines habiles à profiter et abuser du travail d'autrui; qu'on se reporte, entre maints exemples, au quatrième épisode de *L'Homme aux quarante écus*, intitulé 'Audience de M. le contrôleur général' et où est d'ailleurs évoqué, à côté d'un moine gros décimateur, un moine seigneur de mainmortables (M.xxi.325-27).

[55] Dans l'*Essai sur les mœurs* (ch.139), Voltaire rappelle que saint Basile établit au début du quatrième siècle la règle des trois vœux que devaient suivre tous les moines de l'Orient et que saint Benoît, qui fut le patriarche des cénobites de l'Occident, donna sa règle au sixième siècle. On sait que, longtemps avant saint Basile, il y avait des anachorètes en Egypte et en Syrie, mais que ce fut lui qui fit prévaloir la vie cénobitique.

Les Cabales

Critical edition

by

Nicholas Cronk

TABLE OF CONTENTS

INTRODUCTION

The first we hear of *Les Cabales* is when Voltaire sends the satire to the duc de Richelieu on 25 May 1772 (D17753). Voltaire flatters his old friend by assuring him that he is sending the poem to him alone (D17753):

Pour vous faire rougir de vos cruautés, tenez, voilà *Les Cabales*. Elles valent mieux que *La Bégueule*. C'est, je crois, de mes petits morceaux détachés le moins mauvais. Tournez cela en ridicule si vous l'osez. Vous serez du moins le seul qui vous en moquerez, car vous êtes le seul à qui je l'envoie en toute humilité.

This letter implies that the poem has only recently been completed; and the content of the satire makes it reasonable to suppose that Voltaire composed it soon after writing his *Lettre sur un écrit anonyme*, which he sent to d'Argental in late April (D17717); it seems a reasonable conjecture therefore that *Les Cabales* was written in May 1772. How and when did Voltaire intend the poem to be printed? In emphasising to Richelieu that he was entrusting him with a unique manuscript, the idea could have occurred to him that a copy might just find its way to a Paris printer; and if so, all went perfectly to plan. An edition entitled *Les Cabales, œuvre pacifique* (72A) was circulating in June, when Collé records seeing it;[1] Condorcet speaks to Mme Suard of a separate edition, presumably this one, which he believes to have been printed by Marin.[2] The poem was also included in the *Correspondance*

[1] *Journal et mémoires de Charles Collé*, ed. Honoré Bonhomme (Paris 1868), iii.361.

[2] 'J'ai lu les *Cabales* et les *Systèmes* [...]. Il y a une édition des *Cabales* par Marin, à ce que je crois, et qu'on a châtiée d'une jolie manière. Voltaire ne devrait avoir Marin ni pour éditeur, ni pour correspondant, ni même pour colporteur. Il ne peut que gâter les ouvrages, l'engager à faire des sottises, ou le décrier par ses louanges. Cet homme me paraît plus odieux que les Clément, pour la raison que je hais plus l'abbé Terray que Cartouche, qui travaillait plus à découvert' (*Correspondance*

littéraire, in the issue dated 15 June 1772 (this version is close, though not identical, to the version of the pirated edition).[3] News of the edition reaches Voltaire in late June, when he happily announces the fact that he has been pirated. To d'Argental, on 22 June 1772 (D17790), he laments that this is his destiny (it is of course a destiny which he has done much to shape): 'On me mutile, on m'estropie à Paris et dans le pays étranger. Je n'avais envoyé qu'à M. le maréchal de Richelieu *Les Cabales*; apparemment quelqu'un de ses secrétaires s'en est emparé. On me mande qu'on les a imprimées indignement. C'est ma destinée, il faut la subir.'

The appearance of the first pirated edition immediately created the (apparent) need for an authorised or 'correct' edition; Voltaire promises just such an edition to his friend Thiriot: 'Vous demandez *Les Cabales*; on dit qu'on en a fait une détestable édition, et que cette badinerie est entièrement défigurée. Je vous en enverrai une copie correcte' (D17792). On 1 July, he writes in similar vein to D'Alembert: 'M. Marmontel vous a-t-il montré les *Systèmes*? Quel profane a si cruellement estropié les *Cabales*?' (D17808). In reality, of course, the text of the poem in the Cramer edition is not very different from that of the earlier pirated edition: what distinguishes the 'authorised' version is not a more correct text of the poem, but the addition of extensive notes in prose (we shall return to these). Voltaire moved quickly, for Cramer had evidently received the enlarged text by early July: 'En donnant, donnant. Envoyez-moi donc *Les Systèmes*. On travaille encore aux *Cabales*' (*c.* 5 July, D17813). Voltaire decided to group together several of his recent works in verse, and Cramer's volume (72B), *Les Systèmes et Les Cabales, avec des notes instructives, ensuite La Bégueule, et Jean qui pleure et qui rit*, runs to over fifty pages. In a letter of 31 July 1772 Voltaire speaks of sending the volume to Mme La Tour Du Pin de

inédite de Condorcet et Mme Suard, M. Suard et Garat (1771-1791), ed. Elisabeth Badinter, Paris 1988, p.82).

[3] See Manuscript and editions below.

Saint Julien: 'Vous ne manqueriez pas de vers ennuyeux si je savais comment vous faire tenir *Systèmes*, *Cabales* etc. avec des notes très instructives' (D17841); and on 10 August 1772 he sends the volume to Mme Du Deffand: 'Je n'étais pas content de l'édition dont vous avez la bonté de me parler. Je vous en envoie une meilleure' (D17854). We may conclude therefore that the Cramer edition was published in late July or early August 1772. Thus Voltaire wrote the poem in May 1772; in June, it circulated in manuscript in the *Correspondance littéraire* and was printed in a pirated edition; and Cramer produced an authorised edition, with extensive notes, by early August: all in all, a highly efficient publishing and marketing operation.

Voltaire had long been exercised by the activities of the 'cabals' which were an established part of the Paris literary and theatrical scene, and he expresses disapproval early in his works. Already in *La Henriade* we find a personification of 'la Cabale inquiète',[4] and the same theme is addressed squarely in the conclusion to the *Sottise des deux parts* (*c.*1728):

> Dans les disputes purement littéraires, il y a eu souvent autant d'acharnement, autant d'esprit de parti, que dans des querelles plus intéressantes [...]. Deux actrices rivales sont capables de diviser une ville. Les hommes ont tous un secret penchant pour la faction. Si on ne peut cabaler, se poursuivre, se nuire pour des couronnes, des tiares, des mitres, nous nous acharnerons les uns contre les autres pour un danseur, pour un musicien.[5]

When we use the word 'cabal' in the context of eighteenth-century France, we think first of the theatre, and throughout his career Voltaire fretted about the influence of cabals on the success of his plays.[6] In 1767 Voltaire writes to the duc de Richelieu: 'Vous connaissez Paris, il n'est rempli que de petites cabales en tout genre. *Zaïre*, *Oreste*, *Sémiramis*, *Mahomet*, *Tancrède*, *L'Orphelin de la*

[4] *La Henriade*, chant 5 (*OC*, vol.2, p.474).

[5] *OC*, vol.3A, p.233.

[6] See for example D1342, D3990, D3993 and D4760.

Chine, tombèrent à la première représentation' (D14202). The theme of the cabal is moreover a recurrent one in Voltaire's writings beyond the world of the theatre: thus for the year 1760 alone we find references in *Le Pauvre Diable* ('Chez les dévots je forme des cabales'),[7] in *Le Russe à Paris* ('On cabale à la cour; on ameute, on excite'),[8] even in *Tancrède*.[9] Cabals and their attendant quarrels are a prominent feature of literary life under the Ancien Régime – and, it should be added, Voltaire played his full part in them.

In 1772, however, there are particular circumstances which explain why the idea of the cabal is at the forefront of Voltaire's mind. First, in February 1772, J.-M.-B. Clément had published a verse epistle, *Boileau à M. de Voltaire*, in which he assumed the voice of Boileau to respond to Voltaire's *Epître à Boileau*; Voltaire replied to this attack from a young disciple of Fréron in his *Lettre de M. de Voltaire à un de ses confrères à l'Académie*, published in March 1772.[10] In replying to Clément, Voltaire was on familiar ground, but in April, hot on the heels of this attack, came another, more unexpected critique. The encyclopedist Charles-Georges Le Roy, a supporter of the ideas of Helvétius, published anonymously his *Réflexions sur la jalousie*. It was one thing to be attacked by the opposing party, quite another to receive hostile fire from someone who was supposedly an ally in the *philosophes*' cause. Voltaire's anger at the cabals of the capital now becomes an obsessive theme in his letters of late April and early May. To d'Argental he writes that 'votre ville de Paris est remplie des plus sottes, et des plus violentes cabales, des intrigues les plus ridicules, des plus absurdes calomnies en tout genre' (29 avril 1772, D17717); and again, 'Tout est parti, intrigue, cabale dans Paris' (4 mai 1772, D17725). To Mme Du Deffand he writes: '[La société] est surtout empoisonnée par l'esprit de parti, de cabale, d'aigreur, de haine qui tourmente

[7] M.x.110; see also p.108.

[8] M.x.130.

[9] *Tancrède*, I, i (M.v.502).

[10] See *OC*, vol.74A, p.137f.

tous vos pauvres Parisiens et le tout en pure perte. J'aimerais autant vivre parmi des guêpes que d'aller à Paris par le temps qui court' (4 mai 1772, D17726); and to Guy de Chabanon: 'Je m'imagine d'ailleurs, qu'il n'y avait pas moins de tracasseries, et moins de cabales dans Athènes que dans Paris' (11 mai 1772, D17736).

This, then, is Voltaire's state of mind at the moment he wrote the *Lettre sur un écrit anonyme*, his reply to Le Roy, published in May.[11] His feelings of bitterness and hurt are veiled, but only just, in his usual irony, and towards the end of the *Lettre*, Voltaire speaks of 'les cabales de la littérature', the word *cabale* occuring in all four times in the text, including once in the concluding sentence: we have here the germ of *Les Cabales*, written, at the same time as the *Lettre* was published, in the course of May. Voltaire's frustration, expressed initially in prose, then finds an outlet in verse. It is at this time that he composes *Jean qui pleure et qui rit*;[12] in this brief poem, the theme of the cabal is again prominent:

> Je vois, quoique de loin, les partis, les cabales,
> Qui soufflent dans Paris vainement agité
>   Des inimitiés infernales,
> Et versent leur poison sur la société.[13]

The other, more sustained, poetic response is of course *Les Cabales*. The provocation of Le Roy's *Réflexions sur la jalousie* is clearly the immediate stimulus for *Les Cabales* (as Elizabeth Anderson has argued),[14] and the earlier attack by Clément, cited explicitly in the poem, is a further factor to be taken into account. Are there other underlying sources of grievance which are not alluded to directly in the poem, but which may have influenced its genesis? Among the friends to whom Voltaire complained about

[11] See *OC*, vol.74A, p.165f.

[12] The earliest reference to the poem is on 15 May 1772, when Voltaire sends a copy to the abbé de Voisenon (D17742).

[13] *OC*, vol.74A, p.238, lines 37-40.

[14] E. Anderson, 'Voltaire under fire: the literary sequel', *Trivium* 3 (1968), p.101-105.

Parisian cabals was the duc de Richelieu: 'Je vois de loin toutes les ridicules cabales qui désolent la société dans Paris, et qui rendent notre nation fort méprisable aux étrangers' (29 avril 1772, D17718); and it was of course to the very same person that Voltaire entrusted the first manuscript of *Les Cabales*, in late May (D17753). Why the duc de Richelieu? Voltaire's close friendship with the old duke was a source of embarrassment to Voltaire's disciples, who regarded the duke as a reactionary, hostile to the party of the *philosophes*. The previous year, in 1771, he had led the cabal to oppose the election of D'Alembert as *secrétaire perpétuel* of the Académie française (in succession to Duclos). Later D'Alembert would confide in Frederick II: 'Le maréchal de Richelieu, le plus acharné ennemi des lettres, de la philosophie et de toute espèce de mérite, cet homme si gratuitement célébré par le philosophe de Ferney, était à la tête de la cabale [to prevent his election as *secrétaire perpétuel*].'[15] Is it possible that Voltaire, unable to broach the subject openly with Richelieu, made him a gift of this poem as an implicit reproach for his actions with regard to D'Alembert?

Les Cabales teaches us little new about Voltaire's thinking on the subject of *cabales*. It is revealing, however, of his state of mind in mid-1772, and the poem is a skilful, and sometimes entertaining, *mise en scène* of his concerns and frustrations at this time. As in other verse works, Voltaire generates a sequence of dialogues between different voices, to give dynamism and momentum to the work, and to conceal, at least partially, the unmediated impact of a monologic poetic persona. The poem opens with an address to 'barbouilleurs de papier', who are addressed both singly ('tu') and collectively ('vous'): the allusion to 'un crapaud du Parnasse [...] dans son bourbier' places us squarely in the Grub Street world of *Le Pauvre Diable*. A new voice is introduced, that of Clément: he has come to Paris, he explains, to learn 'le bel art de nuire' (line 25). Here, as in the *Lettre de M. de Voltaire à un de ses confrères à*

[15] D'Alembert, *Œuvres complètes*, 5 vols (Paris, Belin, 1821-1822), v.328, letter of 22 August 1772.

l'Académie, Clément is given voice, and so allowed to condemn himself out of his own mouth. The poetic narrator moves on and witnesses the presence of cabals at the theatre, and then at the opera, where he gets into dialogue with those present. Seeking refuge in the peace of the Tuileries gardens, two passers-by then harangue him about their disputes, the first literary, the second political. Thus as the poetic narrator engages in these various dialogues, he moves between various public spaces in the capital – the theatre, the opera, public gardens – the very forums in which public opinion is being forged.[16]

Tearing himself away from the 'jeune énergumène' obsessed with the state of the *parlements*, and vainly declaring his love of the quiet life, our narrator is now harangued by another, more aggressive 'groupe de savants'. Recognising Voltaire, they approve of his earlier mockery of the *convulsionnaires* of Saint-Médard, and generously offer him his 'brevet d'athée'. This accusation of atheism forces the poetic persona into vehement affirmation of his deism, beginning with an assertion (a reassertion) of God as the divine watchmaker (lines 111-12):

> L'univers m'embarrasse, et je ne puis songer
> Que cet horloge existe, et n'ait point d'horloger.

There follow some of Voltaire's most striking lines asserting the existence of a divinity:

> Je crois pourtant un Dieu, puisqu'il faut vous le dire (line 118)

and

> Je crois qu'il est un Dieu; vous osez le nier. (line 155)

No wonder that René Pomeau quotes these last two lines, in arguing, against Theodore Besterman, for the authenticity and sincerity of Voltaire's deism.[17] Predictably this spirited defence of

[16] Interestingly, Voltaire's narrator eschews the public space of the café; we are not quite in the world of Diderot's *Le Neveu de Rameau* (largely completed *c.* 1773).

[17] René Pomeau, *La Religion de Voltaire*, nouv. éd. (Paris 1969), 'Postface', p.477.

a divinity provokes the wrath of the atheist 'savants' who launch into an insulting personal attack on Voltaire and his 'génie usé'. This is surely the emotional core of the satire. The earlier appearance of Clément, and the discussions of cabals in the theatre, opera and politics were in truth no more than minor variations on the major theme; the prime focus of Voltaire's satire is the group (not strictly a cabal, in the normal sense of the word) of materialists who, particularly in the wake of the *Système de la nature*, find his own deist views insufficiently radical.[18] In this respect, the concerns of *Les Cabales* overlap with the contemporary satire *Les Systèmes*, and it is natural that Voltaire should have wanted them to be published together. The anonymous 'groupe de savants' refers of course to sympathisers of Le Roy's *Réflexions sur la jalousie*, but there is no explicit reference to the work nor to its author (whose identity Voltaire learned in the course of May, when he was at work on this poem); the only precise allusion is to the *Système de la nature* (line 130).

In the course of the satire Voltaire thus deals with the two antagonists who had attacked him in the previous few months, but he does so using a different technique in each case. The voice of Clément is introduced openly at the start, and is quickly and crushingly dismissed; that of Le Roy comes at the climax of the poem, yet remains anonymous (just as he had earlier attacked Voltaire anonymously). The voice of the poetic narrator is of course just that, a poetic voice, and cannot be assumed to speak naively and straightforwardly for Voltaire himself;[19] it is notable none the less that, when faced with the accusation of atheism, the

[18] On Voltaire's response to the *Système de la nature*, see Robert Sasso, 'Voltaire et le *Système de la nature* de d'Holbach', *Revue internationale de philosophie* 32 (1978), p.279-96; E. D. James, 'Voltaire's dialogue with the materialists', in *Voltaire and his world: studies presented to W. H. Barber*, ed. R. J. Howells and others (Oxford 1985), p.117-31; and Roland Mortier, 'Ce maudit *Système de la nature*', dans *Voltaire et ses combats*, 2 vols, ed. U. Kölving and C. Mervaud (Oxford 1997), i.697-704.

[19] As René Pomeau assumes, for example (*La Religion de Voltaire*, p.397, 474, 477).

Voltairean persona assumes a different, more urgent tone; if this is not necessarily a more personal voice, it is without doubt a more anguished one.

The voice of the 'Voltairean' persona in the poem is further relativised by the appended voice of the prose notes, signed by one 'Morza'. In his letters to Thiriot and D'Alembert cited above, Voltaire is at pains to emphasise the corrupt nature of the pirated edition: in reality, as we noted above, the differences between this version of the poem and that printed by Cramer amount to little more than some minor stylistic 'improvements', and the most significant difference by far is the addition of the prose notes. They are signed 'par M. de Morza', and placed as endnotes; they occupy some twenty printed pages, giving them equal standing to the poem, which also occupies around twenty pages. If the poem was probably written in May 1772, we may conjecture that the prose notes were most likely written in June or early July. In announcing the Cramer edition to his friends, Voltaire repeatedly emphasises the importance of the notes as being what distinguishes his edition from the unauthorised one. To Mme Du Deffand, he writes: 'Vous voulez que je vous envoie les miennes [sottises], vous en aurez. On a imprimé à Paris *Les Cabales*, *La Bégueule*, *Jean qui pleure et qui rit*, et on les a cruellement défigurés. Je vous en ferai tenir dans quelques semaines une petite édition avec des notes très instructives pour la jeunesse qui veut être philosophe' (D17814); the notes are described in an identical phrase in a letter to Rochefort d'Ally on 3 August 1772: 'Comment pourrais-je vous faire parvenir une édition des *Systèmes* et des *Cabales* avec des notes fort instructives pour la jeunesse?' (D17846).[20]

The importance of the note as one element of Voltaire's literary discourse has only recently come to be fully appreciated;[21] and *Les Cabales* provides a good example of the significance of this form of writing. The work which circulated 'unofficially' is a verse satire;

[20] See too his letters to Mme Du Deffand (D17854) and to La Harpe (D17936).

[21] See *Les Notes de Voltaire: une écriture polyphonique*, ed. N. Cronk and C. Mervaud, *SVEC* 2003:03.

the work as printed by Cramer is a hybrid in verse and prose, the notes being a continuation in a different form, and signed by a different name, of themes dealt with more allusively in the poem. The prose voice of Morza is more robustly ironical than the persona in the poem, and uses the occasion to rehearse some well-known pet subjects; indeed, in a striking example of cut-and-paste, an entire note against La Beaumelle is lifted from the *Epître à M. D'Alembert*, first published the previous year, and reused here as note (*m*). Such reiteration is not merely the mark of a garrulous and obsessed old man. The shifting and redeployment of portions of text between different works confers an altered status on the texts themselves, creating not a fragmentation but a reinforcement of the Voltairean author, a redoubling rather than a reduction of the authorial presence. Thus 'M. de Morza' can speak in note (*g*) of 'l'auteur que je commente, avait peint cette guerre de singes dans *Le Siècle de Louis XIV*'; and in borrowing the note from an earlier work, he refers coyly in note (*m*) to 'un recueil de pièces imprimé en 1771'. The addition of the notes not only allows Voltaire to extend his original work; it also in a curious way enables him to 'sign' the work as his own (and of course it is part of the irony of this strategy that it is the use of a pseudonym, M. de Morza, which unequivocally indicates the hand of Voltaire: anyone could sign 'Voltaire', but only Voltaire could and would use such a pseudonym). This work indeed marks the literary début of M. de Morza, who would continue until 1775 signing notes to works of Voltaire, in particular the notes to *Les Lois de Minos*: unique among Voltaire's many and productive pseudonyms, M. de Morza is a writer exclusively of notes.[22]

The reception given to Voltaire's poem was, predictably, very much along party lines. Turgot was enthusiastic, and in July 1772 he wrote to Condorcet from Limoges: 'J'ai été fort content des *Cabales* et des *Systèmes*, à quelques bagatelles près. On a beau dire,

[22] See N. Cronk, 'M. de Morza, l'homme et l'œuvre', in *Les Notes de Voltaire: une écriture polyphonique*, p.187-206.

cet homme ne vieillit point, et donne le démenti à son extrait baptistaire, pour mieux le donner à son baptème.'[23] Charles Collé, on the other hand, habitually hostile to Voltaire, was predictably critical, describing the work as 'une noirceur caduque de M. de Voltaire contre M. Clément.' He continues:

> Excepté trois vers excellents que j'ai remarqués à la fin, dont l'idée est assez neuve et assez agréable, on ne trouve dans cette odieuse satire ni naïveté, ni vraisemblance, ni goût: ce sont des longueurs insoutenables, des vers lâches et prosaïques [...]. C'est son rabâchage éternel et fastidieux contre la religion; c'est une profession de foi du déisme, qui ne revient à rien et qui n'est bonne qu'à ennuyer [...]. C'est une rage cachée contre M. Clément et tous ceux qui le critiquent.[24]

The most interesting response is perhaps that of the poet Dorat (who, like Voltaire, had been a target of Clément's criticisms), and it came in the form of a poem, *Mon réveil*.[25] The work circulated in the *Correspondance littéraire* in the issue dated 15 July 1772, exactly one month after the appearance there of Voltaire's *Les Cabales*,[26] and one edition of 1772 (72D) brings the two poems together. Voltaire however never seems to have authorised the printing of this reply together with his own poem (as he did in the case of Voisenon's reply to *Jean qui pleure et qui rit*): Dorat's vapid amiability may not have been altogether to his taste.

It is clear that the attacks by Clément, and more especially by Le Roy, touched a raw nerve in the 78-year-old Voltaire, and beneath the carefully contrived humour, he writes with real strength of feeling. *Les Cabales* may not rank among Voltaire's greatest satires – it is hard perhaps to subscribe to Voltaire's own claim for it as 'de mes petits morceaux détachés le moins mauvais' (D17753) – but

[23] *Correspondance inédite de Condorcet et de Turgot 1770-1779*, ed. Charles Henry (Paris 1883), p.91.

[24] *Journal et mémoires de Charles Collé*, ed. Honoré Bonhomme (Paris 1868), iii.361.

[25] *Poésies*, 4 vols (Geneva 1777), iii.69-71. See Appendix.

[26] *Inventaire de la Correspondance littéraire*, i.287, 72:120; compare, for *Les Cabales*, i.285, 72:085.

none the less the very fact that he writes this satire in verse, after the prose *Lettre sur un écrit anonyme*, suggests that Voltaire is beginning to distance himself from the immediate crisis. After only a couple of months he affects to see the whole business as a mere pleasantry, writing to Marmontel on 23 October 1772 (D17978):

Je n'ai prétendu en tout cela être d'aucun parti; et c'est même ce qui m'a déterminé à faire la petite plaisanterie des *Cabales*. Mais plus je me suis moqué de toutes les cabales, moins on me doit accuser d'en être. Les chefs de ma faction sont Horace, Virgile et Cicéron. Je prends surtout parti contre les vers allobroges dont nous sommes inondés depuis si longtemps. Je ris de Fréron et de Clément, mais je n'entre point dans les querelles de la cour. J'ignore s'il y en a. C'est la plus horrible injustice du monde de m'avoir soupçonné d'abandonner des personnes à qui j'ai mille obligations. Cette idée me fâche. Le soupçon d'ingratitude me fait plus de peine que la chute des *Lois de Minos* ne m'en fera. C'est contre ces *Lois* qu'il y aura une belle cabale, et je m'en moque. J'ai fait cette pièce pour avoir occasion d'y mettre des notes qui vous réjouiront.

With yet greater distance, Voltaire could write to the chevalier de Rochefort d'Ally in February 1773 that in time all cabals come to be forgotten: 'J'ai eu bien raison d'écrire contre les cabales: tout est cabale, de la foire jusqu'à Versailles, et des curés de village jusqu'au pape. Les bruits les plus ridicules courent l'Europe; mais tout tombe au bout de huit jours dans un éternel oubli' (D18180). This is the wisdom that comes only after the event, but luckily Voltaire had always been skilful at using setbacks to generate new creative energy for futher writing.

In the final lines of the poem, the narrating persona speaks of still enjoying at least one of the twin pleasures of 'le lit et la table', and he reminisces about his beginnings as a poet in the epicurean world of the *société du Temple*.[27] The nostalgic evocation of Chaulieu, who had died in 1720, is revealing: when Voltaire feels most under

[27] See N. Cronk, 'Arouet, poète épicurien: les voix de l'épicurisme dans la poésie de jeunesse de Voltaire', *Dix-Huitième Siècle* 35 (2003), p.157-70.

attack, he reasserts the comforting Horatian themes familiar since his youth. To the political enthusiast the poetic narrator in *Les Cabales* replies (lines 67-68):

> [...] dans ma vie obscure,
> Je laisse au roi mon maître, en pauvre citoyen,
> Le soin de son royaume, où je ne prétends rien.

And again (line 89):

> Ma loi fondemantale est de vivre tranquille.

The appeal to a retreat, where one might live 'Entre le dieu des vers et celui des amours' (line 164), is the assumption of one more mask by the Protean Voltairean narrator, and it is a mask which looks forward to the *Epître à Horace*. Against his antagonists Clément and Le Roy, the conclusion 'faisons des chansons' is a logical one; not the insipid 'chansons' of a Dorat, but real poetry. Voltaire, at seventy-eight, is confident of writing better poetry than any of his opponents, so it is always a good tactic to reply to them in verse. And it is no surprise therefore that after writing *Les Cabales*, for his next poetic work, Voltaire should decide to confide in Horace.

Manuscript and editions

Following his usual practice, Voltaire caused the poem to circulate first in manuscript, before having it printed. It was also included in the *Correspondance littéraire* in the *livraison* of 15 June 1772.

Manuscript

MS1

Bibliothèque historique de la ville de Paris, ms c.p. 3856, f.87*v*-90*r*. In the *Correspondance littéraire*, 15 June 1772 (copy sent to margrave of Ansbach).[28]

[28] For other ms versions in the *Correspondance littéraire*, see *Inventaire de la Correspondance littéraire*, i.285, 72:085.

Editions

72A

LES CABALES, / *ŒUVRE PACIFIQUE.* / [*ornament*] / [*thick-thin rule*] / [n.p.] 1772

8°. 8 pp.

No notes. There is no reason to suppose this edition was officially authorised by Voltaire; it was most likely pirated from a manuscript in circulation in Paris.

Bengesco 699, BnC 2340.

Paris, BnF: Ye 34995, Z Beuchot 122.

72B

LES SYSTEMES / *ET* / LES CABALES, / *AVEC* / DES NOTES INSTRUCTIVES, / *ENSUITE* / LA BEGUEULE, / *ET* / JEAN QUI PLEURE ET QUI RIT. / [*decorated double rule*] / [n.p.] 1772 / [*decorated double rule*]

8°. 54 pp.

21-40 Les Cabales.

With notes 'par Mr. de Morza', placed as endnotes (p.19-40). Authorised by Voltaire: printed by Cramer (D17813, D17821, D17830, D17835), and published in late July or early August 1772.

Bengesco 700; BnC 2341.

Paris, BnF: Ye 34997.

The base text. For title page, see p.211.

72C

LES SYSTEMES / *ET* / LES CABALES, / *AVEC* / DES NOTES INSTRUCTIVES. / Nouvelle édition, corrigée et augmentée. / [*ornament*] / A LONDRES. / [*thick-thin rule*] / M.D.CCLXXII.

46 pp.

27-46 Les Cabales.

Notes placed as endnotes.

University of Chicago Library: PQ1852.V93

72D

[*title*] LES / CABALES, / *OEUVRE PACIFIQUE.* / PAR / M. DE VOLTAIRE. / [*triangular ornament*] / *A LONDRES*, / [*thin rule, 76 mm*] / MDCCLXXII.

[*half-title*] LES / CABALES. / ET / MON REVEIL.

No notes. Also includes Dorat's *Mon Réveil* (see Appendix). Not authorised by Voltaire.

Oxford, Taylor: V.4.C.2.1772.

NM72

Nouveaux mélanges philosophiques, historiques, critiques, etc. [Genève, Cramer] 1765-1775. 19 vol. 8°.

Vol. xii (1772): 277-96 Les Cabales.

Notes placed as endnotes. The text follows the base text.

Bengesco 2212; BnC 127; Trapnell NM.

Paris, BnF: Z. 24775; Rés. Z. Bengesco 487; Rés. Z. Beuchot 28.

LM73

[*The first three lines in decorative type:*] LES / LOIX DE MINOS, / TRAGÉDIE. / AVEC LES NOTES / DE / *M*R. *de MORZA*, / ET / PLUSIEURS PIECES / CURIEUSES DÉTACHÉES / [*ornament*] / [*decorated thick-thin rule*] / [Genève, Cramer,] 1773.

8°. pag. xv.[i blank].395.[1 blank].2 (errata).

(On this edition, see Voltaire's letter to D'Alembert, D18273 and *OC* vol.73, p.57.)

332-51 Les Cabales.

Notes placed as endnotes.

Includes one variant in note 2 which reinforces the attack on Clément.

Bengesco 291; BnC 996.

London, BL: 1568/8263. Oxford, Taylor: V3.L6.1773(1). Paris, BnF: Yf 12118, Rés. Z. Bengesco 116; Rés. Z. Beuchot 536, Rés. Z. Rothschild 5232, Rés. Z. Bengesco 981.

EJ73

L'Evangile du jour. Londres [Amsterdam] 1769-1780. 18 vol. 8°.

Vol. ix (1773): 12-24 Les Cabales, avec des notes instructives. Nouvelle édition, corrigée et augmentée

Notes appear as footnotes, in a smaller typeface than the main text, making them harder to read. They are not signed by 'M. de Morza'. Follows the base text.

BnC 5264.

Paris, BnF: D^2 5300 (9); Rés. Z. Bengesco 378 (9); Rés. Z. Beuchot 290 (9).

W72P

Œuvres de M. de V.... Neuchâtel [Paris, Panckoucke] 1772-1777. 34 or 40 vol. 8° and 12°.

Vol. xv [*Mélanges* ii (1773)]: 197-208 Les Cabales.

Contains small variants in the notes. There is no evidence that these variants are authorised (they may even have been caused by exigencies of the *mise en page*). Notes are placed as footnotes, in a smaller typeface than the main text, and divided off from it by a solid rule. They are not signed by 'Morza'.

Bengesco 2140; Trapnell 72P; BnC 153

Paris, BnF: Z. 24810.

N73

Nouveautés. [n.p. 1773]. 8°.

3-10 Les Cabales.

No notes.

BnC 2016.

Paris, BnF: Zz. 3879.

AM73

Almanach des Muses. Paris 1773.

12-18 Les Cabales.

No notes.

Paris, BnF: Ye. 14013.

W72X

Collection complète des œuvres de M. de Voltaire. [Genève, Cramer?] 1772. 10 vol. 8°.

Vol. xx: 99-112 Les Cabales.

Contains small variants. Notes placed as endnotes, signed 'par M. de Morza'. A new edition of W70G, probably printed for Cramer. No evidence of Voltaire's participation.

Bengesco 2133; Trapnell 72X; BnC 92, 105.

Oxford, Taylor: V1 1770G/2 (20). Paris, BnF: 8° Yth. 5949.

W75G

La Henriade, divers autres poèmes et toutes les pièces relatives à l'épopée. Genève, [Cramer & Bardin] 1775. 37 [40] vol. 8°.

Vol. xiii: 269-81 Les Cabales.

Notes placed as endnotes, signed 'par M. de Morza'. The *encadrée* edition, produced at least in part under Voltaire's supervision.

Bengesco 2141; Trapnell 75G; BnC 158-61.

Geneva, ImV: A 1775/2 (13). Oxford, Taylor: V1 1775 (13); VF. Paris, BnF: Z 24839-24878.

K

Œuvres complètes de Voltaire. [Kehl] Société littéraire-typographique, 1784-1789. 70 vol. 8°.

Vol. xiv: 230-41 Les Cabales.

Bengesco 2142; Trapnell K; BnC 164-169.

Oxford, Taylor: V1 1785/2 (14); VF. Paris, BnF: Rés. P Z 2209.

Principles of this edition

The base text is 72B, the first authorised edition. It seems unlikely that any of the editions lacking the notes can have been authorised by Voltaire. Variants are given from MS1, 72A, LM73, and W72P, along with major variants from K.

Treatment of the base text

The punctuation of the base text has been maintained, with two exceptions (a full stop has been replaced with a question mark in line 8, and a comma has been inserted at the end of line 98). The spelling has been modernised (with the exception of 'encor', line 110, which has been retained for reasons of versification). In the base text, the names *Profond* and *Rollet* are italicised. The adjective 'Alexandrins' is capitalised in the base text, along with the following nouns: Apôtres, Archevêque, Athée, Bachelier, Billets, Bulle, Cabale, Cardinal, Chancelier, Chrétiens, Coadjuteur, Comte, Concile, Conseiller, Diable, Duc, Duchesse, Empereur, Fermier-général, Grand'Chambre, Lettrés, Madame, Magistrats, Maison, Ministre, Monsieur, Officier, Pairs, Parlement, Prélat, Président, Prince, Reine, Roi, Satire, Savants, Théistes, Univers (the nouns 'Athée' and 'Ministre' are not consistently capitalised).

LES CABALES

Barbouilleurs de papier, d'où viennent tant d'intrigues,
Tant de petits partis, de cabales, de brigues?
S'agit-il d'un emploi de fermier général,
Ou du large chapeau qui coiffe un cardinal?
Etes-vous au conclave? Aspirez-vous au trône (*a*)
Où l'on dit qu'autrefois monta Simon-Barjone? [1]
Çà, que prétendez-vous? – De la gloire. – Ah! gredin,
Sais-tu bien que cent rois la briguèrent en vain?
Sais-tu ce qu'il coûta de périls et de peines
Aux Condés, aux Sullis, aux Colberts, aux Turennes,
Pour avoir une place au haut du mont sacré,
De sultan Moustapha [2] pour jamais ignoré?
Je ne m'attendais pas qu'un crapaud du Parnasse
Eût pu, dans son bourbier, [3] s'enfler de tant d'audace.

'Monsieur, écoutez-moi, j'arrive de Dijon, [4]
Et je n'ai ni logis, ni crédit, ni renom.

a MS1, 72A: Les Cabales / Œuvre pacifique
1 MS1, 72A: Camarade Crotté, d'où viennent
3-6 72A: [*absent*]
15 MS1: [*after* 'Dijon', *marginal note:* 'Clément']

[1] The apostle Peter. Arguments surrounding the historical person are explored in the *Dictionnaire philosophique* article 'Pierre' (*OC*, vol.37, p.447-55).

[2] Sultan Mustapha III (1717-1774). The first Russo-Turkish war began in 1768; in mid-1772, a truce was being negotiated. Voltaire in his correspondence was vociferous in his public support of Catherine's war against the Turks.

[3] Perhaps an echo of the early poem *Le Bourbier* (*OC*, vol.1B, p.231-44); more generally, an allusion to the world of *Le Pauvre Diable* (1760).

[4] J.-M.-B. Clément (1742-1812): see *OC*, vol.74A, Introduction to *Lettre de M. de Voltaire à un des ses confrères à l'Académie*, p.139. This attack on Clément continues the earlier attacks in the *Epître à M. D'Alembert* of 1771 (*OC*, vol.73, p.459, 468-69), and in the *Lettre à un des ses confrères* (March 1772).

J'ai fait de méchants vers;[5] et vous pouvez bien croire
Que je n'ai pas le front de prétendre à la gloire;
Je ne veux que l'ôter à quiconque en jouit.
Dans ce noble métier l'ami Fréron m'instruit;
Monsieur l'abbé Profond[6] m'introduit chez les dames;
Avec deux beaux esprits nous ourdissons nos trames.
Nous serons dans un mois l'un de l'autre ennemis,
Mais le besoin présent nous tient encore unis.
Je me forme sous eux dans le bel art de nuire,
Voilà mon seul talent; c'est la gloire où j'aspire.'

Laissons là de Dijon ce pauvre garnement (*b*),
Des bâtards de Zoïle[7] imbécile instrument;
Qu'il coure à l'hôpital où son destin le mène.
Allons nous réjouir aux jeux de Melpomène...
Bon! j'y vois deux partis l'un à l'autre opposés.
Léon dix et Luther étaient moins divisés.
L'un claque, l'autre siffle; et l'antre du parterre (*c*)
Et les cafés voisins sont le champ de la guerre.[8]

Je vais chercher la paix au temple des chansons;
J'entends crier 'Lulli, Campra, Rameau, Bouffons (*d*),

20 72A: l'ami F.... m'instruit
21 MS1: [*after* 'Profond', *marginal note:* 'L'abbé de Mably']
25 MS1, 72A: forme avec eux

[5] Voltaire had indeed already published some of these, in the *Lettre* quoted in *OC*, vol.74A, p.159-61.

[6] A reference to the abbé de Mably, protector of Clément, according to D'Alembert (D17628). Compare *Epître à Horace*, line 6 (p.279).

[7] Clément had accused Voltaire of being the 'Zoïle de Corneille' (see *OC*, vol.74A, p.142): Voltaire here returns the compliment.

[8] The performance of the claque was decisive in the success of any new play at the Comédie-Française, and Voltaire was concerned at this time about the possibility of a claque against *Les Loix de Minos*. Longchamp tells the story of Voltaire, disguised as an *abbé*, sitting in the café Procope to overhear comments on an early performance of *Sémiramis* (*VST*, i.559).

Etes-vous pour la France ou bien pour l'Italie?'[9]
Je suis pour mon plaisir, messieurs. Quelle folie
Vous tient ici debout, sans vouloir écouter?
Ne suis-je à l'Opéra que pour y disputer?
   Je sors, je me dérobe aux flots de la cohue;
Les laquais assemblés cabalaient dans la rue.
Je me sauve avec peine aux jardins si vantés
Que la main de Lenautre avec art a plantés.[10]
   D'autres fous à l'instant une troupe m'arrête,
Tous parlent à la fois, tous me rompent la tête...
'Avez-vous lu sa pièce? il tombe, il est perdu;
Par le dernier journal je le tiens confondu.'
Qui? de quoi parlez-vous? D'où vient tant de colère?
Quel est votre ennemi? – 'C'est un vil téméraire,
Un rimeur insolent qui cause nos chagrins;
Il croit nous égaler en vers alexandrins.'
Fort bien: de vos débats je conçois l'importance.

   Mais un gros de bourgeois de ce côté s'avance.
'Choisissez (me dit-on) du vieux ou du nouveau.'
Je croyais qu'on parlait d'un vin qu'on boit sans eau;
Et qu'on examinait si les gourmets de France
D'une vendange heureuse avaient quelque espérance,
Ou que des érudits balançaient doctement
Entre la loi nouvelle et le vieux testament.
Un jeune candidat, de qui la chevelure

45 MS1, 72A: Mais soudain d'autres fous une troupe
53 72A: je connais l'importance

[9] The *querelle des bouffons*, triggered by the visit of an Italian troupe to the Opéra in 1752-54, was by this date no longer an especially contentious subject of debate.

[10] The Tuileries gardens, first laid out in the Italian style by Delorme and Pierre Le Nôtre in the second half of the sixteenth century, were from 1661 turned into a garden in the French style (and made open to the public) by André Le Nôtre (grandson of Pierre).

Passait de Clodion la royale coiffure (*e*),
Me dit d'un ton de maître, avec peine adouci,
'Ce sont nos parlements, dont il s'agit ici.
Lequel préférez-vous?'[11] – Aucun d'eux, je vous jure.
Je n'ai point de procès; et dans ma vie obscure
Je laisse au roi mon maître, en pauvre citoyen,
Le soin de son royaume, où je ne prétends rien.
Assez de grands esprits, dans leur troisième étage,
N'ayant pu gouverner leur femme et leur ménage (*f*),
Se sont mis, par plaisir, à régir l'univers.
Sans quitter leur grenier, ils traversent les mers;
Ils raniment l'Etat, le peuplent, l'enrichissent;
Leurs marchands de papier sont les seuls qui gémissent.
Moi, j'attends dans un coin que l'imprimeur du roi
M'apprenne, pour dix sous, mon devoir et ma loi.
Tout confus d'un édit, qui rogne mes finances,
Sur mes biens écornés je règle mes dépenses.
Rebuté de Plutus, je m'adresse à Cérès,
Ses fertiles bontés garnissent mes guérets.
La campagne en tout temps, par un travail utile,
Répara tous les maux qu'on nous fit à la ville.
On est un peu fâché; mais qu'y faire? – Obéir.
A quoi bon cabaler, quand on ne peut agir?
'Mais, monsieur, des Capets les lois fondamentales,
Et le grenier à sel, et les cours féodales,
Et le gouvernement du chancelier Duprat...'
Monsieur, je n'entends rien aux matières d'Etat.
Ma loi fondamentale est de vivre tranquille.
La Fronde était plaisante; et la guerre civile (*g*)

77 MS1: confus de l'édit qui ravit

77-78 72A: Et docile à l'édit qui fixe mes finances, / Je règle sur mes biens, mes plaisirs, mes dépenses.

80 K: fertiles trésors garnissent

84 72A: cabaler, lorsque l'on peut agir?

[11] Allusion to Maupeou's reform of the *parlements*, introduced from 1771.

Amusait la grand'chambre et le coadjuteur.
Barricadez-vous bien; je m'enfuis, serviteur.

A peine ai-je quitté mon jeune énergumène,
Qu'un groupe de savants m'enveloppe et m'entraîne.
D'un air d'autorité l'un d'eux me tire à part...
'Je vous goûtai, dit-il, lorsque de Saint-Médard (*h*)[12]
Vous crayonniez gaiement la cabale grossière
Gambadant pour la grâce au coin d'un cimetière,
Les billets au porteur des chrétiens trépassés,
Les fils de Loyola sur la terre éclipsés;
Nous applaudîmes tous à votre noble audace,
Lorsque vous nous prouviez qu'un maroufle à besace
Dans sa crasse orgueilleuse à charge au genre humain,
S'il eût bêché la terre, eût servi son prochain.
Jouissez d'une gloire avec peine achetée.
Acceptez à la fin votre brevet d'athée.'
Ah! vous êtes trop bon. Je sens au fond du cœur
Tout le prix qu'on doit mettre à cet excès d'honneur.
Il est vrai, j'ai raillé Saint-Médard et la bulle;
Mais j'ai sur la nature encor quelque scrupule.
L'univers m'embarrasse, et je ne puis songer
Que cet horloge existe, et n'ait point d'horloger (*i*).[13]
Mille abus, je le sais, ont régné dans l'Eglise:

99 72A: Les Pâris, les Cyrans, illustres trépassés,
101-104 72A: [*absent*]
107 MS1: trop bons
112 MS1, 72A, K: cette horloge
113 MS1: ont barbouillé l'Eglise

[12] Voltaire had often evoked the absurdity of the *convulsionnaires*; see for example *Traité sur la tolérance*, chap.5 (*OC*, vol.56C, p.155), and the article 'Convulsions' in the *Dictionnaire philosophique* (*OC*, vol.35, p.637-43).

[13] Voltaire had used the image of God as watchmaker as proof of the argument from design from early on: see, for example, the *Courte réponse* of 1745 (*OC*, vol.15, p.755).

Fleury le confesseur en parle avec franchise (*j*).[14]
J'ai pu de les siffler prendre un peu trop de soin.
Eh! quel auteur, hélas! ne va jamais trop loin?
De saint Ignace encore on me voit souvent rire.
Je crois pourtant un Dieu, puisqu'il faut vous le dire...
'Ah traître! ah malheureux! je m'en étais douté.
Va, j'avais bien prévu ce trait de lâcheté,
Alors que de Maillet insultant la mémoire (*k*)
Du monde qu'il forma, tu combattis l'histoire...[15]
Ignorant! vois l'effet de mes combinaisons.
Les hommes autrefois ont été des poissons.
La mer de l'Amérique a marché vers le Phase.
Les huîtres d'Angleterre ont formé le Caucase.
Nous te l'avions appris; mais tu t'es éloigné
Du vrai sens de Platon par nous seuls enseigné.
Lâche! oses-tu bien croire une essence suprême?'
Mais, oui. – 'De la nature as-tu lu le système?
Par ses propos diffus, n'es-tu pas foudroyé?
Que dis-tu de ce livre?' – Il m'a fort ennuyé... (*l*)
'C'en est assez, ingrat! ta perfide insolence
Dans mon premier concile aura sa récompense.
Va, sot adorateur d'un fantôme impuissant,
Nous t'avions jusqu'ici préservé du néant.
Nous t'y ferons rentrer ainsi que ce grand Etre
Que tu prends bassement pour ton unique maître.

114 MS1, 72A: Fleury l'historien
117 72A: Du Loyoliste encore
125-126 MS1, 72A:
Ce globe était de verre et les mers étonnées
Ont produit le Caucase, et fait [72A: ont fait] les Pyrénées
135 MS1, 72A: Va, sois adorateur

[14] Fleury's *Histoire ecclésiastique*, completed by other hands, and published 1691-1738 in 36 quarto volumes, told the story of the Church from earliest times down to 1595 (BV1350).

[15] See below, p.224.

De mes amis, de moi, tu seras méprisé.' –
Soit. – 'Nous insulterons à ton génie usé.'[16] –
J'y consens. – 'Des fatras de brochures sans nombre
Dans ta bière à grands flots vont tomber sur ton ombre.' –
Je n'en sentirai rien. – 'Nous t'abandonnerons
Aux puissants Langlevieux (*m*),[17] aux immortels Frérons.'
  Ah! bachelier du diable, un peu plus d'indulgence.
Nous avons, vous et moi, besoin de tolérance.
Que deviendrait le monde et la société,
Si tout, jusqu'à l'athée, était sans charité!
Permettez qu'ici-bas chacun fasse à sa tête.
J'avouerai qu'Epicure avait une âme honnête;
Mais le grand Marc-Aurèle était plus vertueux.
Lucrèce avait du bon; Cicéron valait mieux.
Spinosa pardonnait à ceux dont la faiblesse
D'un moteur éternel admirait la sagesse.
Je crois qu'il est un Dieu; vous osez le nier.
Examinons le fait, sans nous injurier.
J'ai désiré cent fois, dans ma verte jeunesse,
De voir notre Saint-Père, au sortir de la messe,
Avec le grand lama, dansant en cotillon;
Bossuet le funèbre embrassant Fénelon;
Et le verre à la main, Le Tellier et Noailles
Chantant chez Maintenon des couplets dans Versailles.

141 MS1: des fatras, des brochures
142 MS1, 72A: Vont pleuvoir sur ta tête; enfin pour te confondre...
144 MS1, 72A: A Nonnotte, à Jean-Jacques, aux Cléments, aux Frerons.
153 W72P [*inserts note (n)*]: *Spinosa*, circonspect et fort honnête homme. Nous avons fait une note plus longue sur ce sophiste à la suite du petit poème sur *Les Systèmes*.
155-162 72A: [*absent*]
159 MS1: danser en cotillon
162 MS1: couplets à Versailles

[16] Allusion to attacks by both Clément and Le Roy (p.160-61).
[17] Deliberate distortion of name of Langliviel de La Beaumelle.

Je préférais Chaulieu coulant en paix ses jours
Entre le dieu des vers et celui des amours,
A tous ces froids savants dont les vieilles querelles
Traînaient si pesamment les dégoûts après elles.[18]
    Des charmes de la paix mon cœur était frappé:
J'espérais en jouir; je me suis bien trompé.
On cabale à la cour, à l'armée, au parterre.
Dans Londres, dans Paris, les esprits sont en guerre;
Ils y seront toujours. La Discorde autrefois,[19]
Ayant brouillé les dieux, descendit chez les rois;
Puis dans l'Eglise sainte établit son empire,
Et l'étendit bientôt sur tout ce qui respire.
Chacun vantait la paix que partout on chassa.
On dit que seulement par grâce on lui laissa
Deux asiles fort doux; c'est le lit et la table.
Puisse-t-elle y fixer un règne un peu durable!
L'un d'eux me plaît encore. Allons, amis, buvons;
Cabalons pour Cloris, et faisons des chansons.[20]

[18] Nostalgic evocation of epicurean circles in which the young Arouet had composed his earliest verse.

[19] An echo of the personification of 'la Discorde' in *La Henriade*, itself derived from Homer (*Iliad*, book 4, line 440).

[20] Dorat takes up the challenge to write songs, using this final verse as the epigraph for his own 'Mon Réveil' (see Appendix).

NOTES PAR M. DE MORZA

(*a*). *Le trône*. Ce trône est très respectable. Il est sans doute l'objet d'une louable émulation. Simon fils de Jones, nommé Céphas ou Pierre, est un très grand saint. Mais il n'eut point de trône. Celui au nom duquel il parlait, avait défendu expressément à tous ses envoyés de prendre même le nom de *docteur*, de *maître*, et avait déclaré que qui voudrait être le premier serait le dernier. Les choses sont changées; et dans la suite des temps le trône devint la récompense de l'humilité passée.

(*b*). *De Dijon ce pauvre garnement*. Ce garnement de Dijon est un nommé Clément, maître de quartier dans un collège de Dijon, qui a fait un livre contre messieurs de Saint Lambert, de l'Ile, de Vatelet, Dorat et plusieurs autres personnes.[1] L'auteur des *Cabales* fut maltraité dans ce livre où règne un air de suffisance, un ton décisif et tranchant qui a été tant blâmé par tous les honnêtes gens dans les hommes les plus accrédités de la littérature, et qui est le comble de l'insolence et du ridicule dans un jeune provincial sans expérience et sans génie. On nous dit qu'il faut mépriser un auteur de libelles; oui, il faut le mépriser, et le corriger.

(*c*). *Et l'antre du parterre*. C'est principalement au parterre de la Comédie-Française, à la représentation des pièces nouvelles, que

note *b*, 9-10 LM73, K: génie. Il s'est couvert d'opprobre par des libelles aussi affreux qu'absurdes, que la police n'a pas punis parce qu'elle les a ignorés. Les malheureux qui ont composé de tels libelles pour vivre comme Clément, La Beaumelle, Sabatier natif de Castres, ressemblent précisément au *Pauvre diable*, qui est si naturellement peint dans la pièce de ce nom. Il n'est point de vie plus déplorable que la leur. //

[1] Clément, *Observations critiques sur la nouvelle traduction en vers français des Géorgiques de Virgile et sur les poèmes des Saisons, de la Déclamation et de la Peinture* (1771); see Introduction to *Lettre de M. de Voltaire à un des ses confrères à l'Académie*, *OC*, vol.74A, p.139-56.

les cabales éclatent avec le plus d'emportement. Le parti qui fronde l'ouvrage et le parti qui le soutient, se rangent chacun d'un côté. Les émissaires reçoivent à la porte ceux qui entrent, et leur disent: Venez-vous pour siffler? Mettez-vous là. Venez-vous pour applaudir? Mettez-vous ici. On a joué quelquefois au dés la chute ou le succès d'une tragédie nouvelle au café de Procope. Ces cabales ont dégoûté les hommes de génie, et n'ont pas peu servi à décréditer un spectacle qui avait fait si longtemps la gloire de la nation.

(*d*). *Rameau, Bouffons*. La même manie a passé à l'Opéra et a été encore plus tumultueuse. Mais les cabales au Théâtre-Français ont un avantage que les cabales de l'Opéra n'ont pas, c'est celui de la satire raisonnée. On ne peut à l'Opéra critiquer que des sons. Quand on a dit cette chaconne, cette loure me déplaît, on a tout dit. Mais à la Comédie on examine des idées, des raisonnements, des passions, la conduite, l'exposition, le nœud, le dénouement, le langage. On peut vous prouver méthodiquement, et de conséquence en conséquence, que vous êtes un sot, qui avez voulu avoir de l'esprit, et qui avez assemblé quinze cents personnes pour leur prouver que vous en savez plus qu'eux. Chacun de ceux qui vous écoutent est sans le savoir un peu jaloux de vous; il est en droit de vous critiquer, et vous êtes en droit de lui répondre. Le seul malheur est que vous êtes trop souvent un contre mille.

Il en va autrement en fait de musique; il n'y a que le potier qui soit jaloux du potier, et le musicien du musicien, disait Hésiode.[2] Il y faut seulement ajouter encore les partisans du musicien; mais ceux-là sont ennemis et ne sont point jaloux. Dans les talents de l'esprit au contraire, tout le monde est jaloux en secret; et voilà pourquoi tous les gens de lettres méprisés quand ils n'ont pas réussi, ont été persécutés dès qu'ils ont eu de la réputation.

[2] Hesiod, *Works and days*, lines 25-26. The *Questions sur l'Encyclopédie* article 'Critique' (vol.4, 1771) speaks of 'cette critique née de l'envie', and quotes more fully the same passage from Hesiod (M.xviii.284). Voltaire is quoting against the grain of the original text: the line preceding those quoted avers that 'Strife is wholesome for men' (Loeb translation). Voltaire had a Latin edition of Hesiod in his library (BV1634).

(*e*). *La royale coiffure*. Il n'y a pas longtemps que les jeunes conseillers allaient au tribunal les cheveux étalés, et poudrés blanc, ou blanc poudrés.

(*f*). *N'ayant pu gouverner*. L'Europe est pleine de gens qui ayant perdu leur fortune veulent faire celle de leur patrie, ou de quelque Etat voisin. Ils présentent aux ministres des mémoires qui rétabliront les affaires publiques en peu de temps; et en attendant, ils demandent une aumône qu'on leur refuse. Boisguilbert qui écrivit contre le grand Colbert, et qui ensuite osa attribuer sa *Dîme royale* au maréchal de Vauban, s'était ruiné.[3] Ceux qui sont assez ignorants pour le citer encore aujourd'hui, croyant citer le maréchal de Vauban, ne se doutent pas que si on suivait ses beaux systèmes, le royaume serait aussi misérable que lui. Celui qui a imprimé le *Moyen d'enrichir l'Etat* sous le nom du comte de Boulainvilliers,[4] est mort à l'hôpital. Le petit La Jonchère qui a donné tant d'argent au roi en quatre volumes, demandait l'aumône.[5] Tels sont les gens qui enseignent l'art de s'enrichir par le commerce après avoir fait banqueroute, et ceux qui font le tour du monde sans sortir de leur cabinet, et ceux qui n'ayant jamais possédé une charrue remplissent nos greniers de froment. D'ailleurs la littérature ne subsiste presque plus que d'infâmes plagiats ou de libelles. Jamais cette profession si belle n'a été ni si universelle ni si avilie.

(*g*). *La Fronde était plaisante*. La Fronde en effet était fort plaisante, si on ne regarde que ses ridicules. Le président Le

[3] Pierre le Pesant de Boisguilbert was an economist whose *Détail de la France*, 1695 (nouv. ed. 1707, BV448), opposed Colbert. Voltaire is misguided in attributing to him Vauban's *Projet d'une dixme royale*, 1707 (BV3405). Voltaire wrote on the title-page of his copy of Vauban's work: 'Ce livre insensé est de boiguilbert qui lepublia impudemment sous le nom du marechal de vauban' (BV3405, note).

[4] The title is incorrect; Voltaire presumably refers to the comte de Boulainvilliers's *Mémoires présentés à monseigneur le duc d'Orléans, régent de France, contenant les moyens de rendre ce royaume très puissant et augmenter considérablement les revenus du roi et du peuple*, 1727 (BV507).

[5] Etienne Lescuyer de La Jonchère, *Système d'un nouveau gouvernement en France*, 1720.

Cogneux qui chasse de chez lui son fils le célèbre Bachaumont, conseiller au parlement, pour avoir opiné en faveur de la cour, et qui fait mettre ses chevaux dans la rue, Bachaumont qui lui dit: Mon père, mes chevaux n'ont pas opiné, et qui de raillerie en raillerie fait boire son père à la santé du cardinal Mazarin proscrit par le parlement; le gentilhomme ami du coadjuteur qui vient pour le servir dans la guerre civile, et qui trouvant un de ses camarades chez ce prélat, lui dit: Il n'est pas juste que les deux plus grands fous du royaume servent sous le même drapeau, il faut se partager, je vais chez le cardinal Mazarin, et qui en effet va de ce pas battre les troupes auxquelles il était venu se joindre; ce même coadjuteur qui prêche et qui fait pleurer des femmes, un de ses convives qui leur dit: Mesdames, si vous saviez ce qu'il a gagné avec vous, vous pleureriez bien davantage: ce même archevêque qui va au parlement avec un poignard, et le peuple qui crie, C'est son bréviaire; et toutes les expéditions de cette guerre méditées au cabaret, et les bons mots, et les chansons qui ne finissaient point; tout cela serait bon sans doute pour un opéra-comique. Mais les fourberies, les pillages, les rapines, les scélératesses, les assassinats, les crimes de toute espèce dont ces plaisanteries étaient accompagnées, formaient un mélange hideux des horreurs de la Ligue et des farces d'Arlequin. Et c'étaient des gens graves, des *patres conscripti*, qui ordonnaient ces abominations et ces ridicules. Le cardinal de Retz dit dans ses *Mémoires* 'que le parlement faisait par des arrêts la guerre civile, qu'il aurait condamnée lui-même par les arrêts les plus sanglants'.[6]

L'auteur que je commente, avait peint cette guerre de singes dans *Le Siècle de Louis XIV*; un de ces magistrats qui ayant acheté leurs charges quarante ou cinquante mille francs, se croyait en droit de parler orgueilleusement aux lettrés, écrivit à l'auteur que

[6] The quotation is approximate: 'Le Parlement, qui jusques à notre siècle n'avait jamais commencé de révolution, et qui certainement aurait condamné par des arrêts sanglants celle qu'il faisait lui-même, si tout autre que lui l'eût commencée' (Cardinal de Retz, *Œuvres*, ed. M.-Th. Hipp and M. Pernot, Pléiade, Paris 1984, p.201). Voltaire has the *Mémoires du cardinal de Retz* in his library (BV2967).

messieurs pourraient le faire repentir d'avoir dit ces vérités, quoique reconnues. Il lui répondit: 'Un empereur de la Chine dit un jour à l'historiographe de l'empire, Je suis averti que vous mettez par écrit mes fautes, tremblez.' L'historiographe prit sur-le-champ des tablettes. Qu'osez-vous écrire là? – Ce que votre majesté vient de me dire. L'empereur se recueillit, et dit: Ecrivez tout, mes fautes seront réparées.[7]

(*h*). *Lorsque de Saint-Médard.* On connaît le fanatisme des convulsions de Saint-Médard qui durèrent si longtemps dans la populace, et qui furent entretenues par le président Dubois, le conseiller Carré et d'autres énergumènes. La terre a été mille fois inondée de superstitions plus affreuses: mais jamais il n'y en eut de plus sotte et de plus avilissante. L'histoire des billets de confession et l'expulsion des jésuites succédèrent bientôt à ces facéties.[8] Observez surtout que nous avons une liste de miracles opérés par ces malheureux, signée de plus de cinq cents personnes. Les miracles d'Esculape, ceux de Vespasien, et d'Apollonius de Thiane, n'ont pas été plus authentiques.

(*i*). *Que cet horloge existe.* Si un horloge prouve un horloger, si un palais annonce un architecte, comment en effet l'univers ne démontre-t-il pas une intelligence suprême? Quelle plante, quel animal, quel élément, quel astre ne porte pas l'empreinte de celui que Platon appelait l'éternel géomètre? Il me semble que le corps du moindre animal démontre une profondeur et une unité de dessein qui doivent à la fois nous ravir en admiration et atterrer notre esprit. Non seulement ce chétif insecte est une machine dont tous les ressorts sont faits exactement l'un pour l'autre; non seulement il est né, mais il vit par un art que nous ne pouvons ni imiter ni comprendre; mais sa vie a un rapport immédiat avec la nature entière, avec tous les éléments, avec tous les astres dont la

[7] These anecdotes mark a return to *Le Siècle de Louis XIV*, where the Fronde is similarly depicted in burlesque mode as an absurd episode (chap.4).

[8] Voltaire looks back across the century at some notorious examples of fanaticism: the *convulsionnaires* of Saint-Médard (1731), the affair of the *billets de confession* (1750s), and the expulsion of the Jesuits (1764).

lumière se fait sentir à lui. Le soleil le réchauffe, et les rayons qui partent de Sirius à quatre cents millions de lieues au-delà du soleil, pénètrent dans ses petits yeux, selon toutes les règles de l'optique. S'il n'y a pas là immensité et unité de dessein qui démontrent un fabricateur intelligent, immense, unique, incompréhensible, qu'on nous démontre donc le contraire. Mais c'est ce qu'on n'a jamais fait. Platon, Neuton, Loke ont été frappés également de cette grande vérité. Ils étaient théistes dans le sens le plus rigoureux et le plus respectable.

Des objections! on nous en fait sans nombre; des ridicules! on croit nous en donner en nous appelant cause-finaliers; mais des preuves contre l'existence d'une intelligence suprême, on n'en a jamais apporté aucune. Spinosa lui-même est forcé de reconnaître cette intelligence; et Virgile avant lui, et après tant d'autres avait dit: *Mens agitat molem.*[9] C'est ce *Mens agitat molem* qui est le fort de la dispute entre les athées et les théistes, comme l'avoue le géomètre Clarke dans son livre de l'existence de Dieu,[10] livre le plus éloigné de notre bavarderie ordinaire, livre le plus profond et le plus serré que nous ayons sur cette matière, livre auprès duquel ceux de Platon ne sont que des mots, et auquel je ne pourrais préférer que le naturel et la candeur de Loke.

(*j*). *Fleury le confesseur en parle avec franchise.* Fleury, célèbre par ses excellents discours qui sont d'un sage écrivain et d'un citoyen zélé; connu aussi par son *Histoire ecclésiastique* qui ressemble trop en plusieurs endroits à la *Légende dorée.*

[9] 'Mind sways the whole mass' (Virgil, *Aeneid*, book 6, line 727; Loeb translation). Virgil is evoking here a form of pantheism, and Voltaire's appropriation of the line seems tendentious.

[10] Samuel Clarke's *A Demonstration of the being and attributes of* God (1705) attempts to prove the existence of God by a method 'as near to mathematical as the nature of such a discourse would allow'; his *A Discourse concerning the unchangeable obligations of Natural Religion* (1706) argues that the principles of morality are as certain as the propositions of mathematics. Voltaire has in his library the *Traités de l'existence et des attributs de Dieu, des devoirs de la religion naturelle, et de la vérité de la religion chrétienne* (1727-28, BV785). See W. H. Barber, 'Voltaire and Samuel Clarke', *SVEC* 179 (1979), p.47-61.

(*k*). *Alors que de Maillet, etc.* Ce consul Maillet fut un de ces charlatans dont on a dit qu'ils voulaient imiter Dieu, et créer un monde avec la parole. C'est lui qui abusant de l'histoire de quelques bouleversements avérés arrivés dans ce globe, prétend que les mers avaient formé les montagnes, et que les poissons avaient été changés en hommes. Aussi quand on a imprimé son livre, on n'a pas manqué de le dédier à Cyrano de Bergerac.

(*l*). *Il m'a fort ennuyé.* Il y a des morceaux éloquents dans ce livre; mais il faut avouer qu'il est diffus, et quelquefois déclamateur, qu'il se contredit, qu'il affirme trop souvent ce qui est en question, et surtout qu'il est fondé sur de prétendues expériences dont la fausseté et le ridicule sont aujourd'hui reconnus et sifflés de tout le monde.[11] Tenons-nous-en à ce dernier article qui est le plus palpable de tous. C'est cette fameuse transmutation qu'un pauvre jésuite anglais nommé Needham crut avoir faite de jus de mouton et de blé pourri, en petites anguilles; lesquelles produisaient bientôt une race innombrable d'anguilles. Nous en avons parlé ailleurs.[12]

On disait au jésuite Needham que cela n'était bon que du temps d'Aristote, de Gamaliel, de Flavien-Joseph, et de Philon, où l'on croyait que la génération s'opérait par la corruption, et que le limon d'Egypte formait des rats. Il répondait que notre Sauveur lui-même et ses apôtres avaient dit plusieurs fois qu'il faut que le blé pourrisse et meure pour lever et pour produire, et que par conséquent son blé pourri et son jus de mouton faisaient naître des races d'anguilles infailliblement. On avait beau lui répliquer que Jésus-Christ daignait se conformer aux idées fausses et grossières des paysans galiléens, ainsi qu'il daignait se vêtir à leur mode, parler leur langage, et observer tous leurs rites; mais que la sagesse incarnée devait bien savoir que rien ne peut naître sans germe; que son système était aussi dangereux qu'extravagant; que si on pouvait former des anguilles avec du jus de mouton, on ne manquerait pas

[11] On Voltaire's response to the *Système de la nature*, see *OC*, vol.74A, p.169-70.

[12] Voltaire repeatedly mocks the biologist John Needham, whom he dubs 'l'Anguillard'; see, for example, *La Défense de mon oncle* (*OC*, vol.64, p.239-40, 376-77).

de former des hommes avec du jus de perdrix; qu'alors on croirait pouvoir se passer de Dieu, et que les athées s'empareraient de la place. Needham n'en démordait point; et aussi mauvais raisonneur que mauvais chimiste, il persista longtemps à se croire créateur d'anguilles. De sorte que par une étrange bizarrerie un jésuite se servait des propres paroles de Jésus-Christ pour établir son opinion ridicule, et les athées se servaient de l'ignorance et de l'opiniâtreté d'un jésuite pour se confirmer dans l'athéisme. On citait partout la découverte de Needham. Un des plus intrépides athées m'assurait que dans la ménagerie du prince Charles à Bruxelles, il y avait un lapin qui faisait tous les mois des lapereaux à une poule. Enfin, l'expérience du jésuite fut reconnue pour ce qu'elle était; et les athées furent obligés de se pourvoir ailleurs.

Spinosa, circonspect et fort honnête homme. Nous l'appelons ici Barutz, parce que c'est son véritable nom. On ne lui a donné celui de Bénoît, que par erreur. Il ne fut jamais baptisé. Nous avons fait une note plus longue sur ce sophiste à la suite du petit poème sur *Les Systèmes*.[13]

(*m*). *Au puissant Langlevieux*. C'est ce même Langlevieux La Beaumelle, dont il est parlé ainsi dans un recueil de pièces imprimé en 1771.[14]

'Le sieur Labeaumelle en 1752, vendit à Francfort au libraire Esselinger pour dix-sept louis d'or, *Le Siècle de Louis XIV* dont il

note *l*, 37-42 W72P: ailleurs. //

note *l*, 42 K: *Systèmes*. ¶N.B. Vers 1771, les querelles sur les deux parlements, les révolutions du ministère, et les disputes sur la cause universelle augmentèrent le nombre des ennemis de M. de Voltaire; les philosophes parurent un moment vouloir s'unir aux prêtres contre lui: mais cette division entre des hommes qui devaient rester toujours unis, pour défendre la cause de la raison et de l'humanité, ne fut point durable. C'est à cette querelle passagère que M. de Voltaire fait allusion à la fin des Cabales.

note *m* W72P: [*note absent*]

note *m*, 2-70 W75G, K: parlé dans les notes sur l'épître de M. D'Alembert et ailleurs. ¶Ce même

[13] See below, p.234.

[14] The reference is to note (*g*) of the *Epître à M. D'Alembert*, first published in *Epîtres, satires, contes, odes, et pièces fugitives du poète philosophe* (1771). The text here reproduces *in extenso* that of the earlier note (*OC*, vol.73, p.464-68).

avait fait un libelle diffamatoire. Il le chargea de notes dans lesquelles il dit, qu'il soupçonne Louis XIV d'avoir fait empoisonner le marquis de Louvois son ministre dont il était excédé, et qu'en effet ce ministre craignait que le roi ne l'empoisonnât (tome III, pag. 269 et 271).

Que Louis XIV ayant promis à Mme de Maintenon de la déclarer reine, Mme la duchesse de Bourgogne irritée engagea le prince son époux, père du roi régnant, à ne point secourir Lile, assiégée alors par le prince Eugène, et à trahir son roi, son aïeul et sa patrie. Il ajoute que l'armée des assiégants jetait dans Lile des billets dans lesquels il était écrit: *Rassurez-vous, Français, la Maintenon ne sera pas reine, nous ne lèverons pas le siège.*

La Beaumelle rapporte la même anecdote dans les *Mémoires* qu'il a fait imprimer sous le nom de Mme de Maintenon (tome IV, pag. 109).

Qu'on trouva l'acte de célébration de mariage de Louis XIV avec Mme de Maintenon, dans de vieilles culottes de l'archevêque de Paris; mais qu'un tel mariage n'est pas extraordinaire, attendu que Cléopatre déjà vieille enchaîna Auguste (tome III, pag. 75).

Que le duc de Bourbon étant premier ministre fit assassiner Vergier, ancien commissaire de Marine, par un officier auquel il donna la croix de Saint-Louis pour récompense (tome III du *Siècle*, pag. 323).

Que le grand-père de l'empereur aujourd'hui régnant, avait, ainsi que sa maison, des empoisonneurs à gage (tome II, pag. 345).

Les calomnies absurdes contre le duc d'Orléans, régent du royaume, sont encore plus exécrables; on ne veut pas en souiller le papier. Les enfants de la Voisin, de Cartouche et de Damiens, n'auraient jamais osé écrire ainsi, s'ils avaient su écrire. L'ignorance de ce malheureux égalait sa détestable impudence.

Cette ignorance est poussée jusqu'à dire que la loi qui veut que le premier prince du sang hérite de la couronne au défaut d'un fils du roi, *n'exista jamais*.

Il assure hardiment que le jour que le duc d'Orléans se fit reconnaître à la cour des pairs, régent du royaume, le parlement suivit constamment l'instabilité de ses pensées; que le premier président de Maisons était prêt à former un parti pour le duc Dumaine, quoiqu'il n'y ait jamais eu de premier président de ce nom.

Toutes ces inepties écrites du style d'un laquais qui veut faire le bel esprit et l'homme important, furent reçues commes elles le méritaient, on n'y prit pas garde, mais on rechercha le malheureux qui pour un peu d'argent avait vomi tant de calomnies atroces contre toute la famille royale, contre les ministres, les généraux et les plus honnêtes gens du royaume. Le gouvernement fut assez indulgent pour se contenter de le faire enfermer dans un cachot le 24 avril 1753.

Après avoir publié ces horreurs, il se signala par un autre libelle intitulé *Mes pensées*, dans lequel il insulta nommément MM. d'Erlach, de Vateville, de Diesbach, de Sinner, et d'autres membres du conseil souverain de Berne qu'il n'avait jamais vus. Il voulut ensuite en faire une nouvelle édition; M. le comte d'Erlach en écrivit en France où La Beaumelle était pour lors; on l'exila dans le pays des Cévennes dont il est natif.

Il avait outragé la maison de Saxe dans le même libelle (pag. 108) et s'était enfui de Gotha avec une femme de chambre qui venait de voler sa maîtresse.

Lorsqu'il fut en France il demanda un certificat à Mme la duchesse de Gotha. Cette princesse lui fit expédier celui-ci.

'On se rappelle très bien que vous partîtes d'ici avec la gouvernante des enfants d'une dame de Gotha; qui s'éclipsa furtivement avec vous après avoir volé sa maîtresse; ce dont tout le public est pleinement instruit ici. Mais nous ne disons pas que vous ayez part à ce vol. A Gotha 24 juillet 1767, signé Roussault, conseiller aulique de Son Altesse Sérénissime.'

Ce même homme s'est depuis associé avec Fréron, et malgré tant d'horreurs et tant de bassesses, il a surpris la protection d'une personne respectable qui ignorait ses excès ridicules. Mais, *oportet cognosci malos*.[15]

[15] 'Evil men need to be recognised.'

Nous ajouterons à cette note que Boileau attaqua toujours des personnes dont il n'avait pas le moindre sujet de se plaindre, et que notre auteur s'est toujours borné à repousser les injures et les calomnies des Rollets de son temps. Il y avait deux partis à prendre, celui de négliger les impostures atroces que La Beaumelle a vomies pendant vingt ans, et celui de les relever. Nous avons jugé le dernier parti plus juste et plus convenable.

C'est rendre un service essentiel à plus de cent familles, de faire connaître le vil scélérat qui a osé les outrager.

Les ministres d'Etat, et tous ceux qui sont chargés de maintenir l'ordre public, doivent savoir que ces libelles méprisables sont recherchés dans l'Allemagne, dans l'Angleterre, dans tout le Nord; qu'il y en a de toute espèce; qu'on les lit avidement, comme on y boit pour du vin de Bourgogne les vins faits à Liège, que la faim et la malice produisent tous les jours de ces ouvrages infâmes, écrits quelquefois avec assez d'artifice; que la curiosité les dévore, qu'ils font pendant un temps une impression dangereuse; que depuis peu l'Europe a été inondée de ces scandales; et que plus la langue française a de cours dans les pays étrangers, plus on doit l'employer contre les malheureux qui en font un si coupable usage, et qui se rendent si indignes de leur patrie.

APPENDIX

Dorat, *Mon Réveil, épître bénévole* (1772)

This poem, Dorat's reply to the attack made on him by Clément, is also conceived as a response to, or at least a dialogue with, Voltaire. Dorat's poem was circulated in the *Correspondance littéraire* in the *livraison* of 15 July 1772,[1] just one month after *Les Cabales* was included in the same organ. Grimm introduces *Mon Réveil* as follows: 'M. Dorat vient de composer la clémentine que vous allez lire'; his use of the expression 'clémentine' further links this poem with Voltaire's earlier replies to Clément. There is no evidence that Voltaire responded to Dorat (as perhaps the latter was hoping); but an apparently unauthorised 1772 edition of *Les Cabales* included *Mon Réveil* (72D); and another pirated edition included Dorat's poem together with *Les Systèmes* (BnC 2385). Dorat would later write a verse 'Dialogue de Pégase et de Clément'.[2]

The text reproduced here is from the copy of the *Correspondance littéraire* now held in the Bibliothèque historique de la ville de Paris (ms c.p. 3856, f.109-110); the punctuation has been retained, the spelling modernised. The poem was subsequently included in the *Poésies de Dorat*, 4 vols (Geneva 1777), iii.57-59; variants are given from this edition (77).

---

[1] *Inventaire de la Correspondance littéraire*, 72:120.

[2] *Poésies de Dorat*, 4 vols (Geneva 1777), iii.89-96.

Mon Réveil
Epître bénévole

Cabalons pour Cloris, et faisons des chansons (Voltaire)

Las de cabales, de brochures,
O mes frères en Apollon,
Je ne vous dirai point d'injures;
Mais je vais vous parler raison.
Ce matin je suis pacifique;
L'air est serein, j'ai bien dormi.
Le calme d'un ciel embelli
A mon âme se communique.
Au printemps je suis peu caustique,
Et j'aime mieux, dans ce mois-ci (*)
Ma maîtresse, la république,
Et mes rivaux et mon ami.
Mon cœur fatigué se repose;
Il a besoin d'un sentiment:
Mais vous, mon cher Monsieur Clément,
Tâchez donc d'aimer quelque chose...
Ça, causons ensemble un moment.
   Tenez, soyons vrais; moi, je pense,
Quoiqu'exprès vous n'en disiez rien,
Que Voltaire pourrait fort bien
Etre un auteur plein d'éloquence.
Brutus survit à trente hivers;
Un tel argument persuade.
Même après avoir lu vos vers,
On goûte encor *La Henriade*.

(* [*marginal note*]) Cette petite pièce a été écrite au mois de mai.

1-4 77: [*absent*]
10 77: [*note absent*]

Modérez-vous, car je suis prêt,
Pour peu que l'on me contrarie,
D'adorer Agnès en secret,
D'aimer Zaïre à la folie,
Et de soupçonner du génie
Dans vingt scènes de *Mahomet*.
Faut-il tout risquer et tout dire?
J'en suis confus; mais, entre nous,
Je trouve que l'auteur d'*Alzire*
Répand, même dans la satire,
Plus de grâce et de sel que vous.
J'oserai plus: j'aime le style,
J'aime le vers plein et facile,
Le tour nombreux et cadencé
De ce traducteur de Virgile
Que dans une prose incivile
Vous avez durement tancé,
Contre l'esprit de l'Evangile;
Et moi-même si mal mené
Dans vos officieux libelles,
J'ai de temps en temps griffonné
D'assez plaisantes bagatelles.
Eh, croyez-moi, calmez vos sens.
Pensez-vous sortir des ténèbres
Par ces opuscules mordants?
Faut-il nuire aux pauvres vivants
Pour faire honneur aux morts célèbres?
Chaque dieu mérite un autel.
Ayons l'esprit doux, l'âme bonne:
Buffon, sans déchirer personne,

37 77: J'ose plus; j'aime assez le style
38 77: [*absent*]
39 77: Un peu froid, mais bien cadencé
49-50 77: [*two lines inverted*]

Court grand risque d'être immortel.
Mais, que fais-je? Quelle folie!
Moi, par des conseils indiscrets
Gêner la pente du génie!
Pardon, mon cher; je me soumets:
Votre étoile vous justifie.
Broyez du noir, lancez vos traits;
Goûtez les plaisirs de l'envie;
Versez le fiel sur les succès,
Et distinguez-vous désormais
Par ce doux emploi de la vie.
Pour nous, sachions le prix du temps:
Amis, accourez sur mes traces;
Sous les ombrages du printemps
Buvons à la concorde, aux grâces,
A la franchise, aux bons plaisants.
Dans des flots d'Aï pétillants
Noyons les souvenirs cuisants
De nos littéraires disgrâces;
Mêlons des palmes et des fleurs.
Je veux qu'on soit juste, qu'on s'aime,
Et que l'on pardonne aux sots même,
S'ils ne sont pas persécuteurs.

Les Systèmes

Edition critique

par

Catriona Seth

TABLE DES MATIÈRES

INTRODUCTION[1]

Voltaire a toujours réclamé pour lui-même le droit au doute voire à la contradiction ou à l'erreur. Auteur qui fuit dans sa pensée et son écriture tout esprit de système, il pourrait reprendre à son compte ces paroles de *L'A.B.C.* (1768): 'Moi! Je ne suis sûr de rien. Je crois qu'il y a un être intelligent, une puissance formatrice, un Dieu. Je tâtonne dans l'obscurité pour tout le reste. J'affirme une idée aujourd'hui, j'en doute demain; après-demain, je la nie; et je puis me tromper tous les jours' (M.xxvii.398). Un système, par définition, veut offrir une explication *a priori* du monde. Pour le *Dictionnaire de l'Académie* (1798), il s'agit d'un 'Assemblage de plusieurs propositions, de plusieurs principes vrais ou faux, liés ensemble, et des conséquences qu'on en tire, et sur lesquelles on établit une opinion, une doctrine, un dogme, etc.' Un système est donc une métaphysique qui prétend rendre compte de tout sans observer et comprendre. Locke, Newton et Bayle tirent seuls leurs épingles du jeu. Mis sur le même plan, théologiens et philosophes, induits en erreur, succombant à la tentation de tout expliquer, sont ici les cibles de Voltaire. Tous les auteurs de systèmes, selon *L'A.B.C.*, ne manquent de rire après coup de leurs propres prétentions. Dieu offre la voie et l'éclat de rire qui termine cette pièce engagée et complexe dans laquelle les notes contribuent à un impact d'ensemble représente l'envers joyeux d'autres combats tout aussi engagés mais plus sombres.

Le poème n'est pas une véritable satire *ad hominem* car les cibles sont tellement nombreuses que personne ne peut directement s'en offenser. Si Voltaire s'attaque nommément à des individus, Spinoza ou Descartes, par exemple, ce n'est qu'en tant qu'auteurs de systèmes. Voilà peut-être pourquoi le texte n'a pas déclenché

[1] A Christiane et Michel Mervaud, pourvoyeurs d'ouvrages de référence sur Voltaire et de conseils irremplaçables, va toute ma reconnaissance pour leur générosité intellectuelle et amicale.

une batterie de réponses hostiles alors que Voltaire lui-même estime qu'il ne peut y avoir de satire sans répliqu.[2] De fait, il s'attaque à tous les faiseurs de systèmes et le poème, tel qu'il se présente en premier lieu, est un chef d'œuvre de bonhomie. L'ensemble a la netteté d'un conte philosophique, le début semblant une version autre de l'*Il était une fois* de Perrault ou de Mme d'Aulnoy. La petite histoire est vivante; elle a l'efficacité d'une saynète avec les différents personnages esquissés par quelques traits caractéristiques et prenant la parole, le dénouement aussi d'un conte avec l'espèce de pointe qui sert de clausule au discours de l'archange Gabriel.

La versification n'offre aucun aspect remarquable avec l'enchaînement d'alexandrins à rimes plates qui respecte scrupuleusement l'alternance des rimes masculines et féminines. Tout au plus peut-on s'étonner du choix du mètre qui témoigne peut-être du changement général dans le goût, le décasyllabe, vers traditionnel du poème narratif (songeons à *La Pucelle*), le cédant de plus en plus à l'alexandrin. Soulignons que les dernières satires de Voltaire (à partir de 1770) sont toutes en dodécasyllabes à la différence des premières. De plus, les rimes plates sont celles qu'il choisit le plus souvent.[3]

Publiées plus tôt, *Les Cabales* montrent Voltaire s'érigeant contre toute forme de luttes intestines et de cliques intellectuelles, comme *Les Systèmes* mettent en valeur son opposition à toute construction métaphysique qui s'évertue à donner une explication du monde. Si Voltaire s'élève contre les systèmes, c'est qu'il réagit en digne disciple de Bayle qui 'enseigne à douter', mais aussi de Newton en qui il voit le modèle de l'homme de science, ou encore de Locke. L'article 'Barbe' des *Questions sur l'Encyclopédie* affirme qu'aucune construction intellectuelle ne saurait rendre compte de tout: 'Les systèmes sont comme les rats, qui peuvent passer par vingt petits

[2] D14025, 9 mars 1767: 'Toute satire en attire une autre, et fait naître souvent des inimitiés éternelles. [...] Je ne connais aucune satire qui soit demeurée sans réponse.'

[3] Les exceptions sont rares. Remarquons cependant le cas du *Pauvre Diable* (1760) dont les décasyllabes sont rimés selon des schémas variés.

trous, et qui en trouvent enfin deux ou trois qui ne peuvent les admettre' (M.xvii.550). L'erreur des concepteurs de systèmes est d'être métaphysiciens sans être physiciens, de prétendre offrir de l'univers une explication globale et *a priori*. C'est ainsi que sont confondus en une même condamnation les philosophes chrétiens et les athées, les auteurs de systèmes de l'Antiquité ou des Lumières. Voltaire reprend une idée similaire à son compte en écrivant à Mme Du Deffand le 19 février 1766 (D13179): 'J'ai du moins la consolation de voir que tous les fabricateurs de sistèmes n'en savent pas plus que moi, mais ils font tous les importants, et je ne veux pas l'être. J'avoue franchement mon ignorance.' Le *Précis de la philosophie ancienne* (*Nouveaux mélanges*) fait des philosophes des auteurs de systèmes par excellence. Ce sont, pour reprendre les mots même du poème, 'Les beaux esprits dont le savant caprice / D'un monde imaginaire a bâti l'édifice.' L'écrivain va jusqu'à mettre en doute leur propre foi dans ce qu'ils élaborent: 'Je ne crois pas qu'il y ait jamais eu un philosophe à système qui n'ait avoué à la fin de sa vie qu'il avait perdu son temps' (M.xx.213). *L'A.B.C.* l'affirme encore par l'intermédiaire du personnage A, un Anglais réfléchi, 'Tous les philosophes de bonne foi que j'ai vus m'ont avoué, quand ils étaient un peu en pointe de vin, que le grand Etre ne leur a pas donné une portion d'évidence plus forte que la mienne' (M.xxvii.398). Le vieillard de Ferney, fier d'avoir fait revivre son petit fief, recherche l'utile loin du 'pays des chimères' et cédera bientôt la parole à un autre vieillard, chargé de dialoguer avec Pégase, en affirmant ceci: 'Un bon cultivateur est mille fois plus utile / Que ne fut autrefois Hésiode ou Virgile' (vv.125-126) et d'exprimer très nettement le sentiment défendu par le patriarche au sein des *Systèmes*: 'Apprends que tout système offense ma raison' (v.152).

Avec ce texte, le combat continue. En effet, dans certains passages, l'intervention de Thomas d'Aquin par exemple, nous avons l'impression de lire une mise en vers des doutes du *Philosophe ignorant* publié six ans plus tôt, de retrouver des échos d'écrits antérieurs comme le *Dictionnaire philosophique* dont l'article 'Ame' offre de nombreux parallèles avec certaines idées exprimées ici. Si Voltaire reste fidèle à lui-même, il réagit notamment contre le *Système de la nature* paru en 1770 qui lui paraît semer la division dans le camp des philosophes et nuire, avec sa défense de l'athéisme, aux causes qu'il défend. Voltaire attaque donc, mais il attaque du point de vue d'un modéré, n'étant plus désormais un des extrémistes des Lumières. Galiani observe combien cette position est ironique eu égard au passé de l'écrivain: 'On voit clairement qu'il [Voltaire] est déiste par des égards politiques. Ainsi les athées ne le compteront pas parmi leurs ennemis, quoiqu'il écrive contre eux. C'est bien plaisant qu'on soit parvenu à un point, que Voltaire paraisse modéré dans ses opinions, et qu'il se flatte d'être compté parmi les protecteurs de la religion, et qu'il faille au lieu de le persécuter, le protéger et l'encourager.'[4] Faisant figure d'homme raisonnable, le patriarche rejoint dans ses attaques d'anciens adversaires, en particulier un certain nombre de penseurs chrétiens. Il oppose à Spinoza des arguments que nous retrouvons ailleurs par exemple chez le janséniste Louis Racine ou chez les deux cardinaux cités en note: Bernis et Polignac. Cela dit, le combat continue avec une efficacité autre. *Le Philosophe ignorant* était certes un petit livre, guère plus qu'un pamphlet par son format, portatif en diable, mais *Les Systèmes* l'est encore plus: Voltaire fait allusion à un poème dont nous pensons, après Besterman, que c'est des *Systèmes* qu'il s'agit. Il l'aurait écrit en une demi-journée.[5] Le recopier ne prendra, à celui qui souhaite s'en emparer, que peu de temps.

Qui plus est, à l'intérieur du poème, certains distiques sont mémorables et, surtout, deux vers-médailles ressortent. Le premier, chef d'œuvre d'ironie lorsque l'on connaît les annotations de

[4] Lettre de Galiani à Louise d'Epinay, 8 août 1772 (Louise d'Epinay et Ferdinando Galiani, *Correspondance*, éd. G. Dulac et D. Maggetti, t.iii (mars 1772-mai 1773), Paris 1994).

[5] Lettre aux d'Argental (D17778, 14 juin 1772): 'Tenez, mes anges, comme celà ne m'a coûté qu'une matinée à faire, vous perdrez encore moins de temps à le lire' (D17778).

Voltaire en marge des ouvrages de sa bibliothèque: 'Un livre, croyez-moi, n'est pas fort dangereux' (v.115), le second, que le peintre Huber s'empressa, avec bonne humeur, de retourner contre le patriarche: 'Imitez le bon Dieu qui n'en a fait que rire' (v.118).[6]

Le combat continue également dans la mesure où Voltaire s'attaque à ses cibles habituelles, reprenant parfois intégralement des idées ou des bouts de phrases. En plus des auteurs de systèmes, nous retrouvons d'autres profils qui s'esquissent, de Flavius Josèphe et tous les historiographes de la tradition juive au vers 6, aux docteurs de la Sorbonne, cibles de prédilection de Voltaire. Le combat s'engage surtout grâce à son *alter ego* M. de Morza, l'auteur de notes 'très instructives' qui figurent dans l'édition préparée par Chirol ainsi que dans celle des *Nouveaux Mélanges* (douzième partie) de la même année[7] et l'encadrée. La description figure dans les éditions de l'ouvrage et Voltaire se plaît à la répéter, avec des variations minimes, à différents correspondants. Les notes sont 'instructives', 'très instructives' (D17841 à Mme de La Tour du Pin à Saint Julien, 31 juillet), 'fort instructives pour la jeunesse' (D17846 à Jacques de Rochefort d'Ally, 3 août) ou encore 'très instructives pour la jeunesse qui veut être philosophe' (D17814 à Mme Du Deffand, 6 juillet). Morza, pseudo-exégète, se voit confier de fait la tâche essentielle du 'décodage' des affirmations contenues dans le texte. Voltaire ne désavoue pas le poème dont il fait circuler des exemplaires manuscrits; il laisse même son nom figurer en couverture mais il confie à un tiers fictif la responsabilité de l'annotation. C'est Morza qui va malmener le christianisme tout en décochant des fleurs à deux cardinaux dont Voltaire a été l'ami, Morza encore qui va attaquer ouvertement l'athéisme tant des anciens que du groupe des matérialistes contemporains.

[6] D17988, Huber à Voltaire, de Paris, le 30 octobre 1772 'Mais, monsieur, êtes-vous le seul être grave qu'on ait osé peindre sans son aveu? On a fait de tout temps des caricatures de l'être suprême. / Imitez le bon dieu, qui n'en a fait que rire.'

[7] Voir Nicholas Cronk, 'M. de Morza, l'homme et l'œuvre', *Les Notes de Voltaire: une écriture polyphonique*, études présentées par Nicholas Cronk et Christiane Mervaud, *SVEC* 2003:03, p.187-206.

Les Systèmes se présente donc comme le résumé d'une vie de combat contre l'Infâme mais aussi de lectures diverses; comme toujours, c'est la dénonciation des erreurs humaines qui est au centre des préoccupations du vieux lutteur.

L'homme qui vit retiré à Ferney, entouré de livres, reste actif, s'inquiétant du devenir de son manuscrit, surveillant l'impression, évitant que, comme pour *Les Cabales*, des copies fautives des *Systèmes* circulent avant l'impression. Cramer, qui sert de truchement entre Voltaire et son imprimeur, reçoit de nombreuses lettres de Ferney s'inquiétant de la première édition. Vers le 15 juillet, Voltaire écrit ceci: 'Il faudrait savoir si Chirol ne peut pas commencer ce petit recueil par les Systèmes. Il est plus convenable d'en user ainsi que de commencer par le conte de la bégueule que l'on connaît assez, et qui n'est pas fait pour être mis avant un ouvrage sérieux' (D17830). Le propos témoigne de l'importance du poème aux yeux de son auteur. Une semaine plus tard, environ, le patriarche s'impatiente et réclame son manuscrit en nommant une fois de plus le texte qui ouvre le recueil: 'Je suis infiniment affligé de n'avoir pas les systèmes avec les notes. Je comptais sur cette édition il y a quelques jours. Ce contretemps me fait une peine extrême' (D17835).

Voltaire s'amuse à diffuser son poème avant l'impression à certains proches au sein de son réseau habituel de correspondants comme Marmontel,[8] les d'Argental, Bernis,[9] La Harpe[10] ou Mme Du Deffand. Cette dernière l'envoie à Walpole,[11] Julie de

[8] D17808, 1er juillet 1772 à D'Alembert: 'Mr Marmontel vous a t-il montré les systèmes?'

[9] Nous n'avons pas la lettre qui accompagne l'adresse du poème au cardinal poète mais sa réponse d'août 1772 (D17870) dans laquelle il remercie Voltaire des 'derniers vers qu['il lui a] envoyés' fait clairement allusion aux *Systèmes*.

[10] 29 septembre 1772, D17936: 'Je vous avais envoyé les cabales et les systèmes, mais vous étiez à la campagne.'

[11] *Correspondance complète de la marquise Du Deffand*, éd. Lescure (Genève 1971; réimpression de l'édition de Paris 1865), ii.285-86: 'Je ne me souviens plus si je vous ai envoyé les *Systèmes* et les *Cabales*. Wiart prétend que oui; si vous ne les avez pas, je vous les enverrai par quelque autre occasion.'

Lespinasse le fait parvenir à Condorcet qui le communique à son tour à Turgot. Voltaire aiguise au passage l'intérêt de Mme de La Tour du Pin,[12] de Saint-Julien et du chevalier de Rochefort d'Ally. Dès le 1er juillet 1772, le poème est inséré dans la *Correspondance littéraire*.

Si l'*Almanach des Muses* recense beaucoup des pièces de Voltaire, des *Systèmes* il ne dit mot; rien non plus dans l'*Année littéraire* de Fréron. Nous disposons en revanche des réactions de correspondants et d'amis, gagnés à la cause. Le 24 juin déjà, Julie de Lespinasse entretient Condorcet dans une lettre des récentes productions de Voltaire: 'Je vous ai envoyé les *Cabales*. Si je peux avoir une nouvelle feuille intitulée les *Systèmes*, je vous l'enverrai [...] elle est pleine de détails agréables et dignes de son meilleur temps.'[13] Peu de temps après, c'est au tour du futur époux de Sophie de Grouchy de donner son avis à Mme Suard: 'J'ai lu les *Cabales* et les *Systèmes*. Il y a des choses charmantes dans le dernier.'[14] De Limoges, Turgot remercie Condorcet de lui avoir fait parvenir les nouveaux poèmes de Voltaire et exprime une opinion commune à bien des lecteurs contemporains: 'J'ai été fort content des *Cabales* et des *Systèmes*, à quelques bagatelles près. On a beau dire, cet homme ne vieillit point, et donne le démenti à son extrait baptistaire pour mieux le donner à son baptême.'[15] La même évocation admirative de la fraîcheur des œuvres de vieillesse du patriarche se retrouve au détour d'une phrase de Mme d'Epinay annonçant à Galiani qu'elle compte lui envoyer les nouvelles productions de Voltaire: 'Cet

[12] D17841 (31 juillet): 'Vous ne manqueriez pas de vers ennuyeux si je savais comment vous faire tenir systèmes, cabales etc.'

[13] Julie de Lespinasse, *Lettres inédites à Condorcet, à d'Alembert, à Guibert, au comte de Crillon publiées avec des lettres de ses amis, des documents nouveaux et une étude par Charles Henry* (Genève, Slatkine; réimpression de l'édition de Paris 1887), p.80, lettre du 24 juin 1772.

[14] *Correspondance inédite de Condorcet et Madame Suard 1771-1791*, éditée, présentée et annotée par Elisabeth Badinter (Paris 1988), lettre XLII, p.82.

[15] Lettre de Turgot à Condorcet du 14 juillet 1772. *Correspondance inédite de Condorcet et de Turgot (1770-1779)*, publiée par Charles Henry, édition de 1883 (Genève, Slatkine Reprints, 1970).

homme n'a pas 99 ans dans ses ouvrages. C'est un phénomène bien étrange.'[16] Ce sont les seuls *Systèmes* qui excitent l'admiration du marquis de Mora lui aussi séduit par la vigueur du poète de soixante-dix-huit ans ainsi qu'il s'en ouvre à Condorcet: 'Vous aurez peut-être vu *les Systèmes* de Voltaire. En vérité, cet homme est un vrai phénix. Le voilà de nouveau poète, comme il était à vingt ans.'[17] Frédéric II prend également sa plume: 'J'ai vu des vers bien supérieurs à ceux qui m'ont amusé lorsque j'avais la goutte; ce sont les *Systèmes* et la *Cabale*. Ces morceaux sont aussi frais et d'un coloris aussi chaud que si vous les aviez faits à l'âge de vingt ans. On les a imprimés à Berlin, et ils vont se répandre dans tout le nord' (D17861) et, peu après, Mme Du Deffand s'enthousiasme: 'Vos Systèmes sont divins, je les connaissais ainsi que vos cabales. Vos notes sont excellentes et très utiles à des lecteurs aussi ignorants que moi' (D17884, le 24 août 1772). Voltaire lui avait vanté deux semaines plus tôt les informations jointes à ses vers: 'Pour peu que vous vouliez connaître le Système de Spinosa vous le verrez assez proprement exposé dans les notes. Si vous aimez à vous moquer des systèmes de nos rêveurs, il y aura encore de quoi vous amuser' (D17854, 10 août 1772).

Le succès de l'ouvrage est confirmé par la publication d'une édition berlinoise signalée par Frédéric II à son ami dans une lettre (D17861)[18] ou encore sa traduction en italien.[19] Nous pouvons peut-être considérer comme une réponse indirecte la réflexion de Condorcet dans une lettre adressée à Turgot le 11 août 1772:

[16] Lettre du 20 juin 1772 (Louise d'Epinay et Ferdinando Galiani, *Correspondance*). Les annotateurs de l'édition citée signalent que 99 est très certainement une erreur de plume de la rédactrice: Voltaire était dans sa 79e année. L'on pourrait être tenté de croire que les 'deux nouvelles productions' de Voltaire envoyées par Louise d'Epinay à l'abbé italien sont *Les Systèmes* et *Les Cabales* d'autant que Galiani répond en évoquant le déisme de l'écrivain, mais la date pourrait donner le démenti à cette interprétation.

[17] Lettre à Condorcet, le 1er juillet 1772, citée dans Julie de Lespinasse, *Lettres inédites*, p.267.

[18] Besterman note que cette édition n'a pas été retrouvée.

[19] Renseignement aimablement communiqué par Laurence Macé.

Le monde me paraît ressembler à la machine de Swift pour déboucher les bouteilles, ce grand effet était produit par l'engrainement d'une soixantaine de roues qui écrasaient entre leurs dents de pauvres insectes. Mais l'effet était produit et les insectes admiraient la machine quand ils avaient pu s'échapper avec une demi-douzaine de pattes cassées. Il est difficile que ceux qui veulent voir un machiniste dans tout cela y voient un bon horloger. N'y a-t-il pas un ancien qui a prétendu que le grand Etre avait abandonné l'arrangement de cette terre à un génie novice qui y avait fait beaucoup de sottises. Cet ancien avait raison et il me paraît qu'en raisonnant conséquemment d'après les phénomènes et la volonté déterminée de voir une cause intelligente c'est ce qu'on peut conclure de plus raisonnable.

Editions[20]

Il n'y a pas de manuscrit autographe connu du texte. Nous savons que Voltaire l'a fait circuler à des amis et qu'il a été recopié dans les différentes copies de la *Correspondance littéraire*. La liste des papiers de Julie de Lespinasse inclut l'indication de la présence d'une version du texte dont nous ne savons qui l'avait copiée.

Texte de base

L'édition de base retenue est celle dont Voltaire s'est lui-même occupé à Genève.

Cruellement échaudé par les versions imparfaites des *Cabales* qu'un 'profane a si cruellement estropié[es]' (D17808, 1er juillet 1772 à D'Alembert), Voltaire s'empresse de faire paraître une brochure regroupant ses productions les plus récentes. Il se tient au courant des diverses étapes de la production (D17813, *c.*5 juillet 1772, à Gabriel Cramer): 'Envoyez-moi donc les Systèmes. On travaille encore aux cabales.' Vers le 10, le même destinataire a droit à un billet entièrement fait de questions et dont la principale n'est

[20] Nous remercions Martin Smith pour son concours dans l'établissement du texte.

autre que celle-ci: 'ne puis-je avoir les épreuves des Systèmes?' (D17821). Voltaire s'intéresse aux aspects matériels du petit recueil et notamment à l'ordre des pièces, préférant voir ses *Systèmes* avant 'le conte de la Bégueule'. Il se dit désolé que l'ouvrage ne lui soit pas encore parvenu vers le 20 juillet, demande que Chirol, l'imprimeur, lui renvoie son manuscrit comme s'il entendait ainsi éviter des copies fautives et il ajoute à ses requêtes exprès l'observation suivante: 'Il ne faut pas qu'il y ait chez Chirol une ligne de ma main.' L'édition semble avoir été enfin achevée dans les derniers jours de juillet. C'est ce qui ressort de différentes lettres. Il s'agit d'une réponse à un recueil dont se plaint Voltaire (D17814, 6 juillet 1772): 'On a imprimé à Paris les *cabales*, la *bégueule*, *Jean qui pleure et qui rit*, et on les a cruellement défigurés. Je vous en ferai tenir dans quelques semaines une petite édition avec des notes très instructives pour la jeunesse qui veut être philosophe.' [21]

SC72

LES SYSTEMES / *ET* / LES CABALES, / *AVEC* / DES NOTES INSTRUCTIVES / *ENSUITE* / LA BEGUEULE, / *ET* / JEAN QUI PLEURE ET QUI RIT. / [*ligne décorative*] / [Genève] 1772. / [*ligne décorative*]

8°. 54 pp.

Bengesco 700, BnC 2341-2343.

Paris, BnF: Ye 34997, Z. Bengesco 185, Z. Bengesco 985.

Texte de base.

S72

LES SYSTEMES / AVEC / DES NOTES INSTRUCTIVES./ *Nouvelle édition, corrigée et augmentée*. (Les Cabales. La Bégueule; conte moral. Jean qui pleure, et qui rit, etc.) Genève[?], 1772.

48 pp.

Londres, BL: 11475.df.34.(6.)

[21] Besterman pense qu'il s'agit de *Les Systèmes et les Cabales, avec des notes instructives. Ensuite la Bégueule, et Jean qui pleure et qui rit* ([Genève] 1772).

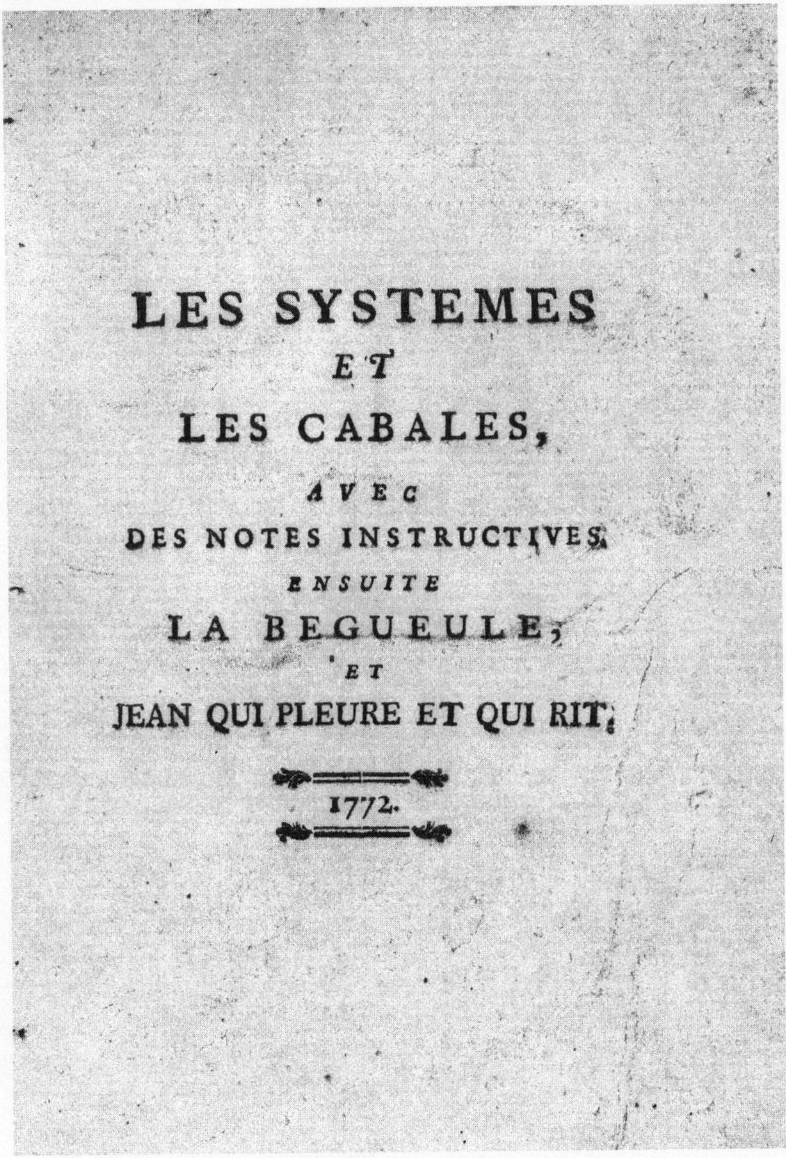

LES SYSTEMES
ET
LES CABALES,
AVEC
DES NOTES INSTRUCTIVES,
ENSUITE
LA BEGUEULE,
ET
JEAN QUI PLEURE ET QUI RIT.

1772.

2. *Les Systèmes*, SC72, title page

LM73

LES / LOIX DE MINOS, / *TRAGÉDIE.* / AVEC LES NOTES / DE / MR. *de MORZA*, / ET PLUSIEURS PIECES / CURIEUSES DÉTACHÉES. / [*ornement*] / [*filet gras-maigre décoré*] / [Genève, Cramer,] 1773.

8°. xvi-395 pp.

Bengesco 291. BnC 996-998.

Paris, BnF: Yf. 12118, Rés. Z. Bengesco 116.

N73

NOUVEAUTÉS / 1773 [*dans un cadre*] [s.l.n.d]. 8°.

BnC 2016.

11-15 Les Systèmes

Paris, BnF: Zz.3879.

EH73

ÉPITRE / DE M. DE VOLTAIRE / A HORACE. / SUIVIE DE LA REPONSE D'HORACE / ET DES SYSTÉMES. / [*ornement*] / A FERNEY, / [*ligne*] / 1773.

8°. 19 [25] pp.

Bengesco 253.

BnC 2151.

Paris, BnF: Rés. Z. Beuchot 253.

SSD

LES SISTÈMES. [s.l.n.d.]. 8°. 8 pp.

Bengesco 698.

BnC 2385.

Paris, BnF: Rés. Z. Beuchot 835 (pas de page de titre).

NM

Nouveaux Mélanges philosophiques, historiques, critiques, etc. [Genève, Cramer] 1765-1775. 19 vol. 8°.

Tome 12 (1772): 259-76 Les Systèmes.

Bengesco 2212; BnC 111-135 (127); Trapnell NM.

Oxford, Taylor: V.1.1770.G/1(46). Paris, BnF: Rés. Z Bengesco 487 (12).

EJ

L'Evangile du Jour, t.ix (1773), p.1-11.

BnC 5264-5265.

Paris, BnF: D² 53009, Rés. Z. Bengesco 378(9), Rés. Z. Bengesco 377(9), Rés. Z. Beuchot 290(9).

W72P

Œuvres de M. de V.... Neuchâtel [Paris, Panckoucke], 1771-1777. 34 ou 40 vol. 8° et 12°.

Tome 15 (1773): 185-96 Les Systèmes.

Bengesco 2140; Trapnell 72P; BnC 152-57.

Paris, Arsenal: Rf. 14095.

W70L

Collection complète des œuvres de M. de Voltaire. Lausanne, Grasset, 1770-1781. 57 vol. 8°.

Tome 39 (1773): 335-54 Les Systèmes.

Bengesco 2138; Trapnell 70L; BnC 149 (1-6, 14-21, 25).

Lausanne, Bibliothèque cantonale et universitaire. Oxford, Taylor: V.1.1770L (39).

W68

Collection complète des œuvres de M. de Voltaire. [Genève, Cramer; Paris, Panckoucke] 1768-1777. 30 vol. 4°.

Tome 20 (1774): 87-98 Les Systèmes.

Les volumes 1-24 ont été produits avec la collaboration de Voltaire.

Bengesco 2137; Trapnell 68; BnC 141-44.

Oxford, Taylor: VF. Paris, BnF: Rés. M Z 587.

W71

Collection complète des œuvres de M. de Voltaire. Genève [Liège, Plomteux], 1771-1777. 32 vol. 12°.

Tome 20 (1775): 74-85 Les Systèmes.

Bengesco 2139; Trapnell 71; BnC 151.

Taylor, VF. Genève, ImV: A 1771/1(20).

W75G

La Henriade, divers autres poèmes et toutes les pièces relatives à l'épopée. Genève, [Cramer & Bardin] 1775. 37 [40] vol. 8°.

Tome 13: 256-58 Les Systèmes.

L'édition *encadrée*, produite en partie avec la collaboration de Voltaire.

Bengesco 2141; Trapnell 75G; BnC 158-161.

Genève, ImV: A 1775/2 (13). Oxford, Taylor: V.1.1775 (13); VF. Paris, BnF: Z 24839-24878.

K

Œuvres complètes de Voltaire. [Kehl] Société littéraire-typographique, 1784-1789. 70 vol. 8°.

Tome 14: 218-29 Les Systèmes.

Bengesco 2142; Trapnell K; BnC 164-169.

Oxford, Taylor: VF. Paris, BnF: Rés. P Z 2209 (14).

Principes de cette édition

Les éditions suivantes ont été collationnées: NM, LM73, N73, EH73, SSD, EJ, W68, W70L, W75G, K. Il n'est pas tenu compte des variantes de ponctuation, de majuscules, d'accents, d'orthographe ou des coquilles.

Traitement du texte de base

L'orthographe des noms propres de personnes et de lieux a été respectée. Les esperluettes ont été transcrites sous la forme longue 'et' (sauf dans les titres).

Le texte de 1772 a fait l'objet d'une modernisation portant sur la graphie, l'accentuation et la grammaire; l'utilisation du trait d'union a été normalisée selon l'usage moderne.

Les majuscules du texte de base n'ont été préservées que lorsqu'elles portent une valeur sémantique, mais il n'a pas été tenu compte de variantes dans ce domaine.

Ont notamment été modernisés ou corrigés les mots suivants:
aîles, amans, ames, à peu-près, apperçu, argumens, assûra, atômes, au-lieu, bienfaisans, courans, courier, croiait, dévôts, dez, diette, distilés, elémens, enfans, exjésuite, fut (pour fût), géans, ignorans, inéfable, loix, long-tems, mal-à-propos, nâquit, par tout, par-tout, phisique, piés, planettes, plutôt (pour plus tôt), poix-résine, rabin, raports, savans, sçu, serpens, subsisterent, sur-tout, synthese, systême, tems, théorêmes, tournoiants, très-supérieure, vingt-mille, vuide.

LES SYSTÈMES

Lorsque le seul Puissant, le seul Grand, le seul Sage,
De ce monde, en six jours, eut achevé l'ouvrage,
Et qu'il eut arrangé tous les célestes corps;
De sa vaste machine il cacha les ressorts,
Et mit sur la nature un voile impénétrable.
J'ai lu chez un rabbin que cet Etre ineffable
Un jour, devant son trône, assembla nos docteurs,[1]
Fiers enfants du sophisme, éternels disputeurs;
Le bon Thomas d'Aquin (*a*), Scot (*b*), et Bonaventure (*c*),[2]
Et jusqu'au Provençal élève d'Epicure (*d*),
Et ce maître René (*e*), qu'on oublie aujourd'hui,
Grand fou persécuté par de plus fous que lui;
Et tous ces beaux esprits dont le savant caprice
D'un monde imaginaire a bâti l'édifice.
Çà, mes amis, dit Dieu, *devinez mon secret:*
Dites-moi qui je suis, et comment je suis fait.

7 EH73: Un jour pour s'amuser,
9 SSD: Scot, Bonaventure
10 EH73: Provençal [*avec une note:*] (a) Gassendi
11 EH73: René [*avec une note:*] (b) Descartes

[1] Le titre a souvent valeur ironique chez Voltaire. Que l'on se souvienne simplement de ce vers du *Poème sur le désastre de Lisbonne*: 'Je suis comme un docteur; hélas! je ne sais rien' (v.176).

[2] La *Lettre de Charles Gouju à ses frères* signale que 'Le cordelier St Bonaventure et le Jacobin St Thomas ne sont presque jamais du même avis' et ajoute: 'eh bien, ne pensez ni comme Thomas ni comme Bonaventure' (M.xxiv.258) alors que *Les Questions de Zapata* affirment ceci: 'Dieu nous jugera selon nos œuvres, et non selon les idées de Thomas ou de Bonaventure' (*OC* t.62, p.406). *Le Philosophe ignorant* relègue les désaccords des théologiens à un rang négligeable: 'Qu'importe à l'Etat qu'on soit du sentiment des réaux ou des nominaux, qu'on tienne pour Scot ou pour Thomas' (*OC* t.62, p.98).

Et dans un supplément dites-moi qui vous êtes:
Quelle force, en tous sens, fait courir les comètes;
Et pourquoi, dans ce globe, un destin trop fatal,
Pour une once de bien, mit cent quintaux de mal.[3]
Je sais que, grâce aux soins des plus nobles génies,
Des prix sont proposés par les académies:
J'en donnerai. Quiconque approchera du but,
Aura beaucoup d'argent, et fera son salut.
Il dit. Thomas se lève à l'auguste parole,
Thomas le Jacobin, l'Ange de notre école,[4]
Qui de cent arguments se tira toujours bien,
Et répondit à tout, sans se douter de rien.[5]
Vous êtes, lui dit-il, *l'existence et l'essence*, (*f*)[6]

18 SSD: Quelles forces
18 N73: en tout sens
18 SSD: font mouvoir les
24 EH73: essence [*avec une note:*] (c) Propres paroles de St. Thomas d'Aquin.

[3] La même image se retrouve dans le *Fragment sur l'histoire générale* mais pour opposer vérité et mensonges plutôt que bien et mal: 'Il fallut presser cent quintaux de mensonges pour en extraire une once de vérité' (M.xxix, article 5, §45).

[4] Thomas d'Aquin est surnommé 'docteur angélique' par les catholiques. Dans *Le Philosophe ignorant*, saint Thomas est également désigné par la périphrase 'l'ange de l'école' (*OC* t.62, p.43).

[5] Thomas d'Aquin est plusieurs fois la cible de Voltaire, par exemple dans les articles 'Ange' et 'Catéchisme chinois' du *Dictionnaire philosophique*, dans *Le Philosophe ignorant* (§23, *OC* t.62, p.56) ou encore dans l'article 'Ame' des *Questions sur l'Encyclopédie* (M.xvii.133).

[6] Il s'agit très exactement de la conclusion de l'article 4 de la question III de la *Summa theologica* (BV3292): '*An in Deo sit idem essentia, & esse*' qui dit ceci: 'Dieu étant la première cause efficiente, un acte pur, et absolument le premier de tous les êtres, son essence et son être ne sont pas distincts.' (Nous nous appuyons sur *La Somme théologique de Saint Thomas traduite intégralement en français, pour la première fois*... par l'abbé Drioux, Paris, Eugène Belin, 1851; ici i.35.)

Simple[7] *avec attributs, acte pur et substance,*[8]
Dans les temps, hors des temps: fin, principe et milieu,[9]
Toujours présent partout sans être en aucun lieu.[10]
L'Eternel, à ces mots, qu'un bachelier admire,[11]
Dit: *courage, Thomas!* et se mit à sourire.
Descartes prit sa place avec quelque fracas,
Cherchant un tourbillon[12] qu'il ne rencontrait pas;

31 EH73: Dans le temps, hors du temps

[7] L'article 7 de la question 3, 1e partie, de la *Summa theologica* répond à la question 'Dieu est-il absolument simple?' (*An Deus sit omnino simplex*) en s'appuyant sur saint Augustin: 'Dieu étant l'être premier, la cause première, un acte pur et son être même, il est absolument simple' (i.39). Voltaire s'érige contre ce qualificatif dans le Doute XXIII 'Un seul artisan suprême' du *Philosophe ignorant* (voir *OC* t.62, p.56-57).

[8] L'article 3 de la question III de la première partie de la *Somme* de Thomas d'Aquin assure ceci: 'Dieu n'étant pas composé de matière et de forme, il est la même chose que son essence et sa nature' (i.34).

[9] La question X de la première partie de la *Summa* traite précisément de l'éternité de Dieu.

[10] La Question VIII de la première partie de la *Summa* s'interroge sur l'existence de Dieu dans les êtres en concluant notamment que Dieu est partout. Nous retrouvons les mêmes idées reformulées ainsi dans le doute XXII du *Philosophe ignorant*: 'St Thomas nous dit, *que Dieu est un pur acte, une forme, qui n'a ni genre, ni prédicat, qu'il est la nature et le suppôt, qu'il existe essentiellement, participativement, et noncupativement*' (*OC* t.62, p.56).

[11] Saint Thomas est l'un des inspirateurs de la philosophie scolastique qui a longtemps été enseignée dans les universités, notamment la Sorbonne, ce qui explique qu'un bachelier puisse admirer ses paroles.

[12] Ainsi que le rappelle le *Dictionnaire de l'Académie* (1798): 'Les Philosophes appellent *Tourbillon*, Une quantité de matière qu'on suppose tourner autour d'un astre. *Le Tourbillon du Soleil. Le Tourbillon de la Terre. Le Tourbillon de Jupiter.*' Voltaire attaque ici la théorie malebranchiste des tourbillons qu'il critiquait déjà dans les *Eléments de la philosophie de Newton* (1738): 'Des vibrations du corps lumineux impriment, selon lui, des secousses à de petits tourbillons mous capables de compression, et tous composés de matière subtile' (*OC* t.15, p.270-71) et dans *Tout en Dieu, commentaire sur Malebranche* (1769).

Voltaire se moque de la physique de Descartes en reprenant ses termes: 'tourbillon', 'matière subtile', etc. Il en va de même dans *Le Philosophe ignorant* (*OC* t.62, p.35) où nous lisons ceci: 'Ce Descartes surtout, après avoir fait semblant de douter, parle d'un ton si affirmatif de ce qu'il n'entend point; il est si sûr de son fait

Et le front tout poudreux de matière subtile,
N'ayant jamais rien lu, pas même l'Evangile.
  Seigneur, dit-il à Dieu; *ce bon homme Thomas*
Du rêveur Aristote a trop suivi les pas.
Voici mon argument, qui me semble invincible:
Pour être, c'est assez que vous soyez possible (*g*).[13]
Quant à votre univers, il est fort imposant;
Mais, quand il vous plaira, j'en ferai tout autant (*h*):
Et je puis vous former d'un morceau de matière
Eléments, animaux, tourbillons et lumière,
Lorsque du mouvement je saurai mieux les lois.[14]
Dieu sourit de pitié pour la seconde fois.[15]
  L'incertain Gassendi, ce bon prêtre de Digne,
Ne pouvait du Breton souffrir l'audace insigne,[16]

39 EH73: ce bonhomme

39 SSD: Dieu; votre bon saint Thomas

42 EH73: possible [*avec une note:*] (d) Argument de Descartes.

47 EH73: lois [*avec une note:*] (e) Il se trompe même sur quelques lois du mouvement.

49 EH73: Digne [*avec une note:*] (f) Il étoit de Digne, Ville de Provence.

50 SSD: De notre Tourangeau blâmait l'audace

---

quand il se trompe grossièrement en physique; il a bâti un monde si imaginaire; ses tourbillons et ses trois éléments sont d'un si prodigieux ridicule, que je dois me défier de tout ce qu'il me dit sur l'âme, après qu'il m'a tant trompé sur les corps.'

[13] Cette phrase résume l'innéisme de Descartes qui énonce des possibilités invérifiables. Elle correspond à la preuve ontologique de l'existence de Dieu présente à la fois dans la cinquième Méditation du *Discours de la méthode* et dans les *Principes*.

[14] Descartes revient plusieurs fois sur cette question, notamment dans le sixième chapitre du *Monde ou Traité de la lumière*.

[15] Voltaire a noté sur un signet placé dans une édition des *Méditations métaphysiques de René Descartes, touchant la première philosophie* (Paris 1724), la phrase suivante: 'demande pardon / a descartes, mais / touttes ses meditations / me paraissent des / réveries, ainsi que / sa phisique me / parait une chimere' (*CN*, iii.113).

[16] Pour Voltaire, Gassendi a le mérite d'avoir douté, d'être incertain de ce qu'avance Descartes. Ainsi qu'il le dit dans *Le Philosophe ignorant*: 'Gassendi se moqua comme il le devait de ce système extravagant' (*OC* t.62, p.36).

Et proposait à Dieu ses atomes crochus (*i*),[17]
Quoique passés de mode, et dès longtemps déchus.
Mais il ne disait rien sur l'essence suprême.
Alors un petit Juif, au long nez, au teint blême;
Pauvre, mais satisfait;[18] pensif et retiré;
Esprit subtil et creux, moins lu que célébré,[19]

54 SSD: Juif [*avec une note:*] Baruc Benjamin Spinosa, qu'on appelle Benoît Spinosa, parce que quelques lecteurs voyant B. Spinosa au titre, prirent ce B. pour Benoît, mais il ne pouvait avoir un prénom chrétien n'ayant jamais eu l'honneur d'être baptisé.

54 EH73: au nez long

54 EH73: blême [*avec une note:*] (g) *Baruch Spinosa*, qu'on appelle Benoît Spinosa, parce que quelques lecteurs voyant *B. Spinosa* au titre d'un de ses livres prirent ce B pour *Benoît*. Mais il ne pouvait avoir un pré-nom chrétien, n'ayant jamais eu l'honneur d'être baptisé.

55 SSD: modeste et retiré,
EH73: modeste, retiré,

[17] Si nous lisons dans *Sur l'âme* que '[les] atomes crochus ne firent jamais aucun mal au monde' (M.xvii.159), Voltaire est parfois plus critique: 'il resterait à savoir pourquoi ils sont crochus, et pourquoi ils cohèrent' écrit-il dans l'article 'Cohérence' des *Questions sur l'Encyclopédie* en rappelant (M.xviii.204) que 'Newton se moque des atomes crochus par lesquels on a voulu expliquer la cohérence'.

[18] Dans *Le Système vraisemblable* Voltaire utilise des termes proches à propos de Spinoza: 'satisfait de sa pauvreté; généreux dans cette pauvreté même' (M.xxxi.167). *Le Philosophe ignorant* développe la même idée: 'il renversait tous les principes de la morale, en étant lui-même d'une vertu rigide; sobre, jusqu'à ne boire qu'une pinte de vin en un mois; désintéressé, jusqu'à remettre aux héritiers de l'infortuné Jean de Wit une pension de deux cents florins que lui faisait ce grand homme; généreux, jusqu'à donner son bien; toujours patient dans ses maux et dans sa pauvreté, toujours uniforme dans sa conduite' (*OC* t.62, p.63). P. Vernière observe que Bayle a contribué à véhiculer cette image du philosophe vertueux. (*Spinoza et la pensée française avant la Révolution*, Paris 1954).

[19] D'après les exégètes, Voltaire, comme la plupart de ses contemporains, connaît surtout Spinoza à travers Bayle et Boulainvilliers (*Réfutation de Spinoza*, 1731). Or *Le Système vraisemblable* affirme ceci: 'On n'a eu qu'après sa mort son livre, qui passe pour un cours d'athéisme. Je ne sais si son livre mérite ce nom flétrissant; je l'ai lu avec toute l'attention dont je suis capable' (M.xxxi.167). Le seul ouvrage du Néerlandais à figurer dans le catalogue de la bibliothèque de Voltaire (BV3202) est le suivant: *Réflexions curieuses d'un esprit dés-intéressé sur les matières les plus importantes au salut, tant public que particulier* (Cologne, chez C. Emanuel, 1678).

Caché sous le manteau de Descartes son maître,
Marchant à pas comptés, s'approcha du grand Etre.
Pardonnez-moi, dit-il, en lui parlant tout bas;
Mais je pense, entre nous, que vous n'existez pas (*j*).
Je crois l'avoir prouvé par mes mathématiques.[20]
J'ai de plats écoliers,[21] *et de mauvais critiques.*[22]
Jugez-nous.– A ces mots, tout le globe trembla;
Et d'horreur et d'effroi St. Thomas recula.
Mais Dieu clément et bon, plaignant cet infidèle,
Ordonna seulement qu'on purgeât sa cervelle;
Et doucement l'exclut du sénat des savants:
Il partit, mais suivi de quelques partisans.
  Nos docteurs, qui voyaient avec quelle indulgence
Dieu daignait compatir à tant d'extravagance,
Etalèrent bientôt cent belles visions,
De leur esprit pointu[23] nobles inventions:

65 SSD, EH73: plaignant notre infidèle
66 SSD, EH73: qu'on guérît sa
67 K: Ne pouvant désormais composer pour le prix [W68, W70L, LM73, W75G: les prix],
68 EJ, W68, W70L, W75G, LM73, K: partit escorté de quelques beaux esprits.
69 SSD: Nos sages, qui
71 SSD: Eclatèrent bientôt en belles
72 SSD, EH73: leurs esprits pointus

[20] Faut-il rappeler que l'ouvrage essentiel de Spinoza, qui date de 1677, s'intitule *Ethique démontrée suivant l'ordre géométrique* (*Ethica modo geometrico demonstrata*)?

[21] Les 'plats écoliers' sont très certainement les fidèles du cercle de d'Holbach, matérialistes et monistes. *Le Philosophe ignorant* évoque les 'spinosistes modernes' (*OC* t.62, p.62).

[22] Le vers a connu une certaine célébrité sous forme de pièce détachée. Un article du *Mercure de France* (5 décembre 1807, p.477) propose de le mettre dans la bouche de Gall: 'Il nous semble que ce célèbre docteur pourrait prendre pour devise, le vers que Voltaire a mis dans la bouche de Spinosa: / J'ai de plats écoliers et de mauvais critiques. / Jugez-nous...'.

[23] Le *Dictionnaire de l'Académie* (1798) affirme ceci à la fin de l'article 'Pointu, ue': 'On dit familièrement, qu'*Un homme a l'esprit pointu*, pour dire, que C'est un homme qui cherche toujours a subtiliser sur tout, ou qui dit de mauvaises pointes.'

Ils parlaient, disputaient, et criaient tous ensemble.
Ainsi, lorsqu'à dîner un amateur assemble[24]
Quinze ou vingt beaux esprits, faméliques auteurs,
Rimeurs, compilateurs, chansonneurs,[25] traducteurs;
La maison retentit des cris de la cohue,
Les passants ébahis s'arrêtent dans la rue.[26]
D'un air persuadé Mallebranche assura
Qu'il faut parler au Verbe, et qu'il nous répondra (*k*).
Arnaud dit que de Dieu la bonté souveraine,
Exprès pour nous damner, forma la race humaine (*l*).
Leibnitz avertissait le Turc et le Chrétien,
Que sans son harmonie[27] on ne comprendra rien (*m*);
Que Dieu, le monde et nous, tout n'est rien sans monades.

74 SSD, W68, W70L, EH73: dîner une vieille

74 SSD, EJ, W68, W70L, LM73, W75G, K: rassemble

74 SSD: rassemble [*avec une note:*] (a) L'auteur désavoue l'application que la malignité des Parisiens a faite de ce vers à une Dame très respectable et très connue, et qui reçoit chez elle des savants estimables, et non pas des chansonniers. *Note de l'Edit.*

75 SSD: Quinze à vingt

75 EJ, W68, W70L, LM73, W75G, K: vingt raisonneurs, auteurs, commentateurs,

84 SSD: Que dans son

85 SSD: tout n'était que monades

[24] La variante a été appliquée à Mme Geoffrin. La lettre de Condorcet à Mme Suard déjà citée et datée par Elisabeth Badinter de fin juin ou début juillet 1772 fait état de cette ambiguïté: 'les savants rassemblés chez une vieille est une méchanceté bien ridicule, si c'en est une'.

[25] Le *Dictionnaire de l'Académie* ne reconnaît que 'chansonniers'. L'homéotéleute donne un effet cocasse mais prolonge aussi l'assonance en 'eu' à connotation péjorative au sein de l'accumulation.

[26] Le poème *Les Cabales*, à peu près contemporain des *Systèmes* et dont le thème offre quelques similarités, contient un distique construit sur les mêmes rimes: 'Je sors, je me dérobe aux flots de la cohue; / Les laquais assemblés cabalaient dans la rue.'

[27] Une des attaques parfois lancées contre différents philosophes ou théoriciens était leur incapacité à définir clairement cette harmonie (voir le *Traité des systèmes*).

Le courrier des Lapons,[28] dans ses turlupinades (*n*),
Veut qu'on aille au détroit, où vogua Magellans,
Pour se former l'esprit, disséquer des géants.
Notre consul Maillet[29] (*o*) (non pas consul de Rome)
Sait comment ici-bas naquit le premier homme.
D'abord il fut poisson. De ce pauvre animal
Le berceau très changeant fut du plus fin cristal;[30]
Et les mers des Chinois sont encore étonnées
D'avoir, par leurs courants, formé les Pirénées.
Chacun fit son système; et leurs doctes leçons

86 EH73: Lapons [*avec une note:*] (h) Maupertuis

86 SSD: turlupinades [*avec une note:*] (b) *Moreau de Maupertuis*, de son vivant, on le peignit aplatissant, avec un air d'orgueil, la terre qu'il semblait mépriser: après sa mort la piété de sa famille lui a érigé dans la l'Eglise [*sic*] de S. Roch, un petit mausolée.

87 EJ, W68, W70L, LM73, W75G, K: Magellan

88 K: un géant

92 SSD: berceau vacillant

92 EH73: cristal [*avec une note:*] (i) Sentimens de Maillet, sous le nom de Telliamed;

L'édition séparée donne ceci en note: C'est aussi le sentiment du savant, du modeste, du hardi et de l'immortel Buffon. Voici ses paroles; elles sont remarquables: *La terre, dans le premier état, était un globe ou plutôt un sphéroïde de verre;* tome Ier, édition in-12, page 379.

[28] Maupertuis partit en 1736 avec une expédition officielle chargée d'y mesurer un arc du méridien.

[29] Voir, ci-dessus, *Les Cabales*, p.189. Voltaire fait référence à Benoît de Maillet, qui fut effectivement consul de France en Egypte et à Livourne et dont le *Telliamed*, sous-titré *Entretiens d'un philosophe indien avec un missionnaire français, sur la diminution de la mer, la formation de la terre, l'origine de l'homme etc.* avait longtemps circulé parmi les lecteurs de manuscrits clandestins avant d'être imprimé à Amsterdam en 1748.

[30] Dans l'*Histoire naturelle* (Paris 1769), i.379, nous lisons ceci: 'Je conçois donc que la terre dans le premier état étoit un globe, ou plutôt un sphéroïde de matière vitrifiée, de verre, si l'on veut, très-compacte, couvert d'une croûte légère et friable, formé par les scories de la matière en fusion, d'une véritable pierre ponce etc.'

Semblaient partir tout droit des petites-maisons.[31]
  Dieu ne se fâcha point: c'est le meilleur des pères:
Et sans nous engourdir par des lois trop austères,
Il veut que ses enfants, ces petits libertins,
S'amusent en jouant de l'œuvre de ses mains.
Il renvoya le prix à la prochaine année;
Mais il vous fit partir, dès la même journée,
Son ange Gabriel, ambassadeur de paix,
Tout pétri d'indulgence, et porteur de bienfaits.
  Le ministre emplumé vola dans vingt provinces,
Il visita des saints, des papes et des princes,
De braves cardinaux et des inquisiteurs,
Dans le siècle passé dévots persécuteurs.
Messeigneurs, leur dit-il, *le bon Dieu vous ordonne*
De vous bien divertir, sans molester personne.
Il a su qu'en ce monde on voit certains savants,
Qui sont, ainsi que vous, de fieffés ignorants:
Ils n'ont ni volonté, ni puissance de nuire:
Pour penser de travers, hélas! faut-il les cuire!
Un livre, croyez-moi, n'est pas fort dangereux;
Et votre signature est plus funeste qu'eux.

97 EH73: ne s'en fâcha
99 EJ, W70L: que ces enfants
104 SSD, EH73: Grand ami des cœurs purs, et
105 EH73: Le courrier emplumé
SSD: Le céleste courrier
108 EH73: les siècles passés
110 SSD, EH73: sans opprimer personne
116 LM73: signature & [*sic*] plus

[31] En marge de son exemplaire de Malebranche (p.419, ll.19-23), à propos de la phrase 'Nous croïons enfin que tous les esprits voyent les loix éternelles aussi-bien que les autres choses en Dieu, mais avec quelque différence...', Voltaire note ceci: 'confession / de foy / des petites / maisons' (*CN*, v.501).

En Sorbonne, aux Charniers (p), tout se mêle d'écrire:
Imitez le bon Dieu qui n'en a fait que rire.[32]

[32] *L'A.B.C.*, dix-septième entretien, 'Sur des choses curieuses' (M.xxvii.398-99) propose une approche similaire en évoquant certains des philosophes condamnés dans *Les Systèmes*. Par ailleurs, Voltaire paraît se targuer du dernier vers des *Systèmes* dans la lettre qu'il adresse à D'Alembert le 13 juillet 1772: 'Votre chût est fort bon; mais il n'est pas mal d'ordonner, de la part de Dieu à tous ceux qui voudraient être persécuteurs, de rire et de se tenir tranquilles' (D17824).

NOTES
Par Mr. DE MORZA.

(*a*) *Le bon Thomas d'Aquin....*

Nous n'avons de St. Thomas d'Aquin que dix-sept gros volumes bien avérés; mais nous en avons vingt et un d'Albert. Aussi celui-ci a été surnommé *le Grand.*[33]

(*b*) *Scot......*

Scot est le fameux rival de Thomas.[34] C'est lui qu'on a cru mal à propos l'Instituteur du dogme de l'Immaculée Conception; mais il fut le plus intrépide défenseur de l'Universel de la part de la chose.

(*c*) *Bonaventure......*

Nous avons de S. Bonaventure[35] le Miroir de l'âme, l'Itinéraire de l'esprit à Dieu, la Diète du Salut, le Rossignol de la Passion, le Bois de vie, l'Aiguillon de l'amour, les Flammes de l'amour, l'Art d'aimer, les Vingt-cinq mémoires, les Quatre vertus cardinales, les Sept chemins de l'éternité, les Six ailes des chérubins, les Six ailes des séraphins, les Cinq fêtes de l'enfant Jésu, &c.[36]

a [EH73 *n'a aucune note autre que celles de bas de page signalées dans les variantes du poème lui-même. Même remarque pour* SSD. N73 *n'a pas de notes du tout.*]

3 LM73: surnommé Grand

11 LM73: chérubins, les Cinq

12 W68, LM73, K: Jésus

[33] Albert désigne ici Albert de Cologne (vers 1206-1280), dit Albertus Magnus ou encore le docteur universel. *Le Grand Albert* est au dix-huitième siècle le plus répandu des ouvrages de magie populaire; il est cité par exemple dans *Le Diable boiteux* de Le Sage.

[34] Duns Scot (†1308), franciscain, docteur de l'Eglise sous le nom du 'Docteur subtil' fut en effet le rival le plus redoutable du docteur angélique. Voltaire se complaît à rapprocher leurs noms pour indiquer que chacun a tort autant que l'autre.

[35] Le docteur séraphique, Jean de Fidanza (1221-1274).

[36] Voltaire donne ici le titre exact ou approximatif de versions françaises des

(*d*)...*Provençal, élève d'Epicure.*

Gassendi, qui ressuscita pendant quelque temps le système d'Epicure. En effet, il ne s'éloigne pas de penser que l'homme a trois âmes, la végétative qui fait circuler toutes les liqueurs; la sensitive qui reçoit toutes les impressions; et la raisonnable qui loge dans la poitrine. Mais aussi il avoue l'ignorance éternelle de l'homme sur les premiers principes des choses; et c'est beaucoup pour un philosophe.

(*e*) *Et ce maître René.....*

Descartes était le contraire de Gassendi: celui-ci cherchait, et l'autre croyait avoir trouvé. On sait assez que toute la philosophie de Descartes n'est qu'un roman mal tissu, qu'on ne se donne plus la peine ni de réfuter, ni d'examiner. Quel homme aujourd'hui perd son temps à rechercher comment des dés tournant sur eux-mêmes dans le plein, ont produit des soleils, des planètes, des terres et des mers? Les partisans de ces chimères les appelaient les hautes sciences, et ils se moquaient d'Aristote, et ils disaient, nous avons de la méthode. On peut comparer le système de Descartes à celui de Lass,[37] tous deux étaient fondés sur la synthèse. Descartes vint dans un temps où la raison humaine était égarée.

24 LM73: comment les dés
27 LM73, K: sciences; ils

---

ouvrages du 'docteur séraphique' ou encore d'anthologies contenant des textes qui lui sont attribués: *Miroir de l'âme*, *L'Itinéraire de l'esprit à Dieu*, *La Diète du Salut*, *Le Rossignol* [Les éditions identifiées portent le nom poétique latin du rossignol, *Philomela*; il n'est pas impossible qu'il ait existé des traductions intitulées précisément *Le Rossignol de la passion*], *L'Aiguillon d'amour divine*, *L'Incendie de l'amour*, *L'Art d'aimer*, *Les Vingt-cinq mémoires*, *Les Quatre vertus cardinales*, *Les Sept chemins de l'éternité*, *Les Cinq fêtes de l'enfant Jésus*, *Les Six ailes du Séraphin*, *Les Six ailes du Chérubin* [parfois attribué à Alain de Lille]. Nous remercions l'Archevêché de Paris et la Documentation franciscaine de leur aide dans l'identification des textes.

[37] Encore aujourd'hui, les Français prononcent ainsi le nom du financier anglais John Law. Voltaire, sensible au décalage entre graphie et prononciation, évoque dans le *Précis du siècle de Louis XV* 'Un Ecossais, nommé Jean Law, que nous nommons Jean Lass'.

Lass se mit à philosopher en France, lorsque l'argent du royaume était plus égaré encore. Tous deux élevèrent leur édifice sur des vessies. Les tourbillons de Descartes durèrent une quarantaine d'années, ceux de Lass ne subsistèrent que dix-huit mois. On est plus tôt détrompé en arithmétique qu'en philosophie.

(*f*) ....*L'existence & l'essence, &c.*

Ce sont les propres paroles de St. Thomas d'Aquin. D'ailleurs toute la partie métaphysique de sa *Somme* est fondée sur la métaphysique d'Aristote.

(*g*) *Pour être, c'est assez que vous soyez possible.*

Voici où est (ce me semble) le défaut de cet argument ingénieux de Descartes. Je conclus l'existence de l'Etre nécessaire et éternel, de ce que j'ai aperçu clairement que quelque chose existe nécessairement et de toute éternité;[38] sans quoi il y aurait quelque chose qui aurait été produit du néant et sans cause, ce qui est absurde: donc un Etre a existé toujours nécessairement et par lui-même.[39] J'ai donc conclu son existence de l'impossibilité qu'il ne soit pas, et non de la possibilité qu'il soit. Cela est délicat, et devient plus délicat encore, quand on ose fonder la nature de cet Etre éternel et nécessaire.[40] Il faut avouer que tous ces raisonnements abstraits sont assez inutiles, puisque la plupart des têtes ne les comprennent pas.[41] Il serait assurément d'une horrible injustice et

44-45 K: et de lui-même

[38] La même idée figure dans la section 'Infini' (XVIII) du *Philosophe ignorant*: 'Cette intelligence [...] existe, donc elle a toujours existé, cela est clair' (*OC* t.62, p.50).

[39] Voltaire revient ici sur des points qu'il a développés dans le *Philosophe ignorant* (*OC* t.62, p.47-48).

[40] Voir encore *Le Philosophe ignorant*: 'Cette intelligence [l'intelligence suprême] est-elle éternelle? Sans doute; car soit que j'aie admis ou rejeté l'éternité de la matière, je ne peux rejeter l'existence éternelle de son artisan suprême; et il est évident que s'il existe aujourd'hui, il a existé toujours' (*OC* t.62, p.49).

[41] Voir le doute XIX du *Philosophe ignorant*: 'les choses que si peu de personnes peuvent se flatter d'entendre, sont inutiles au reste du genre humain' (*OC* t.62, p.52).

d'un énorme ridicule, de faire dépendre le bonheur et le malheur éternel du genre humain de quelques arguments que les neuf-dixièmes des hommes ne sont pas en état de comprendre. C'est à quoi ne prennent pas garde tant de scolastiques orgueilleux et peu sensés qui osent enseigner et menacer.[42] Quand un philosophe serait le maître du monde, encore devrait-il proposer ses opinions modestement. C'est ainsi qu'en usait Marc Aurele et même Julien.[43] Quelle différence de ces grands hommes à Garasse,[44] à Nonote, à l'abbé Guion[45], à l'auteur de la gazette ecclésiastique,[46] au malheureux Paullien l'ex-jésuite,[47] et à tant d'autres polissons!

54 EJ, W68, W70L, LM73, W75G: scholastiques
60 LM73: à Paulien
W68, W75G, K: à Paulian
60 W68, LM73, W75G, K: à tant d'autres!

[42] Le passage compris d''Il faut avouer...' à '...menacer' est à bien des égards une reformulation de la quatrième partie du *Philosophe ignorant* intitulée 'M'est-il nécessaire de savoir?' (*OC* t.62, p.34).

[43] Voltaire a publié le *Discours de l'empereur Julien contre les chrétiens. Trad. par Mr le marquis d'Argens*, en fait une version annotée et amplifiée de la traduction par d'Argens de la défense du paganisme de l'empereur romain qui lui offre une nouvelle voie d'attaque contre le christianisme. Voir *OC* t.70B.

[44] De François Garasse, Voltaire possède *La Doctrine curieuse des beaux-esprits* (Paris 1624; BV1429).

[45] Claude-Marie Guyon, abbé, un temps oratorien, historien, apologiste, adversaire, avec Desfontaines, de Voltaire et auteur en particulier de *L'Oracle des nouveaux philosophes. Pour servir de suite et d'éclaircissement aux œuvres de M. de Voltaire* (Berne [Paris] 1759; BV1586).

[46] *La Gazette ecclésiastique* est l'un des titres donnés aux *Nouvelles ecclésiastiques ou Mémoires pour servir à l'histoire ecclésiastique* dont les principaux auteurs, pour la période 1761-1793 sont, d'après le *Dictionnaire des journalistes* de Jean Sgard, Marc-Claude Guenin de Saint-Marc, Louis Guidi, Pierre-Etienne Gourlin, Noël Castéra de Larrière et Jean Hautefage. Le périodique se charge de faire l'histoire des persécutions jansénistes depuis la promulgation de la Bulle *Unigenitus*.

[47] Aimé-Henri Paulian, professeur de physique jésuite, est surtout connu comme apologiste et adversaire des philosophes avec le *Dictionnaire philosophico-théologique portatif* (1758, plusieurs rééditions), qui s'attaquait aux encyclopédistes et son *Véritable système de la nature* (1788) qui redonne un rôle essentiel à la révélation.

(*h*) *J'en ferai tout autant*

Donnez-moi de la matière et du mouvement, et je ferai un monde. Ces paroles de Descartes sont un peu téméraires; elles n'auraient pas été permises à Platon. Passe qu'Archimède ait dit: Donnez-moi un point fixe dans le ciel, et j'enlèverai la terre: il ne s'agissait plus que de trouver le levier. Mais qu'avec de la matière et du mouvement on fasse des organes sentants et des têtes pensantes, cela est bien fort. Je doute même que Descartes et le père Mersenne[48] ensemble eussent pu donner à la matière la gravitation vers un centre. Après tout, Descartes avait de la matière, et du mouvement, nous n'en manquons pas. Que ne travaillait-il? Que ne faisait-il un petit automate de monde?[49] Avouons que dans toutes ces imaginations, on ne voit que des enfants qui se jouent.

(*i*)......*Ses atomes crochus.*

Democrite, Epicure, Lucrèce avec leurs atomes déclinant dans le vide,[50] étaient pour le moins aussi enfants que Descartes avec ses tourbillons tournoyants dans le plein. Et l'on ne peut que déplorer la perte d'un temps précieux employé à étudier sérieusement ces fadaises par des hommes qui auraient pu être utiles.

Où est l'homme de bon sens qui ait jamais conçu clairement que des atomes se soient assemblés pour aller en ligne droite, et pour se détourner ensuite à gauche; moyennant quoi ils ont produit des

66 W68, W75G: organes pensans
66 K: pensantes, sitôt que DIEU y aura mis une âme, cela
73 W68, LM73, K: atomes déclinants

[48] Le père Marin Mersenne est auteur d'un traité d'harmonie mais aussi de *L'Impiété des déistes, athées et libertins de ce temps, combattue et renversée de part en part par raisons tirées de la philosophie et de la théologie, ensemble la réfutation du 'Poème des déistes'* (1624). Il a été l'un des correspondants de Descartes. Voltaire surnomme parfois Thiriot 'le Père Mersenne' dans ses lettres.

[49] La même idée se retrouve sous une autre forme dans une lettre à Condorcet du 1er septembre 1772 (D17896): 'Puisque ces messieurs veulent toujours imiter dieu qui créa, dit-on, le monde avec la parole, qu'ils disent donc comme lui, *fiat lux*.'

[50] Dans le doute XXIV du *Philosophe ignorant*, Voltaire parle d'avoir 'couru dans le vide en ligne droite avec les atomes d'Epicure' (*OC* t.62, p.57).

astres, des animaux, des pensées? Pourquoi de tant de fabricateurs de mondes,[51] ne s'en est-il pas trouvé un seul qui soit parti d'un principe vrai, et reçu de tous les hommes raisonnables? Ils ont adopté des chimères et ont voulu les expliquer; mais quelle explication! Ils ressemblaient parfaitement aux commentateurs des anciens historiens. La tour de Babel avait vingt mille pieds de haut: donc les maçons avaient des grues de plus de vingt mille pieds pour élever leurs pierres.[52] Le lit du Roi Og était de quinze pieds[53] et demi de long; donc la taille du Roi Og était de quinze pieds. Le Serpent qui eut de longues conversations avec Eve,[54] ne

89-90 W68, W75G, LM73, K: Le lit du Roi Og était de quinze pieds. Le Serpent

[51] Dans *Le Philosophe ignorant*, Voltaire appelle dieu 'cet éternel fabricateur' (*OC* t.62, p.52).

[52] Dans l'article 'Babel' du *Dictionnaire philosophique* (éd. C. Mervaud, *OC* t.35, p.393-94), Voltaire attribue l'information sur la hauteur de l'édifice à Saint Jérôme qui 'n'avait pas vu plus que moi la tour de Babel'. C. Mervaud signale que le détail vient de Calmet; ce dernier fournit la mesure en pas (4000), convertis en pieds par Voltaire. Voir également l'article 'Babel' des *Questions sur l'Encyclopédie* ainsi que les notes au chant IV de *La Pucelle*. Par ailleurs, la neuvième partie de l'*Instruction à frère Pediculoso* inclut l'injonction suivante: 'Priez-le [*Caïnam*] de vous conduire à la tour de Babel. Voyez si les restes de cette tour s'accordent avec les mesures que le révérend père *Kirker* en a données. Consultez *Paul Orose*, *Grégoire de Tours* et *Paul Lucas*.'

[53] Og, roi de Basan, est cité dans plusieurs livres de la Bible et son lit est évoqué dans Deutéronome iii.11. Moréri lui consacre un article dans lequel nous lisons ceci: '[On] montroit encore son lit de fer dans Rabbath, qui est une ville du pays des Ammonites; [...] ce lit avoit neuf coudées de long et quatre de large, c'est-à-dire, quinze pieds quatre pouces et demi de long, et six pieds dix pouces de large, selon la mesure d'une coudée ordinaire' (*Grand dictionnaire historique*, Paris 1749, viii.38). Dans son édition des *Questions de Zapata*, Jacqueline Marchand fait état des associations proprement spinozistes du choix de l'exemple (*OC* t.62, p.383) en s'appuyant sur Vernière (ii.511). En effet, Spinoza affirmerait que le chapitre de la Bible 'interpole certains mots dans le récit relatif à Og, roi de Basan: "Seul des autres géants Og, roi de Basan, subsista, et voilà, son lit était un lit de fer, certainement ce lit de neuf coudées de long qui est à Rabat chez les enfants d'Ammon, etc." Cette parenthèse indique très clairement que celui qui a écrit ces livres a vécu longtemps après Moïse. Sa façon de parler des choses est celle d'un auteur qui raconte de très vieilles histoires et qui, pour donner confiance, fait mention des reliques encore subsistantes de ce lointain passé' (*Tractatus*, ch. 8; *Œuvres complètes*, p.793).

[54] Voltaire revient plusieurs fois sur l'absurdité de prendre au pied de la lettre les

put lui parler qu'en hébreu; car il devait lui parler en sa langue pour être entendu, et non en la langue des Serpents.[55] Et Eve devait parler le pur hébreu, puisqu'elle était la mère des Hébreux, et que ce langage n'avait pu encore se corrompre. C'est sur des raisons de cette force que furent appuyés longtemps tous les commentaires et tous les systèmes. Hérodote a dit que le soleil avait changé deux fois de levant et de couchant; et sur cela on a recherché par quel mouvement ce phénomène s'était opéré. Des savants se sont distillés le cerveau pour comprendre comment le cheval d'Achille avait parlé grec,[56] comment la nuit que Jupiter passa avec Alcmene fut une fois plus longue qu'elle ne devait être, sans que l'ordre de la nature fût dérangé,[57] comment le soleil avait reculé au souper d'Atrée et de Thieste,[58] par quel secret Hercule était resté trois

99 W75G, K: distillé

---

conversations avec le serpent dans le jardin d'Eden, par exemple dans *L'Examen important de Milord Bolingbroke* dans lequel nous lisons au chapitre VI 'De la Genèse' l'affirmation suivante: 'il faut avouer qu'on ne peut s'empêcher de rire, quand on voit un serpent parlant familièrement à Eve' (*OC* t.62, p.193).

[55] Voir aussi *La Bible enfin expliquée* (M.xxx.9). L'*Instruction du gardien des capucins de Raguse à frère Pédiculoso, partant pour la Terre-Sainte* attaque directement Bochart sur la question de la langue parlée par le serpent tentateur: '*Bochart* vous dira quelle langue [le serpent] parlait, et quel air il siffla pour tenter *Eve*; mais prenez bien garde d'être sifflé' (M.xxvii.302). Le savant Samuel Bochart se déconsidéra aux yeux de Voltaire pour avoir proposé de voir en Noé l'ancêtre de toute l'humanité et en la langue hébraïque la mère de toutes celles parlées sur terre.

[56] D'après *L'Enéide*, au cours de la guerre de Troie, Achille prêta son armure à Patrocle qui fut tué. Achille se réconcilia avec Agamemnon et retourna combattre. Son cheval Xanthos (l'Alezan) reçut le don de la parole et celui de la prophétie et annonça à Achille sa fin prochaine.

[57] Les mythographes assurent que Zeus fit durer la nuit qu'il passa avec Alcmène l'espace de trois journées pleines en donnant au soleil l'ordre de ne point se lever. Dans *L'Examen important de Milord Bolingbroke*, Jupiter envoyant Mercure comme messager pour l'annoncer auprès d'Alcmène est jugé 'plus naturel, plus conforme à ce qui se passe tous les jours' que l'annonciation telle qu'elle est racontée dans les Evangiles (*OC* t.62, p.214).

[58] D'après la mythologie, pour qu'Atrée et non Thyeste devienne roi de Mycènes, Zeus commanda au soleil d'inverser son parcours. L'événement est antérieur, dans le cycle des Atrides, au célèbre souper.

jours et trois nuits enseveli dans le ventre d'une baleine,[59] par quel art au son d'un instrument les murs de....[60] Enfin on a compilé et empilé des écrits sans nombre pour trouver la vérité dans les plus absurdes et les plus insipides fables.

(*j*) *Mais je pense, entre nous, que vous n'existez pas.*

Spinosa, dans son fameux livre, si peu lu, ne parle que de Dieu;

[59] Voltaire oblige implicitement le lecteur à opérer le genre de syncrétisme qu'il pratique: derrière Hercule chacun devait voir Jonas. Il laisse entendre que les Juifs et les Chrétiens n'ont fait que piller les mythographes des civilisations qui ont précédé les leurs. Il évoquait déjà cet épisode inattendu de la légende d'Hercule dans les *Questions de Zapata*: 'Hercule fut enfermé trois jours dans le ventre d'une baleine; mais il y fit bonne chère, car il mangea sur le gril le foie de la baleine. Jonas ne fut pas si adroit' (*OC* t.62, p.398). Dans son édition, Jacqueline Marchand suggère que Voltaire a peut-être confondu le héros grec avec un personnage de l'*Histoire véritable* de Lucien qui fait griller une baleine qui l'avait avalée dans un premier temps; l'épisode a lieu dans une île au-delà des colonnes d'Hercule et après qu'une stèle consacrée à Héraklès a été saluée (p.399). Or la 'Traduction d'une lettre de Milord Bolingbroke' de *L'Examen important de Milord Bolingbroke* propose une source: le *Traité de la vérité de la religion chrétienne* de Grotius (dont Voltaire possède la traduction par Le Jeune, Amsterdam 1728; BV1555): 'C'est avec le même discernement que Grotius au chap. 16 liv. Ier, pour rendre l'histoire de Jonas vraisemblable cite un mauvais poète grec, Licophron, selon lequel Hercule demeura trois jours dans le ventre d'une baleine. Mais Hercule fut bien plus habile que Jonas, car il trouva le secret de griller le foie du poisson, et de faire bonne chère dans sa prison. [...] il faut avouer que rien n'est plus divin que ces deux aventures du prophète Jonas et du prophète Hercule' (*OC* t.62, p.357). Le texte de Grotius rendu par Le Jeune est le suivant: 'L'histoire du séjour que Jonas fit dans le ventre d'un grand poisson se trouve dans Lycophron, et dans Enéas de Gaza. Il est vrai qu'ils attribuent cela à Hercule.' Une note (numérotée 78) ajoute ceci: 'Ce Poète [Lycophron] représente Hercule tout vif dans le ventre d'un poisson [...] et remuant le foye de ce poisson dans son vaste corps, comme dans une chaudière, et sur un foyer sans feu' (p.79). Voltaire retourne donc ici les arguments d'un défenseur du christianisme contre lui.

[60] Si la mythologie grecque et romaine nous parle des murs de Thèbes dressés par Amphion grâce à sa lyre, une image tirée des Ecritures surgit également à l'esprit, celle de Josué faisant tomber les murailles de Jéricho en sonnant sa trompette (livre de Josué, vi). La 28e des *Questions de Zapata* demande ceci: 'Que répondrai-je à ceux qui demanderont comment les murs de Jérico tombèrent au seul son des trompettes, et pourquoi les autres villes ne tombèrent pas de même?' (*OC* t.62, p.390).

et on lui a reproché de ne point reconnaître de Dieu. C'est qu'il n'a point séparé la divinité, du grand tout qui existe par elle.[61] C'est le dieu de Straton,[62] c'est le dieu des Stoïciens.[63]

Jupiter est quodcumque vides, quòcumque moveris.[64]

C'est le dieu d'Aratus,[65] dans le sens d'une philosophie audacieuse.[66]

109 W75G, K: point connaître de

[61] Voltaire n'accepte pas cette proposition de Spinoza sur laquelle il revient dans *Le Système vraisemblable* (M.xxxi.167-68): 'Son Dieu est un composé de la nature entière, et sa nature est un composé de la matière et de l'intelligence: ces deux êtres forment un tout qui est unique; ces deux êtres si différents dont un seul être nécessaire, le seul être possible. Une substance (selon lui) n'en peut former une autre. Il n'y a donc qu'une seule substance; et cette substance, dans laquelle est l'intelligence, c'est là son Dieu. Tout ce qui existe n'est qu'un mode de Dieu.' En effet, pour Voltaire, il est essentiel de distinguer dieu de la nature qui émane de lui. La confusion, centrale au dogme de Spinoza, lui paraît intenable.

[62] *Le Philosophe ignorant* juge Spinoza athée 'comme Straton', le philosophe aristotélicien du IIIe siècle avant Jésus-Christ qui niait les causes finales et l'âme immatérielle (*OC* t.62, p.61).

[63] Voltaire reprend ici des arguments avancés par Bayle lui-même dans l'article 'Spinoza' de son dictionnaire: 'Le dogme de l'âme du monde, qui a été commun parmi les anciens et qui faisait la partie principale du système des Stoïques, est dans le fond celui de Spinoza.' Un peu plus loin, Bayle cite le vers de Lucain qui suit ainsi que les deux vers qui le précèdent.

[64] *Pharsale*, IX, 580. 'Jupiter est tout ce que nous voyons, tout ce qui nous meut'. Voltaire possède la traduction de Lucain par Brébeuf, celle due à Marmontel ainsi que la version de Masson. Il utilise la même citation dans la section 'Incompréhensibilité' (n° XVII) du *Philosophe ignorant*, ainsi que dans *Tout en Dieu, commentaire sur Malebranche* (M.xxviii.91), *Les Adorateurs* (M.xxviii.312), l'article 'Idée' des *Questions sur l'Encyclopédie* (M.xix.396) et *De l'âme*, V (M.xxix.439). Voir à propos de la citation de Lucain l'article de Jean Deprun, '*Jupiter est tout ce que tu vois*: note sur la fortune d'un vers "matérialiste" à l'âge classique', *Etre matérialiste à l'âge des Lumières. Hommage offert à Roland Desné*, éd. Béatrice Fink et Gérard Stenger (Paris 1999), p.109-16.

[65] Dans *Tout en Dieu* Voltaire assure ceci: 'Malebranche [...] a donc raison de dire philosophiquement que nous sommes dans Dieu, et que nous voyons tout dans Dieu, comme saint Paul le dit dans le langage de la théologie, et Aratus et Caton dans celui de la morale' (M.xxviii.96). Aratus est, d'après Moréri, un poète du IIIe siècle avant Jésus-Christ, auteur d'un ouvrage d'astronomie en vers grecs intitulé *Les Phénomènes*, traduit en latin par Cicéron.

[66] Dans *Le Philosophe ignorant*, Voltaire propose un rapprochement entre

In Deo vivimus, movemur et sumus.[67]

La marche de Spinosa est plus géométrique que celle de tous les philosophes de l'antiquité.[68] C'est le premier athée qui ait procédé par lemmes et par théorèmes.[69]

Bayle, en prenant la doctrine de Spinosa à la lettre, en raisonnant d'après ses paroles, trouve cette doctrine contradictoire et ridicule.[70] En effet, qu'est-ce qu'un dieu, dont tous les êtres seraient des modifications; qui serait jardinier et plante; médecin et malade; homicide et mourant; destructeur et détruit?[71]

Bayle paraît opposer à Spinosa une dialectique très supérieure.[72] Mais quel est le sort de toutes les disputes! Jurieu[73] regardait Bayle

---

Spinoza et les philosophes de l'Antiquité sans pour autant nommer ces derniers. Il vient d'affirmer que la création est un objet de foi et non de philosophie et il ajoute que l'opinion de Spinoza sur l'impossibilité de la création ne lui était 'nullement particulière, [...] toute l'antiquité avait pensé comme lui' (*OC* t.62, p.60).

[67] Actes des apôtres xvii.38.

[68] Dans *Le Système vraisemblable*, Voltaire affirme que la démarche de Spinoza lui a paru 'géométriquement absurde' (M.xxxi.167) et *Le Philosophe ignorant* admire la méthode tout en en déplorant les conclusions: 'Spinosa a fait ce qu'aucun philosophe grec, encore moins aucun Juif, n'a fait. Il a employé une méthode géométrique imposante, pour se rendre un compte net de ses idées: voyons s'il ne s'est pas égaré méthodiquement, avec le fil qui le conduit?' (*OC* t.62, p.58) et, plus loin dans le même texte: 'Il a été la dupe de son esprit géométrique' (p.62).

[69] Nous lisons les mêmes termes dans *Le Système vraisemblable* où il est indiqué que 'Le plus énorme ridicule est évidemment renfermé dans les lemmes et les théorèmes métaphysiques de Spinosa' (M.xxxi.168).

[70] Voir Haydn T. Mason, *Pierre Bayle et Voltaire* (Londres 1963), et Pierre Rétat, *Le Dictionnaire de Bayle et la lutte philosophique au XVIIIe siècle* (Paris 1971).

[71] Voir l'article 'Spinosa' du *Dictionnaire historique et critique*. Dans *Le Système vraisemblable* Voltaire revient sur la position de Bayle en ces termes: 'comme l'a très bien remarqué Bayle, le Dieu de Spinosa étant tout, il se bat lui-même quand les hommes se battent; il se calomnie, il se tue, il se mange, il se boit, il se vide de ses excréments' (M.xxxi.168). La même idée figure dans *Le Philosophe ignorant* (*OC* t.62, p.60-61).

[72] Voir le *Poème sur le désastre de Lisbonne*: 'J'abandonne Platon, je rejette Epicure. / Bayle en sait plus qu'eux tous; je vais le consulter: / La balance à la main, Bayle enseigne à douter' (M.ix.476).

[73] Pierre Jurieu fut un temps collègue de Bayle à l'Académie protestante de Sedan. Théologien, convaincu de la supériorité du calvinisme, il s'attaqua aux apologistes catholiques mais aussi à de nombreux penseurs protestants et en

comme un compilateur d'idées plus dangereux que Spinosa. Arnaud et ses partisans tombaient sur Jurieu comme sur un fanatique absurde.[74] Les jésuites accusaient Arnaud d'être au fond un ennemi de la religion; et tout Paris voyait dans les jésuites, les corrupteurs de la raison et de la morale, et les fabricateurs des lettres de cachet. Pour Spinosa, tout le monde en parlait, et personne ne le lisait.

Voici l'analyse de tous ses principes.

Il ne peut exister qu'une substance:[75] car qui est par soi doit être un, et ne peut être limité. La substance doit donc être infinie.

Une substance ne peut en faire une autre; puisqu'étant infinie par sa nature, un infini ne peut en créer un autre.[76]

Il n'y a donc qu'un infini dont tout est mode.

L'intelligence et la matière existent: donc l'intelligence et la matière entrent dans la nature de cet Infini.

126 EJ, W68, W70L, LM73: plus dangereuses que

126 W75G, K: plus dangereuses que celles de Spinosa

130 LM73, W75G, K: et des fabricateurs

135 EJ, W68, W70L, LM73, W75G, K: infinie.// Il est impossible qu'une substance en produise une autre sans qu'il y ait quelque chose de commun entre elles. Or ce quelque chose de commun ne peut exister avant la substance produite; donc la création est impossible.// Une substance

138 EJ, W68, W70L, LM73, W75G, K: infini; donc

---

particulier à Bayle dont la tolérance excessive lui paraissait ouvrir la voie à l'indifférence religieuse. Jurieu est une des cibles préférées de Voltaire qui le malmène plusieurs fois dans le *Dictionnaire philosophique* (voir les articles 'David', 'Philosophe' et 'Persécution'). Voltaire possède plusieurs ouvrages de Jurieu.

[74] Antoine Arnauld est l'auteur des *Lettres de monsieur Arnauld, docteur de Sorbonne, au R. P. Mallebranche, prêtre de l'Oratoire* (s.l. 1685), qui figure dans la bibliothèque de Voltaire (BV110).

[75] Le principe est résumé ainsi dans *Le Philosophe ignorant*: 'Cet Etre nécessaire est [...] tout ce qui existe; il n'y a donc réellement qu'une seule substance dans l'univers' (*OC* t.62, p.58).

[76] Voltaire rapporte ceci dans son passage sur Spinoza du *Système vraisemblable*: 'Ce qui a séduit plusieurs lecteurs, c'est son grand principe qu'une substance n'en peut créer une autre' (M.xxxi.168).

La substance étant infinie doit avoir une infinité d'attributs: donc l'infinité d'attributs est Dieu: donc Dieu est tout.[77]

Ce système a été assez réfuté par l'humain Fénelon, par le subtil Lami,[78] et surtout de nos jours, par M. l'abbé Condillac.[79]

Si d'illustres adversaires peuvent servir en quelque sorte à la gloire d'un auteur, on voit que jamais homme n'a été honoré d'ennemis plus respectables.[80] Il a été attaqué par deux cardinaux des plus savants et des plus ingénieux qu'ait eus la France, tous deux chéris à la cour, tous deux ministres et ambassadeurs à Rome.[81] Le premier lui fait la guerre en beaux vers latins dans son anti-Lucrece,[82] le second en beaux vers français dans une épître instructive et agréable.[83]

144 EJ, W68, W70L, LM73, W75G, K: *Condillac*, par M. l'abbé *Pluquet*

148 W70L, W75G, K: qu'ait eus la

[77] Voir le résumé tel qu'il est donné à l'article 'Spinoza' du *Philosophe ignorant* (*OC* t.62, p.58-59).

[78] Voir l'ouvrage publié par Lenglet Du Fresnoy et intitulé *Réfutation des erreurs de Benoît de Spinosa, par M. de Fénelon,... par le P. Lami... et par M. le comte de Boulainvilliers. Avec la vie de Spinosa, écrite par Jean Colérus...*, Bruxelles, F. Foppens, 1731 et que possédait Voltaire (BV1326).

[79] Voltaire possède l'édition de 1749 (La Haye, Néaulme), du *Traité des sistèmes* (BV837).

Ami de Fontenelle, lié avec Helvétius et Montesquieu, François-André-Adrien Pluquet est un historien et apologiste auteur entre autres de *Mémoires pour servir à l'histoire des égarements de l'esprit humain, par rapport à la religion chrétienne, ou dictionnaire des hérésies* (1762) et d'un *Examen du fatalisme, ou Exposition et réfutation des différens systèmes de fatalisme* (1757) (BV2769, 2770).

[80] Dans *Le Philosophe ignorant*, c'est Bayle qui sert d'adversaire honorable à Spinoza (*OC* t.62, p.63).

[81] On remarquera le jeu de Voltaire qui se sert ici de deux cardinaux amis, Bernis et Polignac, alors qu'il a expressément affirmé dans le corps du poème que les cardinaux sont d'éternels disputeurs et non des philosophes fiables.

[82] Melchior de Polignac mit plusieurs décennies à compléter son Anti-Lucrèce qui ne fut publié qu'après sa mort: *Anti-Lucretius, sive de Deo et natura* (1747). Voltaire le possède (BV2785) ainsi que la traduction en prose de Bougainville (1749) (BV2784).

[83] Bernis réagit favorablement à l'inclusion de ses vers comme l'indique sa lettre de la mi-août 1772 (D17870, *c.*18 août): 'Les derniers vers que vous m'avez envoyés (indépendamment de certaine citation trop flatteuse) m'ont fait grand bien.'

Voici quelques-uns des vers latins.[84]

Dogmata complexus, partim vesana Stratonis
Restituit commenta, suisque erroribus auxit
Omnigeni Spinosa Dei fabricator, et orbem
Appellare Deum, ne quis Deus imperet orbi,
Tanquam esset domus ipsa domum qui condidit, ansus.
Sic rediviva novo se se munimine cinxit
Impietas, tumidumque altâ caput extulit arce.
Scilicet ex toto rerum glomeramine numen
Construxit, cui sint pro corpore corpora cuncta,
Et cunctae mentes pro mente, simulque perenni
Pro vitâ atque aevo, fuga temporis ipsa caduci
Et qui seclorum jugis devolvitur ordo.
Pana putes.[85]

Voici quelques-uns des vers français:

Cesse de méditer dans ce sauvage lieu,
Homme, plante, animaux, esprit, corps, tout est Dieu:
Spinosa le premier connut mon existence;
Je suis l'être complet et l'unique substance;

156 EJ, W70L: *Omnigei*
158 LM73: *Tamquem*
158 EJ, W68, W70L, LM73, W75G, K: *ausus*
159 EJ, W70L: *munime*
165 W68, W75G, K: *saeclorum*

[84] Voltaire a eu connaissance du poème au moins par extraits. Une allusion figure dans les premiers vers du *Temple du goût*: 'Ce cardinal qui, sur un nouveau ton, / En vers charmants fait parler la sagesse / Réunissant Virgile avec Platon, / Vengeur du ciel et vainqueur de Lucrèce'. Les notes de Voltaire évoquent 'un poème latin contre Lucrèce' dont le début est connu de 'tous les gens de lettres' ou encore, un poème dont on 'connaissait quelques morceaux' et qui jouissait d'une 'très grande réputation' avant même d'être imprimé (*OC* t.9, p.119). Voltaire s'avouera déçu par l'ouvrage publié dans une lettre à Marmontel du 28 janvier 1764 (D11667): 'Cet *Anti-Lucrèce* m'avait paru un chef-d'œuvre, quand j'en entendis les quarante premiers vers récités par la bouche mielleuse du cardinal; l'impression lui a fait tort.' Cela dit, Polignac visait Bayle au-delà de Lucrèce; il aurait d'ailleurs commencé la rédaction de son ouvrage après avoir rendu visite au théologien protestant en 1698.

[85] *Anti-Lucrèce*, III, 805 ss.

La matière et l'esprit en sont les attributs,
Si je n'embrassais tout, je n'existerais plus.
Principe universel je comprends tous les êtres,
Je suis le souverain de tous les autres maîtres;
Les membres différents de ce vaste univers
Ne composent qu'un tout dont les modes divers
Dans les airs, dans les cieux, sur la terre et sur l'onde,
Embellissent entre eux le théâtre du monde;[86]
Et c'est l'accord heureux des êtres réunis,
Qui comble mes trésors et les rend infinis.

Le livre du *Système de la nature* qu'on nous a donné depuis peu, est d'un genre tout différent, c'est une philippique contre Dieu.[87] L'auteur prétend que la matière existe seule, et qu'elle produit seule la sensation et la pensée. Pour avancer une idée aussi étrange, il faudrait au moins tâcher de l'appuyer sur quelque principe, et c'est ce que l'auteur ne fait pas.[88] Il a pris cette opinion chez Hobbes,

181 W68, LM73, W75G: Qui comblent mes trésors et les rend réunis.
181 K: [*les deux derniers vers absents*].

[86] Il s'agit du début de la prosopopée du colosse de la nature qui figure dans le 'Discours sur la poésie' de Bernis (*Œuvres complettes de M. le C. de B****, Londres 1767, p.x). L'éditeur présente les vers comme l'extrait d'un 'Poëme contre les différens principes de l'Irréligion' (p.5). On retrouve de fait ces vers dans l'ouvrage posthume de Bernis, *La Religion vengée* (Parme, Bodoni, 1795 et Paris et Strasbourg, Armand Koenig, 1796) dont le chant V est intitulé 'Le Spinosisme' (v.63-74). Le poème avait été lu et avait circulé en manuscrit pendant la vie de son auteur. P. Vernière (*Spinoza et la pensée française avant la Révolution*) assure qu'il aurait influencé Diderot pour *La Promenade du sceptique* et *Les Bijoux indiscrets*).

[87] Voltaire rédige une réponse à l'ouvrage, lu en mai 1770, dont il ne sait pas que d'Holbach est l'auteur, *Dieu, Réponse au Système de la nature*. S'il peut se reconnaître dans certaines affirmations du traité, il juge que l'ouvrage, prônant l'athéisme, a fait un grand tort au parti des philosophes. La dernière partie du *Système vraisemblable* se rapporte à cet écrit: 'Disons ici un mot du livre intitulé *Système de la nature*. C'est une déclamation, ce n'est point un système. Déclamer contre Dieu, n'est point prouver qu'il n'y a point de Dieu' (M.xxxi.168).

[88] Voltaire évoque l'ouvrage dans une lettre du 28 novembre 1770 à Frédéric Guillaume, prince héritier de Prusse (D16792): 'Le doute n'est pas un état bien agréable, mais l'assurance est un état ridicule. / Ce qui révolte le plus dans le système

mais Hobbes se borne à la supposer, il ne l'affirme pas; il dit que des philosophes savants ont prétendu que tous les corps ont du sentiment.[89] *Qui corpora omnia sensu esse praedita sustinuerunt.*

Depuis Brama, Zoroastre et Thaut jusqu'à nous, chaque philosophe a fait son système; et il n'y en a pas deux qui soient de même avis. C'est un chaos d'idées dans lequel personne ne s'est entendu. Le petit nombre des sages est toujours parvenu à détruire les châteaux enchantés, mais jamais à pouvoir en bâtir un logeable. On voit par sa raison ce qui n'est pas; on ne voit point ce qui est. Dans ce conflit éternel de témérités et d'ignorances, le monde est toujours allé comme il va; les pauvres ont travaillé, les riches ont joui; les puissants ont gouverné, et les philosophes ont argumenté, tandis que des ignorants se partageaient la terre.

(*k*) *Qu'il faut parler au Verbe, et qu'il nous répondra*

Par quelle fatalité le système de Mallebranche paraît-il retomber dans celui de Spinosa, comme deux vagues qui semblent se combattre dans une tempête, et le moment d'après s'unissent l'une dans l'autre?

Dieu, dit Mallebranche, *est le lieu des esprits, de même que l'espace est le lieu des corps. Notre âme ne peut se donner d'idées. – Nos idées sont efficaces puisqu'elles agissent sur notre esprit. Or rien ne peut agir sur notre esprit que Dieu. – Donc il est nécessaire que nos idées se trouvent dans la substance efficace de la Divinité.* Livre 3, de l'esprit pur, partie 2.

195 w68: des savants est
199 w75G, K: gouverné, les philosophes

---

de la nature (après la façon de faire des anguilles avec de la farine), c'est l'audace avec laquelle il décide qu'il n'y a point de Dieu sans avoir seulement tenté d'en prouver l'impossibilité (D16792).

[89] D'après les exégètes, Voltaire connaît Hobbes 'de seconde main'. Il lui reproche avant tout d'être à l'origine du matérialisme athée. Notons que sa bibliothèque contient tout de même les *Elementa philosophica de cive* (Amsterodami 1696; BV1647).

Voilà les propres paroles de Mallebranche. Or si nous ne pouvons avoir de perceptions que dans Dieu, nous ne pouvons donc avoir de sentiment que dans lui, ne faire aucune action que dans lui;[90] cela me paraît évident. On peut donc en inférer que nous ne sommes que des modifications de lui-même. Il n'y a donc dans l'univers qu'une seule substance. Voilà le Spinosisme, le Stratonisme tout pur. Et Mallebranche pousse les illusions qu'il se fait à lui-même jusqu'à vouloir autoriser son système par des passages de St. Paul et de St. Augustin.

Je ne dis pas que ce savant Prêtre de l'Oratoire fût Spinosiste, à Dieu ne plaise; je dis qu'il servait d'un plat dont un Spinosiste aurait mangé très volontiers. On sait que depuis il s'entretint familièrement avec le Verbe. Eh! pourquoi avec le Verbe plutôt qu'avec le St. Esprit? Mais comme il n'y avait personne en tiers dans la conversation, nous ne rendrons point compte de ce qui s'est dit. Nous nous contentons de plaindre l'esprit humain, de gémir sur nous-mêmes, et d'exhorter nos pauvres confrères les hommes à l'indulgence.

(*l*) *Exprès pour nous damner*.

Il faut avouer que ce système, qui suppose que l'Etre tout-puissant, tout parfait et tout bon, a créé exprès des millions de milliards d'êtres raisonnables et sensibles, pour en favoriser quelques douzaines, et pour tourmenter tous les autres à tout jamais, paraîtra toujours un peu brutal à quiconque a des mœurs douces.

213 W68, W75G, K: lui, ni faire
214 LM73: On ne peut
230 LM73, W75G, K: tout-puissant et tout bon
233 EJ, W70L: peu brusque à

[90] Le Doute XXI 'Ma dépendance encore' affirme ceci: 'Certes il y avait quelque chose de sublime dans ce Mallebranche, qui osait prétendre que nous voyons tout dans Dieu même' (*Le Philosophe ignorant*, *OC* t.62, p.54).

(*m*) *Que sans son harmonie....*

Notre âme étant *simple*, (car on suppose que son existence et sa *simplicité* sont prouvées) elle peut résider dans l'étoile du nord ou du petit chien,[91] et notre corps végéter sur ce globe. L'âme a des idées là-haut, et notre corps fait ici les fonctions correspondantes à ces idées, à peu près comme un homme prêche, tandis qu'un autre fait les gestes; ou plutôt l'âme est l'horloge, et le corps sonne ici les heures.[92] Il y a des gens qui ont étudié cela sérieusement; et l'inventeur de ce système est celui qui a disputé contre Newton, et qui peut même avoir eu raison sur quelques points.

Quant aux *monades*, tout être physique étant composé, doit être un résultat d'êtres simples. Car dire qu'il est fait d'êtres composés, c'est ne rien dire. Des *monades* sans parties et sans étendue font donc l'étendue et les parties; elles n'ont ni lieu, ni figure, ni mouvement, quoiqu'elles constituent des corps qui ont figure et mouvement dans un lieu.

Chaque *monade* doit être différente d'une autre, sans quoi ce serait un double emploi.

Chaque *monade* doit avoir des rapports avec toutes les autres; parce qu'il y en a entre les corps dont ces *monades* font l'assemblage. Ces rapports entre ces *monades simples*, *inétendues* ne peuvent être que des idées, des perceptions. Il n'y a pas de raison, pour laquelle une monade ayant des rapports avec une de ses compagnes, n'en ait pas avec toutes. Chaque monade voit donc toutes les autres, et par conséquent est un miroir concentrique de

239 β: a peu près
250 w68, LM73: d'un autre
252 LM73, K: du rapport
253 LM73, K: il y a
253-254 w68, LM73, w75G, K: l'assemblage une union nécessaire.

[91] Dans le dix-septième entretien de *L'A.B.C.* nous lisons qu'une terre meilleure existe 'probablement dans un des globes qui roulent autour de Sirius, ou du petit Chien, ou de l'œil du Taureau' (M.xxvii.397).

[92] Voltaire refuse de croire à un divorce quelconque entre âme et corps, ainsi que le montre par exemple l'article 'Ame' du *Dictionnaire philosophique*.

l'univers. Il y a un pays où cela s'est enseigné dans les écoles à des gens qui avaient de la barbe au menton.

(*n*).............*Dans ces turlupinades*

On a fait assez connaître l'idée d'aller disséquer des cervelles de Patagons pour voir la nature de l'âme;[93] d'examiner les songes pour savoir comment on pense dans la veille; d'enduire les malades de poix résine[94] pour empêcher l'air de nuire; de creuser un trou jusqu'au centre de la terre pour voir le feu central.[95] Et ce qu'il y a de déplorable, c'est que ces folies ont causé des querelles et des infortunes.[96]

(*o*) *Notre consul Maillet......*

On connaît aussi le système vraisemblable[97] par lequel la mer a formé les montagnes, et la terre est de verre; mais celui-là n'a

259 EJ et W70L: dans des écoles

267 K: infortunes. Voyez la *Diatribe du docteur Akakia*, premier volume des *Facéties*.

[93] Voir l'*Histoire du docteur Akakia* (M.xxiii.572): 'le président ordonna qu'on frêtat un vaisseau pour disséquer des géants et des hommes velus à longue queue aux terres Australes' qui renvoie à la p.172 du livre attaqué. Voir aussi p.573.

[94] Voir l'*Histoire du docteur Akakia* (M.xxiii.564), attaque contre Maupertuis: 'Il nous conseille d'enduire un malade de poix résine' et, dans la 'Séance mémorable' de l'*Akakia*: 'En premier lieu, deux médecins produisirent chacun un malade enduit de poix résine...' (M.xxiii.572).

[95] L'article 11 du 'Traité' de l'*Akakia* dit ceci: 'A l'égard du trou que nous voulions percer jusqu'au noyau de la terre, nous nous désistons formellement de cette entreprise: car, quoique la vérité soit au fond d'un puits, ce puits serait trop difficile à faire' (M.xxiii.575-76).

[96] L'*Akakia* est une philippique contre Maupertuis publiée en 1753. Voltaire s'y attaque aux projets de l'académicien notamment dans le cadre de la partie intitulée 'séance mémorable'. Il méprise ou feint de mépriser les qualités scientifiques de son ancien ami pour le présenter en tyran académique aux idées farfelues.

[97] Voltaire donne le titre de *Système vraisemblable* à un texte publié par Beuchot d'après un manuscrit de la main de Wagnière remis par Decroix, l'un des éditeurs de Kehl. Le titre original en aurait été 'Le Système à mon tour' mais la correction serait de la main même de Voltaire (M.xxxi.163n).

encore rien de funeste. Certes ceux qui ont inventé la charrue, la navette et les poulies étaient des dieux bienfaisants en comparaison de tous ces rêveurs. Et il est vrai qu'un opéra comique vaut mieux que les systèmes de Cudworth, de Wiston, de Burnet et de Woodward.[98] Car ces systèmes n'ont appris aucune vérité et n'ont fait aucun plaisir;[99] mais l'opéra des gueux et le déserteur[100] ont fait passer très agréablement le temps à plus de cent mille hommes.

(*p*) ....*Aux charniers, tout se mêle d'écrire.*

Charniers des Sts. Innocents, belle place de Paris, près du palais royal, et non loin du Louvre. C'est là qu'on enterre tous les gueux au lieu de les porter hors de la ville, comme on fait partout ailleurs. On y voit plusieurs écrivains qui font les placets au roi, les lettres

[98] Ralph Cudworth, auteur de *The Intellectual system of the Universe. The first part, wherein all the reason and philosophy of atheism is confuted and its impossibility demonstrated* (London, R. Royston, 1678).

William Whiston, successeur de Newton à la chaire de mathématiques de Cambridge et auteur entre autres d'*A new Theory of the Earth* (London 1696) (voir aussi le *Dictionnaire philosophique*, éd. C. Mervaud et al., i.537, ainsi que *L'Examen important de Milord Bolingbroke*, *OC* t.62, p.168).

Thomas Burnet, auteur d'une *Telluris theoria sacra* (Londres 1681) croyait au déluge universel conformément aux Ecritures; par ailleurs il affirmait que les particules du corps de l'homme, à sa mort, se dispersent et s'incorporent à d'autres êtres (animaux ou végétaux) et que, par notre alimentation, nous sommes tous anthropophages. Le Papiste fait référence à cet argument, rappelé dans l'*Encyclopédie*, au milieu de sa discussion avec le trésorier dans l'article 'Papisme' du *Dictionnaire philosophique* (*OC* t.36, p.409).

Comme Thomas Burnet, John Woodward, auteur de la *Naturalis historia telluris illustrata* (Londres 1714), pense que lors du déluge raconté dans la Bible la terre entière fut couverte d'eau en même temps. Voltaire combat leurs théories dans l'article 'Inondation' du *Dictionnaire philosophique* (*OC* t.36, p.231). Voir aussi l'*Instruction à frère Pediculoso* (M.xxvii.303).

[99] L'*Examen important de Milord Bolingbroke* affirme que 'Notre Wiston, bon géomètre et très savant homme, s'est rendu très ridicule par ses systèmes' (*OC* t.62, p.353).

[100] Drame de Sedaine (1769) qui choisit un style bas et une anecdote de la vie quotidienne, mis en musique par Monsigny. Le texte, l'un des grands succès de l'opéra comique, figure dans la bibliothèque de Voltaire (BV3128).

des cuisinières à leurs amants, et les critiques des pièces nouvelles. On y a travaillé longtemps à l'*Année littéraire*. Il y a le style à cinq sous, et le style à dix sous.

Qu'on écrive les imaginations de Monsieur Oufle,[101] les mémoires d'un homme de qualité,[102] les soliloques d'une âme dévote; ou que l'on condamne les idées innées,[103] et que l'on condamne ensuite ceux qui les rejettent; qu'on donne au public les lettres de Thérèse à Sophie,[104] ou qu'on dise en mauvais latin,[105] *que la vraie religion a été selon la variété des temps, variée et diverse, quant à la forme et quant à la clarté de la révélation, et que cependant elle a toujours été la même depuis Adam, quant à ce qui appartient à la*

287 W68, LM73, W75G, K: dévote; que
290 EJ, W68, LM73, W75G, K: latin (*) [*appel de note*].
291 EJ, W68, W70L, LM73: à sa forme

[101] Nous lisons ceci dans la lettre de Voltaire à D'Alembert du 3 septembre 1766 (D20276): 'Je vois des folies pires que celles de la matière subtile, et de la matière rameuse, pires que les imaginations de Cyrano de Bergerac, et de M. Oufle, se débiter avec le plus grand succès, et marcher le front levé.' L'ouvrage devient caractéristique de ceux qui sont au mieux inutiles dans l'article 'Livres' des *Questions sur l'Encyclopédie* (M.xx): 'Robert le diable, les Quatre fils Aimon, les Imaginations de M. Oufle, sont des livres aussi; mais il en est des livres comme des hommes, le très petit nombre joue un grand rôle, le reste est confondu dans la foule.' Voltaire fait référence à un roman souvent réédité du polygraphe Laurent Bordelon (1653-1730), L'*Histoire des imaginations extravagantes de M. Oufle, causées par la lecture des livres qui traitent de la magie, etc.* (Paris 1710). Il a aussi écrit *Les Philosophes à l'examen*.

[102] Référence au roman de l'abbé Prévost.

[103] Théorie cartésienne dont Voltaire se moque copieusement dans la cinquième partie du *Philosophe ignorant*: 'Il croit, ou il feint de croire que nous naissons avec des pensées métaphysiques. J'aimerais autant dire qu'Homère naquit avec l'Iliade dans la tête' (*OC* t.62, p.35).

[104] Il pourrait s'agir de l'ouvrage de Philippe Bridard de La Garde: *Lettres de Thérèse ***, ou Mémoires d'une jeune demoiselle de province pendant son séjour à Paris* (La Haye 1739).

[105] Voltaire revient sur le mauvais latin des censeurs et l'affaire *Bélisaire* dans une note des *Trois Empereurs en Sorbonne*.

substance; que ces belles choses, dis-je, partent des charniers St. Innocent, ou de l'imprimerie de la veuve Simon, cela est bien égal; *Imitons le bon Dieu qui n'en a fait que rire.*

Concluons surtout, qu'une nation qui s'amuse continuellement de tant de sottises, doit être une nation extrêmement opulente et extrêmement heureuse, puisqu'elle est si oisive.

293-94 K: SS. Innocents.

298 EJ, W68, W70L, LM73, W75G, K: (*) *Veram religionem, etsi quantùm ad sui formam et revelationis perspicuitatem*, &c. page 21 d'un ouvrage latin, rempli de solécismes et de barbarismes, imputé faussement à la Sorbonne: il est intitulé, *Determinatio sacrae facultatis parisiensis in libellum cui titulus BELISAIRE; Parisiis 1767*: Censure de la faculté de théologie de Paris, contre le livre qui a pour titre BELISAIRE; à Paris 1767, chez la veuve *Simon*, &c.[106]

Voyez aussi les trente-sept vérités opposées aux trente-sept impiétés, par un bachelier ubicuistre [K: ubiquiste].

N.B. L'auteur de cet ouvrage était véritablement bachelier en théologie; mais ayant renoncé à cette science, il était devenu l'un des plus grands philosophes, et un des premiers hommes d'Etat de l'Europe. On appelle *ubiquiste* un docteur ou licencié de la faculté de Paris, qui n'est ni moine ni associé aux maisons de sorbonne et de Navarre.[107]

[106] Anne-Robert-Jacques Turgot est auteur des *XXXVII vérités opposées aux XXXVII impiétés de Bélisaire*. Par un bachelier ubiquiste (Genève 1767) que Voltaire inclut au sein des *Pièces relatives à Bélisaire*.

[107] La définition est conforme à celle du *Dictionnaire de l'Académie* (1798): 'Terme qui n'est guère en usage que dans l'Université de Paris, en parlant d'Un Docteur en Théologie qui n'est attaché à aucune Maison particulière, telles que les Maisons de Sorbonne, de Navarre, etc. / On dit familièrement d'Un homme à qui les lieux sont indifférens, qui se trouve bien partout, qu'*Il est Ubiquiste*.'

Epître à Horace

Critical edition

by

Nicholas Cronk

TABLE OF CONTENTS

INTRODUCTION

In a telling phrase, Raymond Naves writes of 'l'importance d'Horace comme ami intérieur de Voltaire'.[1] But why does Voltaire commune with this particular shade in the early 1770s? and what is the poem's true subject? The *Epître à Horace* is unquestionably an ambitious work, touching on a wide range of themes, from contemporary topics such as Voltaire's antagonists and the difficulties of writing verse in French, to broader subjects, like the theme of country retreat and the comparison of the French poet's life with that of his Roman counterpart. This is also a puzzling work: Ralph Nablow describes its structure as 'desultory'[2] (echoing, unwittingly, Fréron, who condemned 'le désordre de ses idées disparates ou *incohérentes*'[3]); yet this same critic describes the poem as 'perhaps [Voltaire's] finest verse epistle'.[4]

1. Composition and publication

Voltaire is at work on the *Epître à Horace* in late August 1772, when he writes to Chabanon: 'Je m'amuse actuellement à écrire à Horatius Flaccus, comme j'écrivis il y a un an à Nicolas Boileau' (D17890). By 11 September when he writes to d'Argental he seems to have finished a draft: 'J'écrivis l'année passée à Boileau, je viens d'écrire à Horace tout ce que j'ai sur le cœur; je vous l'enverrai pour vous amuser' (D17908). Two points emerge from these comments. Firstly, Voltaire clearly places the new *épître* in line with the earlier *Epître à Boileau*. And secondly, he has used the

[1] Raymond Naves, *Le Goût de Voltaire* (Paris 1938), p.136, note 54.

[2] Ralph Arthur Nablow, *A Study of Voltaire's lighter verse*, *SVEC* 126 (1974), p.190.

[3] *Année littéraire*, t.7 (1772), p.278.

[4] *A Study of Voltaire's lighter verse*, p.189.

poem to express what he has 'sur le cœur' – we do not habitually think of Voltaire as a confessional poet, nor indeed as an autobiographical writer of any sort, yet here there is an insistent personal tone. It recurs in a letter of early October 1772, when Voltaire writes to Mme Du Deffand: 'Pour me dépiquer j'ai fait une épître à Horace' (D17946). We shall return to both these points.

Following his usual practice, Voltaire seems to have first sent the *Epître à Horace* in manuscript to one or more friends to ask their opinion. Thus having announced to d'Argental on 11 September that he would show him the poem, he sends it on 5 October: 'Je vous supplie de n'en laisser prendre de copie à personne' (D17948). On the 21st of the month he writes again: 'Je vous remercie mon divin ange, de n'avoir laissé prendre de copie à personne de l'épître à Horace, elle exciterait beaucoup de murmures, et ce n'est pas le temps de faire crier' (D17971). He repeats the notion that this is a dangerous work to Mme Du Deffand a couple of days later: 'Cette épître à Horace n'est pas finie, elle est d'ailleurs fort scabreuse, et elle demanderait un secret bien plus profond' (D17973). On 30 October he writes to one correspondent that he is consulting d'Argental about the poem, which is not yet finished (D17985), and to another on the same day: 'Vous aurez l'épître à Horace quand elle sera finie, et que j'en serai moins mécontent' (D17986).

Thus Voltaire would appear to be still revising his poem in early November. This period of consultation with d'Argental did not only serve to help him improve his poem. In the best traditions of the verse epistle, his friends who receive the poem are singled out as privileged; and at the same time, as word spreads in Paris that a new poem by Voltaire is doing the rounds, so he creates expectation and demand in the capital for the printed version which of course followed very quickly. This sense of expectation is clearly felt in Bachaumont's report, dated 29 October: 'Il paraît une *Epître à Horace* de M. de Voltaire, de près de 300 vers. Le philosophe poète français tâche de s'y rendre digne du poète philosophe romain: il semble lui avoir dérobé sa lyre. Cette nouvelle production est pleine de grâces, d'imagination, de raison et de sel.'[5] Before the end of the year there had appeared an authorised printed version, with notes at the foot of the page (72A), and (at least) one unauthorised version, lacking the notes, and perhaps therefore taken directly from a manuscript in circulation (72B); this latter version may well have been the first to appear in print (which would explain Bachaumont's 'Il paraît' written on 29 October). Further publicity for the work came when it appeared, but in extracts only, in the December issue of the *Mercure de France*: a further incentive to acquire the text in its entirety.

In December 1772 Voltaire was working on a volume of *mélanges*, to be published by Cramer,[6] which would contain *Les Lois de Minos* plus a number of other pieces in prose and verse (not all of them by Voltaire himself), among them the *Epître à Horace*. The volume *Les Lois de Minos* [...] *et plusieurs pièces curieuses détachées* (73A) was published in the early part of 1773, and on 27 March, Voltaire writes to D'Alembert: 'Vous trouverez dans ce recueil la seule bonne édition de l'*Epître à Horace*' (D18273). In early January 1773 Voltaire writes to Guy de Chabanon that the version of the *Epître à Horace* which he has seen so far is 'très incorrecte' (D18123). Both these comments are puzzling, since there are in fact only a small number of differences between the text of 72A and that of 73A. In what sense, then, can Voltaire speak of the later edition as the only good one? It may be of course that this is no more than a casual remark, designed to promote sales of the new collected volume. Or it may be that Voltaire preferred his readers to meet the *Epître à Horace* in the context of that collected volume rather than as a separate work. There are two ways in which we read the poem differently in the later editions, and we shall examine these in turn.

Firstly, the volume *Les Lois de Minos* [...] *et plusieurs pièces curieuses détachées* is the first to contain La Harpe's reply to the poem. Voltaire in his poem apostrophises Horace and (more

[5] *Mémoires secrets pour servir à l'histoire de la république des lettres en France*, t.5 (1780), p.211.

[6] See, for example, D18082 and D18087.

briefly) God; a good choice, we might think, since neither was likely to answer back. But of course Voltaire was still smarting from Clément's response to his earlier *Epître à Boileau*, and there was always the danger that Clément or some other acolyte of Fréron would assume the mantle of Horace in order to reply to Voltaire. It must surely have been in part to pre-empt this possibility that La Harpe very speedily composed his own poetic response, as from Horace (see Appendix). The *Réponse d'Horace à M. de Voltaire* was published as a separate item before the end of 1772, and Voltaire had read the poem before the end of November, when he gave instructions to Cramer to include it in the collective volume in preparation.[7] Predictably, the *Réponse* paints an unstintingly favourable picture of Voltaire, described from the first verse as '[le] plus grand des poètes'; Voltaire ensured that this work appeared together with his own *épître* in all subsequent editions published in his lifetime.

Secondly, the volume *Les Lois de Minos* [...] *et plusieurs pièces curieuses détachées* differs from the earlier separate edition simply in the way it is situated in a larger collection. After the *Lois de Minos*, the main new work announced on the title-page, comes a group of three *épîtres*. First the *Epître à Boileau, ou mon testament*, followed by notes; then the *Epître à Horace*, with the notes at the foot of the page, and followed by the *Réponse d'Horace à M. de Voltaire, par M. de La H****, also with footnotes; and thirdly the *Epître à l'auteur du nouveau livre des Trois imposteurs*, with notes at the end. This group of three poems is then followed by an 'Avis' and *La Loi naturelle*. Voltaire's instructions to Cramer make clear that he took an active role in shaping this volume of *mélanges*: 'Après les notes nous mettrons l'*Epître à Boileau*, l'*Epître à Horace*, la *Réponse*

[7] D18051, D18055. Voltaire thanks La Harpe again for the elegance of his reply in May 1773 (D18393). Bachaumont, on the other hand, was critical: '*L'Epître d'Horace à M. de Voltaire* est fort au-dessous de l'idée que les partisans de M. de La Harpe en avaient donnée; elle est également indigne et de celui qu'il fait parler et de celui auquel il parle' (*Mémoires secrets pour servir à l'histoire de la république des lettres en France*, 5 December 1772, t.5 (1780), p.233).

d'Horace de La Harpe, et deux ou trois autres pièces que j'ai un peu relimées' (D18055): the three poems are therefore grouped deliberately.

2. The world of the ancien régime

The contemporary world as depicted for Horace's benefit is hardly shown in a flattering light. Certainly Voltaire's own estate commands beautiful views, but otherwise, the poem focuses almost exclusively on the world of Grub Street, or its Parisian equivalent, 'un vil tas de grimauds, de rimeurs subalternes' (line 120), and 'une troupe de rats' (line 137), 'ces rats du Parnasse' (line 139). Thus one theme which lends coherence to the *Epître à Horace* is Voltaire's preoccupation with his enemies – nothing new here. The poem is the product, in part, of the attacks he had suffered earlier in the year at the hands of Clément and Le Roy, and it derives its energy from the same tensions which had led to the writing of *Les Cabales*.[8] In a letter to the marquis de Ximenès of 31 October 1772, he speaks of the *Epître à Horace*, and in the next paragraph says: 'Vous êtes dans un pays où tout est cabale' (D17991) – the two are evidently linked in his mind. The poem opens with an allusion to the *Epître du diable à M. de Voltaire* (1760), and there follow spread through the poem references to Clément, Maupertuis, the bishop of Annecy, Nonotte (mentioned three times), Fréron, and J.-H. Marchand's *Testament politique de M. de Voltaire* (1770).[9]

This shady world is extensive, for behind the named individuals hide others, clearly in Voltaire's mind, whom he prefers to leave unnamed. For example, a *Lettre de M. l'abbé Pinzio au surnommé*

[8] See above, p.160-61.

[9] A revised and augmented edition of Marchand's *Testament* appeared in 1771, and was reprinted in 1772, so the work remained current at the time of composition of the *Epître à Horace*. A further revised version appeared in 1778, after Voltaire's death. See Jean-Henri Marchand, *Voltairomania*, ed. Anne-Sophie Barrovecchio (Saint-Etienne 2004).

Clément XIV, son ancien camarade de collège, qui l'a condamné à une prison perpétuelle, après lui avoir fait demander pardon d'avoir dit la vérité appeared in 1772 and was immediately attributed to Voltaire; the *Correspondance littéraire* in September, and the *Mémoires secrets* in October, both reaffirm the attribution.[10] Yet in early September Voltaire had written to the cardinal de Bernis, declaring his innocence in the strongest terms (D17907). There is no overt mention of this potentially embarrassing attribution in the poem, but, as Christiane Mervaud has suggested,[11] it probably accounts for the somewhat incongruous praise of the present pope (line 80). The most obvious omission is of course Le Roy's *Réflexions sur la jalousie*. This had been without question the most damaging and hurtful attack made on Voltaire, and his reply here is indirect, but patent. To the accusation that he is disloyal to his friends, he simply here describes his peaceful, moderate and civilised way of life. To the accusation that he is an atheist, his riposte is brief but clear: 'Dieu tolérant, Dieu bon, tu bénis mon dessein! (line 178).[12] Rather than restate more explicitly his own deism, as he had just done in *Les Cabales*, he prefers to hide here behind Horace. And to the accusation that he has become senile, he writes a long verse epistle in emulation of the great Roman master – and by implication dares any of his contemporaries to do the same.

Voltaire does not evoke the writers who are his allies in the cause of reason and toleration – he prefers to depict himself as a lone champion. Nor does he evoke the present king of France, and when searching for an equivalent of Horace's Augustus, it is Frederick II who is his chosen example. The comparison between himself and Horace is of course lop-sided: Horace lived in the age of Augustus, whereas he lives in an age of decline after *Le Siècle de Louis XIV*. Voltaire's unhappiness with the modern literary world

[10] See D17907, note 1.

[11] Christiane Mervaud, 'Voltaire et la pratique testamentaire de l'*Epître à Horace* (1772)', in *L'Eveil des Muses: mélanges offerts à Edouard Guitton*, ed. C. Seth (Rennes 2002), p.49-60 (at p.52, note 15).

[12] See also: 'Que je n'aime point Dieu...', line 128.

was well known, and to Mme Du Deffand he confided: 'je vous assure que je n'ai pas entendu un seul mot de presque tous les ouvrages en vers et en prose qu'on m'envoie depuis dix ans' (23 October 1772, D17973). Equally well known is Voltaire's attachment to the *Siècle de Louis XIV*, and it is no coincidence that the *Epître à Horace* should quote Boileau and evoke Louis XIV's military conquest of the Franche-Comté (lines 53-54). In the article 'Scoliaste' in the *Questions sur l'Encyclopédie* (vol.9, 1772), Voltaire situates Dacier's translations of Horace in a particular historical and cultural moment:

> C'était encore une des singularités du grand siècle qu'un savant et sa femme nous fissent connaître Homère et Horace, en nous apprenant les mœurs et les usages des Grecs et des Romains, dans le même temps où Boileau donnait son *Art poètique*; Racine, *Iphigénie* et *Athalie*; Quinault, *Atys* et *Armide*; où Fénelon écrivait son *Télémaque*, où Bossuet déclamait ses *Oraisons funèbres*, où Le Brun peignait, où Girardon sculptait, où Ducange fouillait les ruines des siècles barbares pour en tirer des trésors, etc., etc. Remercions les Dacier mari et femme.[13]

Thus the recourse to Horace in this poem can also be seen as a recourse to the taste and values of the *grand siècle*, and by implication, as a criticism of Voltaire's own day. Horace, the epitome of taste, is an antidote to the current decline of civilisation. Congratulating La Harpe on his *Réponse*, Voltaire is severe on 'notre siècle de barbouilleurs': 'Je vous remercie [...] d'avoir si bien saisi l'esprit de la cour d'Auguste. Ce n'est pas tout à fait le ton d'aujourd'hui. Notre racaille d'auteurs est bien grossière et bien insolente, il faut lui apprendre à vivre' (D18051).

3. The world of Horace

The figure of Horace is obviously central to the poem. Like all educated men of his century, Voltaire was saturated with the

[13] M.xx.403-404.

poetry of Horace, and had been from an early age;[14] he regards Horace quite simply as 'l'homme de l'antiquité qui avait le plus de goût'.[15] The Roman poet has left a deep mark on eighteenth-century French poetry, as a model of style, as a philosophical model, and as an exemplum of the relationship between writer and protector.[16] His verse was a standard part of the Jesuit curriculum (even if certain of the *Odes* had sometimes to be expurgated or even omitted);[17] and at Louis-le-Grand it is probable that Voltaire studied Horace with Jacques Tarteron (1644-1720), famous as a translator of Horace (among other classical authors).[18] Perhaps Tarteron was as tolerant as the ex-Jesuit who in a text of 1771 boasts to his former pupil that he taught him Horace's odes treating both heterosexual and homosexual love: 'Je vous ai fait lire autrefois [...] les *Odes* d'Horace à la brune Lalagé et au blond Ligurinus, *flavam religantis comam*, renouant sa blonde chevelure. En un mot, j'ai fait ce que j'ai pu pour vous bien élever.'[19] (The names of these twin objects of desire recur in the *Epître à Horace*, lines 112-13, as Voltaire celebrates the comprehensiveness of erotic experience in Horace.) Certainly Voltaire had no truck with the ideas of the Jesuit Jean Hardouin (1646-1729) who sought to find Christian readings in the poetry of Horace: 'Hardouin poussa la bizarrerie jusqu'à prétendre que l'*Enéide* et les *Odes* d'Horace ont été composées par des moines du XIIIe siècle: il veut qu'Enée soit Jésus-Christ, et Lalagé, la maîtresse d'Horace, est la religion chrétienne.'[20] The quotations and allusions in Voltaire's

[14] There is no overall study of the presence of Horace in eighteenth-century France; but see Jean Marmier, *Horace, en France, au dix-septième siècle* (Paris 1962).

[15] *OC*, vol.30A, p.159.

[16] See Sylvain Menant, 'Horace et les poètes français du XVIIIe siècle', in *Zeitgenosse Horaz: der Dichter und seine Leser seit zwei Jahrtausenden*, ed. H. Krasser and E. A. Schmidt (Tübingen 1996), p.220-34.

[17] See L. W. B. Brockliss, *French higher education in the seventeenth and eighteenth centuries* (Oxford 1987), p.138.

[18] See *VST*, i.25-38; and D1078.

[19] Article 'Education', *Questions sur l'Encyclopédie* (vol.5, 1771), M.xviii.471.

[20] 'Catalogue des écrivains', *Le Siècle de Louis XIV* (*OH*, p.1167).

correspondence bear witness to the presence of Horace in Voltaire's thinking: 'Je vous assomme toujours de citations d'Horace', he writes to Darget in 1752. 'C'est pourtant le meilleur prédicateur que je connaisse; il est prédicateur de cour, de b..... et de bon goût, et surtout du repos de l'âme' (D5094).[21] The model is ever-present for Voltaire: as he wrote to Mme Du Deffand, 'Horace est le premier des faiseurs de bonnes épîtres' (D8846).

Voltaire is well acquainted with the translations of Horace by André Dacier (1651-1722), whom he describes as an 'homme plus savant qu'écrivain élégant';[22] these translations, which first appeared in 1681-89 and went through many editions, are characterised in *Le Temple du goût* as workmanlike;[23] but the annotations in his own copy show that Voltaire had read Dacier's preface with care.[24] Dacier, in the preface to this translation, describes Horace as follows:

> C'est un grand poète, un grand philosophe, et un grand critique. Et dans toutes ces parties, on ne trouve jamais un auteur, on trouve un homme du monde, qui, en nous instruisant toujours, joue, badine, s'amuse toujours avec nous. Rien ne marque ni travail ni peine, rien ne sent l'école; tout coule de source, tout est noble, tout est fleuri.[25]

Voltaire marks this passage in his edition with a *signet*, underlining the expression 'tout est noble'. He then goes on to partially rewrite it in the article 'Langues' in the *Questions sur l'Encyclopédie* (vol.7, 1771): '*Tout est noble dans Horace*, dit Dacier dans sa préface. N'aurait-il pas mieux fait de dire, tantôt Horace a de la noblesse, tantôt de la délicatesse et de l'enjouement, etc.?'[26] Voltaire is

[21] See A. Ages, 'Voltaire and Horace: the testimony of the correspondence', *SVEC* 120 (1974), p.199-221; and G. Haroche-Bouzinac, *Voltaire dans ses lettres de jeunesse, 1711-1733* (Paris 1992), p.153-61.

[22] 'Catalogue des écrivains', *Le Siècle de Louis XIV* (*OH*, p.1152).

[23] *OC*, vol.9, p.125, note (*e*).

[24] BV1678 and *CN* iv.498-500.

[25] *CN*, iv.499.

[26] M.xix.563.

clearly sensitive to the whole range of registers deployed in Horace's lyric poetry.

In the same year, 1771, Voltaire acquired a translation of Suetonius, an important source for the life of Augustus, even though he already had in his library at Ferney a Latin edition and La Harpe's earlier translation;[27] meanwhile, in the article 'Scoliaste' (1772), already cited, there is extensive analysis of Dacier's translation of the *Odes* (and of Anne Dacier's translations of Homer);[28] and in August 1772, he is expressing interest in a new translation of the *Odes* (D17890).[29] As these examples show, Voltaire was still actively interested in the Roman poet in 1772 when he composed this *Epître à Horace*.

In what sense is Voltaire's own poem 'Horatian'? In form, Voltaire's *épître* does not particularly imitate the Horatian epistle, and at different points it seems to owe more to the *Satires* and even the *Odes*. In matters of language and style, Voltaire imitates, as none of his contemporaries were able to do, the Horatian *sermo*, that conversational style which while remaining formal none the less conveys to the reader a sense of intimacy, even of familiarity with a privileged world: Voltaire had already perfected this style in earlier works, and he now speaks to Horace in the register for which he, Horace, was celebrated.[30]

It is at the thematic level that the debt to Horace is most obvious. Horace was no philosopher in the conventional sense, but his poetry, influenced by Epicureanism, embodies a world view and a way of life which was influential, and attractive, in Europe from the Renaissance. One classical scholar sums up the qualities in Horace admired by the Humanists as 'self-sufficiency, self-reliance and trust in reason';[31] these are also the values of Voltaire. As Raymond Naves

[27] See BV3219, BV3220, BV3221.

[28] Voltaire had already discussed Dacier as a translator of Horace in the article 'Langues', published in the *Questions sur l'Encyclopédie* in 1771 (vol.7).

[29] This is the translation by Chabanon de Maugris (BV1680).

[30] See Sylvain Menant, *L'Esthétique de Voltaire* (Paris 1995), p.56.

[31] L. P. Wilkinson, *Horace and his lyric poetry* (Cambridge 1945), p.163.

writes, 'Voltaire l'a toujours considéré comme son modèle, modèle de jugement, de philosophie et même de conduite; son tour d'esprit correspondait en général à sa propre nature.' [32]

In the opening lines of the poem Voltaire sets out clearly the values of Horatianism as he sees them: 'voluptueux Horace', 'la mollesse et la grâce', 'facile en tes vers, et gai dans tes discours', 'cette sagesse aimable' (lines 7-11): this is all evocative of Voltaire's early verse written in the Epicurean company of the abbé de Chaulieu and the société du Temple. The theme of retreat into the country, evident in the correspondence, [33] is prominent, the word 'retraite' occuring three times (lines 34, 36, 58). The Epicurean theme remains a motif in the poem, with allusions to 'mes plaisirs. / Mes sages voluptés' (lines 65-66), and 'jouir sagement d'une honnête opulence' (line 152). 'Jouissons, écrivons, vivons, mon cher Horace' (line 140) exclaims Voltaire, and near the conclusion of the poem, he rewrites Horace's *carpe diem* (line 183):

> Profitons bien du temps: ce sont là tes maximes.

Voltaire's poem does not therefore imitate Horace, in the way, say, that Ronsard does. He would have been incapable of writing lines such as:

> Près de toi sentant ton odeur,
> Plein d'ardeur,
> Je façonne un vers dont la grâce
> Maugré mille siècles vivra
> Et suivra
> Le long vol des ailes d'Horace. [34]

Ronsard had imitated Horace to create lyric poetry; Voltaire rather employs the idea and the model of Horace to create a self-portrait in verse.

[32] Raymond Naves, *Le Goût de Voltaire*, p.136. See also p.167-68.

[33] See Geneviève Haroche-Bouzinac, 'Goût de la retraite et sentiment de solitude dans la *Correspondance* de Voltaire', *SVEC* 304 (1992), p.876-79.

[34] Ronsard *Œuvres complètes*, ed. G. Cohen, Bibliothèque de la Pléiade (Paris 1950), ii.723 ('Des roses plantées près un blé', Ode 13, Livre IV, 1550).

4. Portraits of the artist as an old man

As a young author living in London, Voltaire admired the monuments in Poets' Corner in Westminster Abbey, and noted that Pope's portrait, not the prime minister's, hung in many homes.[35] If he meditated then on how the English memorialised their writers, as he grew older he came increasingly to meditate upon the monuments that were being, and would be, raised to himself.

As a controversial thinker and an aggressive polemicist, Voltaire had long been the subject of personal attacks, and these did not diminish with the passing of the years. An engraving by Charles-François Le Vachez depicts the patriarch of Ferney standing resolutely, the lord of all he surveys. In one version of the print, dated 1778, the verses below this image proclaim that Voltaire enjoys immortality even in his own lifetime.[36] In another version of the print,[37] the lines of verse printed below are less flattering; written as if by Voltaire in the first person, he is made to describe himself as a despot who wants to be flattered and feared. In 1771 Antoine Sabatier de Castres published his *Tableau philosophique de l'esprit de M. de Voltaire* which, over 247 pages and twenty-two chapters, gives details about each of Voltaire's antagonists, one to each chapter. Sabatier de Castres concedes Voltaire's status as 'le premier poète du siècle' but is uncompromising in his description of his character: 'Un grand nombre d'hommes de lettres estimables, soit par leur mœurs, soit par leurs ouvrages, sont devenus l'objet de sa haine; et leur réputation, pour n'avoir pas plié sous son despotisme, est devenue la victime de sa jalousie ou de sa malignité.' For Sabatier de Castres, these flaws of character will colour Voltaire's posthumous reputation: 'Jamais

[35] *Lettres philosophiques*, letter 23.

[36] Reproduced in Garry Apgar, *L'Art singulier de Jean Huber: voir Voltaire* (Paris 1995), p.184, fig.158.

[37] See frontispiece to vol.74A.

haine ne fut plus féconde en querelles, en injustices, en satires, en imputations. De-là ce déluge de libelles qui consigneront sa honte à la postérité, sans nuire aux personnes qu'il s'efforce de décrier.'[38] The number of Voltaire's enemies was still growing, moreover, and the attacks by Clément and Le Roy were still fresh when Voltaire composed the *Epître à Horace*.

On the other hand, Voltaire's allies and disciples were also organising to defend the great man's reputation, and to fix in the contemporary mind, and for posterity, their view of the significance of his life. In 1770 a group of *philosophes* had banded together to commission from Jean-Baptiste Pigalle a statue of Voltaire (it would not be finished until 1776): Voltaire knew that his fellow writers were planning this tribute and was suitably sardonic about it. He wrote to D'Alembert (D16400):

> Il faut que je vous dise un mot de la plaisanterie de l'effigie. Le vieux magot que Pigalle veut sculpter sous vos auspices a perdu toutes ses dents, et perd ses yeux; il n'est point du tout sculptable; il est dans un état à faire pitié. Conseillez, je vous en prie, à votre Phidias de s'en tenir à la petite figure de porcelaine faite à Sève qui lui servirait de modèle.

While Pigalle was fixing his features in stone, the Genevan artist Jean Huber was making a series of images of Voltaire (silhouettes and oil paintings), which through the medium of engraving later became widely familiar.[39] Again, Voltaire feigns distant amusement, while in fact relishing the attention. On 10 August 1772 he writes to Mme Du Deffand (D17854):

> Puisque vous avez vu M. Huber, il fera votre portrait, il vous peindra en pastel, à l'huile, en mezzo tinto, il vous dessinera sur une carte avec des ciseaux, le tout en caricature. C'est ainsi qu'il m'a rendu ridicule d'un bout de l'Europe à l'autre. Mon ami Fréron ne me caractérise pas mieux pour réjouir ceux qui achètent ses feuilles.

[38] Antoine Sabatier de Castres, *Tableau philosophique de l'esprit de M. de Voltaire* (Genève 1771), Préface, p.vii-viii.

[39] See Garry Apgar, *L'Art singulier de Jean Huber*.

Many of Huber's images were designed for Catherine the Great, and to her Voltaire writes on 11 October 1772 of '[les] caricatures que mon ami M. Huber a faites de moi, il m'a donné le cou et les jambes, et même un peu de la physionomie de ce prétendu héron blanc' (D18078).

Also at this time Voltaire hears from one Duvernet that he would like to write his biography. Voltaire confides in La Harpe on 6 April 1772 (D17682):

Connaissez-vous un M. l'abbé Duvernet qui veut absolument écrire ma vie en attendant que je sois tout à fait mort? M. D'Alembert le connaît. Il faudrait qu'il eût la bonté d'engager mon historiographe à ne point faire paraître de mon vivant certains petits morceaux qu'il m'a envoyés, et qui me paraissent très prématurés, et qui pis est très peu intéressants. Je n'ose prier M. D'Alembert de lui en parler. Mais si par hasard il voyait M. l'abbé Duvernet, il me ferait grand plaisir de l'engager à modérer son zèle, qui d'ailleurs ne lui procurerait ni prébende ni prieuré. Ces moments-ci ne sont pas les plus brillants pour la république des lettres, nous sommes condamnés *ad bestias*; contentons-nous pour le présent du bon témoignage de notre conscience: pour moi je mets tout aux pieds de mon crucifix, à mon ordinaire.

Meanwhile La Harpe himself wrote an essay in 1772, *Précis historique sur M. de Voltaire*, for a collection which was to be called *Galerie universelle*, and which was to contain the portraits of the most celebrated European writers; the project came to nothing, but the essay was published separately in 1773. La Harpe sketches the portrait as Voltaire would certainly have wanted: he was the first writer to enjoy a large fortune; he describes the 'Société des gens de lettres' who are commissioning the statue from Pigalle; and he speaks of the *colonie*: 'La terre de Ferney où il a établi sa demeure est devenue une colonie florissante dont il est le fondateur et le soutien.'[40]

Voltaire himself was hardly likely to remain aloof from these

[40] La Harpe, *Précis historique sur M. de Voltaire* (1773), p.16. One undated edition prints together the *Réponse d'Horace à M. de Voltaire* and the *Précis historique* (BnF YE-9935).

propaganda attempts at image-making, and he writes a number of works in which he strikes a posture for posterity. Among these, one of the most significant is the *Epître à Horace*, which has been rightly described as 'an exercise in self-presentation'.[41] A clue to the true subject of the poem lies in the ubiquity of the first-person: it contains no fewer than thirty-seven occurrences of the pronoun 'je'. This 'je' addresses Horace throughout, apart from a brief central passage (lines 77-80) in which he addresses God (he, of course, uses 'tu' to them both).

'Horace tells us far more about himself, his character, his development, and his way of life [...], than any other great poet in antiquity.'[42] This being so, his influence has been felt beyond the realm of poetry, and it has been said that one of the most Horatian of all Renaissance authors is Montaigne. Voltaire too learns from Horace how to write about himself. Like Montaigne before him, Voltaire can identify with Horace: a country estate, affording a detached and calm outlook on life, a love of literature, the self-knowledge derived from the observation of others. Thus Horace gives Voltaire a language in which to talk about himself, always remaining within the strictest confines of classical orthodoxy.

Indeed, Voltaire's poetic persona does more than apostrophise Horace, he compares himself to him, and the poem is structured around a series of set-pieces. In the first, Voltaire contrasts his relationship to Frederick with Horace's with Augustus, and finds that he has come off best (lines 13-33). This is followed by a comparison between the gardens of Tivoli, and those of Ferney, and again, 'Je crois Ferney plus beau' (line 41). Later in the poem, Voltaire contrasts the Latin language of Horace with the less flexible French language in which he has to write (lines 104f.): here he gives the advantage to Horace (though by emphasising the difficulty of writing verse in French, he of course only further

[41] Edwina Vittorini and G. F. Evans, 'Voltaire's *Epître à Horace*: an exercise in self-presentation', in *The Classical tradition in French literature: essays presented to R. C. Knight* (London 1977), p.179-90.

[42] Eduard Fraenkel, *Horace* (Oxford 1957), p.1.

enhances the scale of his present achievement). The fourth comparison concerns their respective enemies (lines 115-19), and here too Horace has the advantage: he had Maecenas and Pollio to defend him, whereas Voltaire presents himself as defenceless against 'nos Welches modernes' (line 119). (Implicit here is a further unstated comparison: Horace depended on a protector to buy his Sabine farm; Voltaire, a self-made man, has bought his own estate, and perhaps therefore needs no protector.) After these four set-piece comparisons, the 'je' persona shifts in the latter part of the poem into the first-person plural – 'Jouissons [...], mon cher Horace' (line 140), 'Profitons-bien du temps' (line 183) – as Voltaire identifies himself more and more closely with the Roman poet. The final comparison remains unfinished business. Voltaire imagines how Horace made a good death, with a rational mind, despising hell, dying 'en honnête homme' (line 167). Voltaire looks forward to his own death, and again Horace seems to have the advantage, for it is not so easy to die in eighteenth-century France. As Voltaire wrote to Frederick: 'J'ai une aversion invincible pour la manière dont on meurt dans notre sainte religion catholique, apostolique et romaine' (D17125).

Voltaire's poetic persona wears many masks in the course of the poem: he is a poet, 'ami des vers'; he is the philosopher friend to kings; he is the happy recluse enjoying nature; he is the victim of jealous if absurd rivals; he is the practical man, who employs the 'indigent Savoyard' and builds up his *colonie*; he is the *philosophe* who unites Protestant and Catholic and who quietly preaches liberty; he is the dying man who ponders death; and so forth. And needless to say, the different masks are not consistent, they do not add up to make one credible person. Instead we have what has been described as 'an aggressive concern with public reputation and status'.[43] Voltaire paints a figure who is prey to jealousy on all sides; no contemporary writer is cited as a friend or ally, and unlike

[43] Vittorini and Evans, 'Voltaire's *Epître à Horace*: an exercise in self-presentation', p.180.

Horace, he has no defenders; he can only commune with Boileau, and with Horace. There is an emphasis on how others have treated the figure of Voltaire. Frederick offered him 'les honneurs de sa table' (line 28). Heroes, writers and crowned heads flock to visit him in his hermitage as a great man (lines 60f.). Jean Huber makes Voltaire, and therefore others, laugh with his images of Voltaire (line 163).

Voltaire puts himself above the fray by adopting the antique pose of an adherent of Horace's philosophy. Humanity and wisdom are to the fore, and the polemical activities of the *philosophe* are played down: 'Je te dis, mais tout bas: Heureux un peuple libre' (line 56). Emphasis is rather on the practical business of building the *colonie*, and it is only as part of that 'useful' activity that he evokes the question of religious tolerance (lines 75-76):

> Et pour mieux cimenter mon utile entreprise,
> J'unis le protestant avec ma sainte Eglise.

This emphasis on practical activity is Voltaire's best answer to his ever more vociferous critics, and indeed one of the stimuli behind writing this poem, as he wrote to Mme Du Deffand: 'Quand je vous dis, Madame, que j'ai bâti une petite ville assez jolie, cela est très ridicule, mais cela est très vrai. Cette ville même faisait un commerce assez considérable; mais si on continue à me chicaner, tout périra. Pour me dépiquer j'ai fait une épître à Horace' (D17946).

The theme of his own death is of course prominent in the poem: he refers repeatedly to his age, he evokes the hackneyed image of Atropos (the third of the three fates, who cuts the thread and so decides death), he describes the will which has been written for him by Marchand, and he meditates on the difficulty of dying a good death: Christiane Mervaud describes 'la pratique testamentaire' in the poem, which could easily have had the same sub-title as the *Epître à Boileau*: *Mon testament*. This is a theme too of the correspondence of the period. To d'Argental, on 21 October 1772: 'Il faut que je me prépare à aller rendre visite à Despréaux et à Horace' (D17971). To Ximenès on 31 October 1772, he is more fulsome (D17991):

Je suis bien loin de me croire digne des fleurs que vous jetez sur le drap mortuaire dont je vais bientôt être embéguiné. J'écrivis il y a quelque temps à Horace qui est de votre connaissance, mais je n'ai pas osé rendre ma lettre publique, attendu que je lui ai parlé un peu librement, mais je prendrai encore plus de liberté quand je le verrai.

In May 1772 Voltaire writes to Duvernet a meditation on this theme, which merits being quoted in full (D17727):

Il faut bien, monsieur, que chacun fasse son testament; mais vous vous doutez bien que celui qu'on m'impute n'est point mon ouvrage. L'ancien et le nouveau testament ont fait dire assez de sottises, sans que j'y ajoute les miennes. Mes prétendues dernières volontés sont la production d'un avocat de Paris, nommé Marchand, qui est le loustik du barreau. C'est une espèce de cible qui a fait rire quelquefois par ses plaisanteries. J'espère que mon vrai testament sera plus honnête et plus sage. Le malheur est qu'après avoir été esclave toute sa vie, il faut l'être encore après sa mort. Personne ne peut être enterré comme il voudrait l'être. Ceux qui seraient bien aises d'être dans une urne sur la cheminée d'un ami sont obligés d'aller pourrir dans un cimetière, ou dans quelque chose d'équivalent. Ceux qui auraient envie de mourir dans la communion de Marc Aurèle, d'Epictète et de Cicéron sont obligés de mourir dans celle de Calvin, s'ils sont à Genève, et dans celle du pape, s'ils sont à Rome. Cependant, depuis quelques années on meurt beaucoup plus commodément qu'autrefois dans Genève. La liberté de penser s'y établit insensiblement comme en Angleterre. Il y a des gens qui m'accusent de ce changement. Je voudrais avoir mérité ce reproche depuis Constantinople jusqu'à la Dalécarlie. Il est ridicule et horrible de gêner les vivants et les morts. Chacun, ce me semble, doit disposer de son corps et de son âme à sa fantaisie: le grand point est de ne jamais molester ni le corps ni l'âme de son prochain, à supposer que ce prochain ait une âme. Notre consolation après notre mort est que nous ne saurons rien de la manière dont on nous aura traités. Nous avons été baptisés, sans en rien savoir: nous serons inhumés de même. Le mieux serait peut-être de n'avoir point reçu cette vie dont on se plaint si souvent, et qu'on aime toujours. Mais rien n'a dépendu de nous. Nous sommes attachés, comme dit Horace, avec les gros clous de la nécessité etc.

It is not by chance that this powerful meditation on the difficulties of dying a philosopher's death in a Catholic country concludes with an evocation of Horace. But should we read the *Epître à Horace* simply as a testament?

For in all this talk of his death, Voltaire also ponders the after-life. Not the after-life of the Christian, on which he maintains a tactful silence, but the less controversial after-life enjoyed by great writers in their glory that lives on (lines 101-103):

> Tout passe, tout périt, hors ta gloire et ton nom.
> C'est là le sort heureux des vrais fils d'Apollon.
> Tes vers en tout pays sont cités d'âge en âge.

Voltaire's prime concern is thus not so much to write his testament as to fix his image with posterity. He feels demeaned by the plethora of Grub Street attacks, and with the *Epître à Horace* he makes a real effort to rise above them, and to draw the lines of how he would like posterity to remember him. It is his bid to have the last word.

We should also bear in mind that the *Epître à Horace* was always intended to be read alongside other works. Already in 1769 Voltaire had written three verse epistles, the *Epître à Boileau*, the *Epître à l'auteur du nouveau livre des Trois imposteurs* and the *Epître à M. de Saint-Lambert*, all of a quasi-autobiographical nature. Voltaire never sanctioned their publication as a coherent group (though they do appear together in volume 6 of the *Evangile du jour*). But now in late 1772 Voltaire does create a triptych of poems, as we saw above, placing his new poem, the *Epître à Horace*, in between two of the poems of 1769. If he leaves on one side the *Epître à M. de Saint-Lambert*, that is perhaps because he felt it was the weakest of the three, and perhaps also because he felt it was redundant. It had been much preoccupied with Voltaire's work for his *colonie*:

> Dans ces champs malheureux, si longtemps désertés,
> Sur les pas du Travail j'ai conduit l'Abondance;
> J'ai fait fleurir la Paix et régner l'Innocence.

Ces vignobles, ces bois, ma main les a plantés;
Ces granges, ces hameaux désormais habités,
Ces landes, ces marais changés en pâturages,
Ces colons rassemblés, ce sont là mes ouvrages:
Ouvrages fortunés, dont le succès constant
De la mode et du goût n'est jamais dépendant;
Ouvrages plus chéris que Mérope et Zaïre,
Et que n'atteindront point les traits de la satire![44]

This theme is addressed again in the *Epître à Horace*, and Voltaire may have felt his new triptych worked better without it.

The *Epître à Boileau* (1769), which cites Horace at the start (line 4), is a meditation on the grandeur of the previous century, compared unfavourably by Voltaire with the present age. He compares Boileau's enemies with his own, and speaks autobiographically about his fight for justice and tolerance. The *Epître à Horace* picks up on a number of the same themes (the comparison with the *siècle de Louis XIV*, the omnipresence of Voltaire's enemies) and develops the autobiographical element, which it places in the more ambitious context of classical antiquity. The following *Epître à l'auteur du nouveau livre des Trois imposteurs* (1769) emphasises a theme, his defence of the idea of a supreme being, which was only hinted at in the *Epître à Horace*, but which had become all the more urgent in the wake of Le Roy's attack, and the accusations of atheism which he had already evoked in *Les Cabales*. Thus the *Epître à Horace* should be read not in isolation, but as part of a broader strategy on the part of Voltaire to present, indeed impose, an image of himself on the reading public.

Another factor which should give us pause in reading this poem simply as Voltaire's last will and testament is its conclusion. It comes as a bolt from the blue. After what might have been the rousing conclusion 'Profitons bien du temps', a final paragraph evokes the importance of rhyme in modern languages, and in the very last line Voltaire reacts against the recent news that Sedaine

[44] M.x.406.

has written a tragedy in prose.[45] This could seem like bathos, and Nablow writes of 'the somewhat weak concluding paragraph'.[46] Voltaire, on the other hand, was proud of what he thinks of as an impertinent conclusion. In a letter to Marmontel of 4 November 1772 he declares that 'la seule chose qui me console c'est que la fin de l'épître est si insolente qu'on ne l'imprimera pas' (D17996). So is this bathos? By concluding his verse satire with a reference to contemporary literature, moreover to an attempt to avoid verse, Voltaire is in his own way making his voice heard in a contemporary literary debate that went back to La Motte. There is no doubting the strength of his hostility to the idea of prose tragedy; to d'Argental on 5 September 1772 Voltaire wrote: 'Il nous manquait une tragédie en prose, nous allons l'avoir. C'en est fait, le monde va finir, l'antéchrist est venu' (D17900). He returns to the topic in an article 'Rime' added to the ninth part (1772) of the *Questions sur l'Encyclopédie*: 'Quel malheureux Visigoth peut oser, après *Cinna* et *Andromaque*, bannir les vers du théâtre? C'est donc à cet excès d'opprobre que nous sommes parvenus après le grand siècle! Ah! Barbares, allez donc voir jouer cette tragédie en redingote à Faxhall, après quoi venez-y manger du rosbif de mouton et boire de la bière forte.'[47]

Voltaire thus devoted much energy to preventing the performance of this example of the new barbarism, as Grimm later wrote to Catherine II: 'Sans connaître sa tragédie en prose [...], il ne dédaigna pas d'employer son crédit pendant les dernières années de sa vie, pour empêcher cette pièce d'être jouée, parce qu'il craignait, non peut-être sans fondement, que son succès ne ruinât la tragédie en vers, machine si éloignée de la nature, de fond en comble.'[48]

[45] This was *Maillard ou Paris sauvé* (Brenner 1029), written in 1770, but never performed in Sedaine's lifetime; see Ladislas Günther, *L'Œuvre dramatique de Sedaine* (Paris 1908), chap.8.

[46] *A Study of Voltaire's lighter verse*, p.193.

[47] M.xx.373.

[48] *Lettres de Grimm à l'impératrice Catherine II*, ed. Jacques Grot, 2nd ed. (St Petersburg 1885), p.36 (15/26 February 1779).

Voltaire may have been fighting for a symbol of taste which seemed increasingly outdated to his contemporaries; but the very fact that he concludes his poem with a fight suggests that this is no simple testament. Indeed how better to defend verse than by writing a poem?

One of Huber's silhouettes, cut from a playing card, and dating from around 1768, depicts Voltaire facing the figure of death.[49] Death looking exceedingly frail, wields an hour-glass in one hand; Voltaire, hale and hearty, strikes a defiant, even pugnacious, pose. Faced with Death, Voltaire appears to be having the last word: this is also his posture in the *Epître à Horace*.

5. Manuscripts and editions

Manuscripts

MS1

Copy of the *Correspondance littéraire* sent to margrave of Ansbach, *livraison* of 15 October 1772.[50] Bibliothèque historique de la ville de Paris, ms c.p. 3856, f.172*r*-175*r*.

MS2

Voltaire et Mme Du Châtelet: révélations d'un serviteur attaché à leurs personnes, éd. D'Albanès Havard [Jean-Alexandre Havard] (Paris, Dentu, 1863), p.214-32 (absent from Brown). Havard reproduces the text of the *Epître*, 'telle qu'elle est', from a manuscript in his possession (and whose whereabouts is now unknown). The notes are absent. The variants are extensive, and seem to be improvements on the original version. The main part of the manuscript contains a version of Longchamp's 'Anecdotes'; Longchamp claimed to have visited Voltaire in Paris in 1778, so it is possible he acquired the revised text of the poem on that occasion.

[49] Illustrated in Garry Apgar, *L'Art singulier de Jean Huber*, p.44, fig.40.

[50] For other ms versions in the *Correspondance littéraire*, see *Inventaire de la Correspondance littéraire*, i.291, 72:197.

MS3

Holograph in 6 quarto pages, sold in Paris in 1865; present whereabouts unknown (Brown 60A).

MS4, MS5

Paris, BnF N24334, f.185-189; contemporary copy by Wagnière (Brown 60B); and f.191-195, a further old copy (Brown 60D).

MS6

Paris, BnF N24342, f.254-256; contemporary copy (Brown 60C).

Editions

72A

Epître à Horace. n.p. 1772. 8°. 12 p.

BnC 2149, Bengesco 825.

The first edition, with notes at the foot of the page. The base text.

Paris, BnF: Rés. Z. Bengesco 192.

72B

Epître à Horace, par M. de Voltaire. n.p. n.d. 8°. 14 p.

BnC 2150.

Lacking the notes, and not adopting Voltaire's preferred spelling, this editon was not authorised by Voltaire.

Paris, BnF: Rés. Z. Bengesco 193.

MF

Mercure de France, December 1772, p.55-60: 'Fragments d'une Epître à Horace de M. de Voltaire'. Extracts of the poem, no notes.

73A

[*The first three lines in decorative type:*] LES / LOIX DE MINOS, / TRAGÉDIE. / AVEC LES NOTES / DE / *Mr. de MORZA*, / ET / PLUSIEURS PIECES / CURIEUSES DÉTACHÉES / [*ornament*] / [*decorated thick-thin rule*] / [Genève, Cramer,] 1773.

8°. pag. xv.[i blank].395.[1 blank].2 (errata).

125-35 Epître à Horace. Includes footnotes. The first authorised edition to include La Harpe's 'Réponse'.

Bengesco 291; BnC 996-999.

London, BL: 1568/8263; Oxford, Taylor: V3.L6.1773(1); Paris, BnF: Yf 12118, Rés. Z. Bengesco 116; Rés. Z. Beuchot 536, Rés. Z. Rothschild 5232, Rés. Z. Bengesco 981.

73B

Epître de M. de Voltaire à Horace, suivie de la Réponse d'Horace et des Systèmes. Ferney 1773. 8°. 19 [25] p.

BnC 2151, Bengesco 826. Includes footnotes and La Harpe's 'Réponse'. No evidence that this edition was authorised.

Paris, BnF: Rés. Z. Beuchot 253.

73C

Epître à Horace. Réponse d'Horace à M. de Voltaire, par M. de La Harpe. n.p. n.d. 8°. 32 p.

BnC 2152, Bengesco 827. Includes footnotes and La Harpe's 'Réponse'. No evidence that this edition was authorised.

Paris, BnF: Ye. 35007; Rés. Z. Bengesco 194.

73D

Nouveautés. n.p. n.d. [1773]. 8°.

BnC 2016.

30-37 Epître à Horace. Includes La Harpe's 'Réponse' (p.111-19), but lacks the notes. Not an authorised edition.

Paris, BnF: Zz. 3879.

EJ73

Evangile du jour, vol. x.

BnC 5266.

7-13 Epître à Horace. Includes footnotes and La Harpe's 'Réponse'.

Paris, BnF: D^2 5300 (10); Rés. Z. Bengesco 378 (10); Rés. Z. Beuchot 290 (10).

W72P [1773]

Œuvres de M. de V.... Neuchâtel [Paris, Panckoucke], 1772-1777. 34 or 40 vol. 12°.

Bengesco 2140; Trapnell 72P; BnC 153.

Vol. ii: 169-76 Epître à Horace. Includes footnotes and La Harpe's 'Réponse' (p.177-84).

Paris, Arsenal: Rf. 14095

NM74

Nouveaux Mélanges philosophiques, historiques, critiques, etc. [Genève, Cramer] 1765-1775. 19 vol. 8°.

Bengesco 2212; BnC (127); Trapnell NM.

Vol. xiv: 76-82 Epître à Horace. Includes footnotes and La Harpe's 'Réponse'.

Paris, BnF: Rés. Z Bengesco 487 (14).

W68 [1774]

Collection complète des œuvres de M. de Voltaire. [Genève, Cramer; Paris, Panckoucke] 1768-1777. 45 vol. 4°.

Volumes i-xxiv were produced by Cramer under Voltaire's supervision. Bengesco 2137; Trapnell 68; BnC 141-44.

Vol. xx: 38-45 Epître à Horace. Notes appear as endnotes; includes La Harpe's 'Réponse'.

Oxford, Taylor: VF. Paris, BnF: Rés. M Z 587.

W75G

La Henriade, divers autres poèmes et toutes les pièces relatives à l'épopée. Genève, [Cramer & Bardin] 1775. 37 [40] vol. 8°.

The *encadrée* edition, produced at least in part under Voltaire's supervision.

Bengesco 2141; Trapnell 75G; BnC 158-61.

Vol. xiii: 218-25 Epître à Horace. Has endnotes, and is followed by La Harpe's 'Réponse'.

Geneva, ImV: A 1775/2 (13). Oxford, Taylor: V1 1775 (13); VF. Paris, BnF: Z 24839-24878.

77

Poèmes, épîtres et autres poésies, par M. de Voltaire. Genève 1777. 18°. 200 pp.

BnC 1980.

153-59 Epître à Horace. Lacks the notes, but includes La Harpe's 'Réponse'.

Paris, BnF: Rés. Z. Beuchot 680.

K

Œuvres complètes de Voltaire. [Kehl] Société littéraire-typographique, 1784-1789. 70 vol. 8°.

Bengesco 2142; Trapnell K; BnC 164-169.

Vol. xiii: 257-64 Epître à Horace. With footnotes; two editorial notes are added.

Oxford, Taylor: V1 1785/2 (13); VF. Paris, BnF: Rés. P Z 2209 (13).

6. Principles of this edition

The first edition (72A) has been taken as the base text. Variants are given from MS1, MS2, 73A, EJ73, W72P, NM74, W68, W75G, K.

Treatment of the base text

The spelling has been modernised.

The punctuation of the base text has been respected (except that for reasons of clarity in line 75 a full stop has been changed to a comma, and the first comma has been inserted in line 174). The punctuation of the first edition is light compared with that of subsequent editions.

The following nouns had initial capitals: Lettre, Roi [first occurrence], Empereur, Etat, Edit, Eglise, Pape, Sénat, Tiare, Abbé, Cour, Notaire, Ecrivain, Médecin.

The notes are an integral part of the text, and appear from the beginning as footnotes. Only in w68 do the notes appear as endnotes (presumably for reasons connected with the aesthetic of the large page size). It seems reasonable to surmise that editions lacking the notes were not authorised by Voltaire.

ÉPÎTRE À HORACE

Toujours ami des vers et du diable poussé,[1]
Au rigoureux Boileau j'écrivis l'an passé.[2]
Je ne sais si ma lettre aurait pu lui déplaire
Mais il me répondit par un plat secrétaire,[3]
Dont l'écrit froid et long déjà mis en oubli
Ne fut jamais connu que de l'abbé Mabli.[4]

Je t'écris aujourd'hui voluptueux Horace,
A toi qui respiras la mollesse et la grâce,
Qui facile en tes vers, et gai dans tes discours
Chantas les doux loisirs, les vins et les amours;
Et qui connus si bien cette sagesse aimable
Que n'eut point de Quinault le rival intraitable.[5]

Je suis un peu fâché pour Virgile et pour toi,

4 MS1: [*after* 'secrétaire', *marginal note, by Grimm?:* 'Clément']
6 MS1: jamais prôné que par l'abbé
10 MS1: l'oisiveté, le vin
MS2: l'oisiveté
W68: les doux plaisirs
12 MS1: le censeur intraitable

[1] Allusion to the *Epître du diable à M. de Voltaire* (1760). Voltaire first alluded to this attack on him in July 1761 (D9882).

[2] Voltaire's *Epître à Boileau* dates from 1769.

[3] Reference to Jean-Marie-Bernard Clément, who published a verse epistle *Boileau à M. de Voltaire* in February 1772. Voltaire replied the following month in his *Lettre de M. de Voltaire à un des ses confrères à l'Académie* (see vol.74A, p.137f.). Compare D9882, in which Voltaire makes the same joke about Clément.

[4] Voltaire learned from D'Alembert in March 1772 that the abbé de Mably had become Clément's protector (D17628). Mably, the elder brother of Condillac, was generally supportive of the *philosophes*' cause, so it is hard to know why he defended Clément in this instance.

[5] A reference to Boileau, described in the earlier *Epître à Boileau* as 'Zoïle de Quinault' (M.x.397).

Que tous deux nés Romains vous flattiez tant un roi.[6]
Mon Féderic[7] du moins, né roi très légitime,
Ne doit point ses grandeurs aux bassesses du crime.
Ton maître était un fourbe, un tranquille assassin,
Pour voler son tuteur il lui perça le sein;[8]
Il trahit Cicéron père de la patrie;
Amant incestueux de sa fille Julie.
De son rival Ovide il proscrivit les vers,
Et fit transir sa muse au milieu des déserts.
Je sais que prudemment ce politique Octave
Payait l'heureux encens d'un plus adroit esclave.
Féderic exigeait des soins moins complaisants,
Nous soupions avec lui sans lui donner d'encens.
De son goût délicat la finesse agréable
Faisait sans nous gêner les honneurs de sa table.
Nul roi ne fut jamais plus fertile en bons mots
Contre les préjugés, les fripons et les sots.
Maupertuis gâta tout.[9] L'orgueil philosophique

15 MS1, MS2, W72P, W68, W75G-K: Frédéric
16 MS1, MS2: sa grandeur
22 K: Il fit
25 MS1, MS2, W72P, W68, W75G-K: Frédéric
29 MS2: jamais si fertile

[6] Augustus, also known as Octavian.

[7] Frederick, still crown prince, signed his first letter to Voltaire as 'Federic' (8 August 1736, D1126). The use here of what feels like a private name (perhaps echoing Italian Federico) reinforces the intimacy of the possessive adjective 'Mon'.

[8] Cicero, proscribed by the Triumvirate in 43BC.

[9] Voltaire, twenty years after the event, revives the memory of his humiliation of Maupertuis, which had so angered Frederick at the time (see the *Histoire du docteur Akakia*, *OC*, vol.32B). 'Cette pointe assassine, en pleine période d'amitié retrouvée entre Voltaire et Frédéric, étonne,' writes C. Mervaud. 'Elle introduit une note d'aigre sincérité publique alors que leur correspondance privée se plaît à idéaliser le séjour prussien' ('Voltaire et la pratique testamentaire de l'*Epître à Horace*', p.56). Fréron's comment on the line is scathingly direct: 'Est-ce bien M. de Maupertuis, n'est-ce pas plutôt M. de Voltaire qui gâta tout?' (*Année littéraire*, t.7 (1772), p.281).

Aigrit de nos beaux jours la douceur pacifique.[10]
Le plaisir s'envola, je partis avec lui.

Je cherchai la retraite.[11] On disait que l'ennui
De ce repos trompeur est l'insipide frère.
Oui, la retraite pèse à qui ne sait rien faire;
Mais l'esprit qui s'occupe y goûte un vrai bonheur.
Tibur[12] était pour toi la cour de l'empereur;
Tibur dont tu nous fais l'agréable peinture,
Surpassa les jardins vantés par Epicure.
Je crois Ferney plus beau. Les regards étonnés
Sur cent vallons fleuris doucement promenés
De la mer de Genève admirent l'étendue,
Et les Alpes de loin s'élevant dans la nue
D'un long amphithéâtre enferment ces côteaux,
Où le pampre en festons rit parmi les ormeaux.
Là, quatre états divers arrêtent ma pensée.
Je vois de ma terrasse à l'équerre tracée
L'indigent Savoyard utile en ses travaux
Qui vient couper mes blés pour payer ses impôts.
Des riches Genevois les campagnes brillantes,
Des Bernois valeureux les cités florissantes,[13]
Enfin cette Comté, franche aujourd'hui de nom,

37 MS1: y trouve un
38 MS1, MS2: Tibur valait pour
44 MS1, MS2: loin se cachant dans
48 MS1: terrasse en équerre placée
51 MS1, MS2: campagnes riantes

[10] An evocation perhaps of the title of *Les Cabales, œuvre pacifique* (see above, p.175 var.).

[11] An obviously Horatian theme, Voltaire speaks often (if unconvincingly) at this time in his correspondence about his desire for the quiet life.

[12] Tivoli, home of Horace.

[13] Berne in the eighteenth century controlled Lausanne and the pays de Vaud, so its culture was more French- than German-speaking. See Louis-Edouard Roulet, *Voltaire et les Bernois* (Neuchâtel 1950).

Qu'avec l'or de Louis conquit le grand Bourbon:[14]
Et du bord de mon lac à tes rives du Tibre,
Je te dis, mais tout bas, heureux un peuple libre.

Je le suis en secret dans mon obscurité.
Ma retraite et mon âge ont fait ma sûreté.
D'un pédant d'Anniki j'ai confondu la rage,[15]
J'ai ri de sa sottise: et quand mon hermitage
Voyait dans son enceinte arriver à grands flots
De cent divers pays les belles, les héros,
Des rimeurs, des savants, des têtes couronnées,
Je laissais du vilain les fureurs acharnées
Hurler d'une voix rauque au bruit de mes plaisirs.
Mes sages voluptés n'ont point de repentirs.
J'ai fait un peu de bien; c'est mon meilleur ouvrage.[16]

55 MS1: Et des bords de
58 MS2: Mon asile et mon
59 MS1: d'Annecy
60 MS2: Je ris de
63 MS1: de têtes
66 MS2: de repentir

[14] The Franche-Comté was from 1493 a semi-autonomous Habsbourg province; in the seventeenth century France waged three campaigns to capture the province. The first took place in 1635; the second (1668) and third (1674) campaigns were fought by Louis XIV. Spain finally ceded the Franche-Comté to France in September 1678, in the treaties of Nijmegen.

[15] Jean-Pierre Biord, bishop of Annecy from 1764, and remembered for his public altercations with Voltaire (see *VST*, ii.300-302). In the *Epître à M. de Saint-Lambert* (1769), Voltaire describes him as 'un vil cagot mitré' (M.x.406). The poem is reproduced in the *Questions sur l'Encyclopédie* article 'Eglogue' (vol.5, 1771). Voltaire attacks him again, and at greater length, in the *Questions sur l'Encyclopédie* article 'Fanatisme', section seconde (vol.6, 1771).

[16] Condorcet quotes this line as the conclusion to his *Vie de Voltaire*: 'Enfin, on se souviendra qu'au milieu de sa gloire, après avoir illustré la scène française par tant de chefs-d'œuvre, lorsqu'il exerçait en Europe sur les esprits un empire qu'aucun homme n'avait exercé sur les hommes, ce vers si touchant [...] était l'expression naïve du sentiment habituel qui remplissait son âme' (M.i.292).

Mon séjour est charmant, mais il était sauvage.
Depuis le grand édit (*a*) inculte, inhabité
Ignoré des humains dans sa triste beauté;
La nature y mourait, je lui portai la vie;
J'osai ranimer tout. Ma pénible industrie
Rassembla des colons par la misère épars.
J'appelai les métiers qui précèdent les arts,
Et pour mieux cimenter mon utile entreprise,
J'unis le protestant avec ma sainte Eglise.

Toi qui vois d'un même œil frère Ignace et Calvin,
Dieu tolérant, Dieu bon, tu bénis mon dessein!
André Ganganelli ton sage et doux vicaire,
Sait m'approuver en roi s'il me blâme en saint-père.[17]

(*a*) *Depuis le grand édit inculte, inhabité.* A la révocation de l'Edit de Nantes, tous les principaux habitants du petit pays de Gex passèrent à Genève et dans les terres helvétiques. Cette langue de terre qui est dans la plus belle situation de l'Europe fut déserte; elle se couvrit de marais, il y eut quatre-vingts charrues de moins, plus d'un village fut réduit à une ou deux maisons, tandis que Genève par sa seule industrie, et presque sans territoire a su acquérir plus de quatre millions de rentes en contrats sur la France, sans compter ses manufactures et son commerce.

68 MS2: il est bien sauvage
69 MS2: Depuis quatre-vingt-cinq inculte
71 MS2: lui donnai la
75 MS2: mon enterprise unique
76 MS2: avec le catholique
77 MS1: Saint Ignace
MS2: Dieu qui vois d'un même œil saint Ignace
note (*a*), 4 MS1: marais, et il y eut quatre-vingt-dix charrues
note (*a*), 6 MS1: deux chaumières, tandis que Genève toute peuplée de français réfugiés, a su acquérir par sa seule industrie, et presque sans territoire quatre millions cinq cent mille livres de rentes

[17] Clement XIV, pope from 1769 to 1774; in 1773 he would suppress the order of the Jesuits.

L'ignorance en frémit: et Nonotte hébété
S'indigne en son taudis de ma félicité.

Ne me demande pas ce que c'est qu'un Nonotte,
Un Ignace, un Calvin, leur cabale bigote,[18]
Un prêtre roi de Rome, un pape, un vice-Dieu,
Qui deux clefs à la main commande au même lieu
Où tu vis le Sénat aux genoux de Pompée,
Et la terre en tremblant par César usurpée.
Aux champs elyséens tu dois en être instruit.
Vingt siècles descendus dans l'éternelle nuit
T'ont dit comme tout change, et par quel sort bizarre
Le laurier des Trajans fit place à la tiare;
Comment ce fou d'Ignace étrillé dans Paris,
Fut mis au rang des saints, même des beaux esprits,
Comment il en déchut; et par quelle aventure
Nous vint l'abbé Nonotte après l'abbé Depure.[19]

Ce monde, tu le sais, est un mouvant tableau,
Tantôt gai, tantôt triste, éternel et nouveau.
L'empire des Romains finit par Augustule;
Aux horreurs de la fronde a succédé la bulle;
Tout passe, tout périt hors ta gloire et ton nom.
C'est là le sort heureux des vrais fils d'Apollon.

83 MS2: demande point
84 MS1: la cabale
85 MS1: pape, vice-Dieu
91 MS2: quel coup bizarre
92 MS1: Le bandeau des Césars fit
MS2: Le bandeau de César fit
93 W68: Comme ce fou
96 MS1: l'abbé De Pure
97 MS2: Le monde

[18] On Voltaire's preoccupation with *cabales* at this time, see above, *Les Cabales*.

[19] The abbé de Pure (1634-1680), less remembered for his writings than for his attacking (and being attacked by) Boileau.

Tes vers en tout pays sont cités d'âge en âge.

Hélas! Je n'aurai point un pareil avantage.
Notre langue un peu sèche et sans inversions[20]
Peut-elle subjuguer les autres nations?
Nous avons la clarté, l'agrément, la justesse.
Mais égalerons-nous l'Italie et la Grèce?
Est-ce assez en effet d'une heureuse clarté
Et ne péchons-nous pas par l'uniformité?
Sur vingt tons différents tu sus monter ta lyre;
J'entends ta Lalagé,[21] je vois son doux sourire;
Je n'ose te parler de ton Ligurinus;[22]
Mais j'aime ton Mécène, et ris de Catius.[23]

103 MS1: Tes vers dans tout
110 MS1: péchons-nous point par
112 MS1: Là, j'entends Lalagé
113 MS1: Et je pardonne même à ton
MS2: Si je pardonne même à ton
114 MS1, MS2: Je te suis chez Mécène

[20] The question had been much discussed earlier in the century, notably by Condillac (*Essai sur l'origine des connaissances humaines*, 1746), Batteux (*Lettres sur la phrase française comparée avec la phrase latine*, 1748), Diderot (*Lettre sur les sourds et muets*, 1751), and Dumarsais (*De l'inversion*, published 1797). Voltaire had recently discussed this debate in the article 'Langues' in the *Questions sur l'Encyclopédie* (vol.7, 1771). See U. Ricken, *Linguistics, anthropology and philosophy in the French Enlightenment: language, theory and ideology* (London 1994).

[21] Lalage, a young woman who is the object of the poet's love (*Odes*, I, 22; II, 5). She is also mentioned in three articles in the *Questions sur l'Encyclopédie* ('Adorer', 'Education' and 'Scoliaste').

[22] Ligurinus, a young man who is the object of the poet's love (*Odes*, IV, 1 and 10). Voltaire had already spoken of Ligurinus in the *Dictionnaire philosophique* article 'Amour nommé socratique' (*OC*, vol.35, p.332), reused in the *Questions sur l'Encyclopédie*. In this last work Ligurinus is also mentioned in the article 'Oraison'. In the *Vers à feue Mme la marquise Du Châtelet, sur les poètes latins* (1734?), Voltaire had written of 'Cet adroit courtisan, ce délicat Horace, / Mêlant au dieu du vin l'une et l'autre Vénus, / D'un ton plus libertin caresser avec grâce / Et Glycère et Ligurinus' (*OC*, vol.14, p.525).

[23] Catius (in a satire of Epicureanism) recounts at length a lecture on gastronomy (*Satires*, II, 4).

Je vois de tes rivaux l'importune phalange
Sous tes traits redoublés enterrés dans la fange.
Que pouvaient contre toi ces serpents ténébreux?
Mécène et Pollion te défendaient contre eux.
Il n'en est pas ainsi chez nos Welches modernes.

Un vil tas de grimauds, de rimeurs subalternes,
A la cour quelquefois ont trouvé des prôneurs;
Ils font dans l'antichambre entendre leurs clameurs.
Souvent en balayant dans une sacristie,
Ils traitent un grand roi d'hérétique et d'impie.
L'un dit que mes écrits à Cramer (*b*) bien vendus
Ont fait dans mon épargne entrer cent mille écus.
L'autre que j'ai traité la Genèse de fable,
Que je n'aime point Dieu, mais que je crains le Diable.
Soudain Fréron l'imprime; et l'avocat Marchand (*c*)
Prétend que je suis mort, et fait mon testament.[24]

(*b*) *L'un dit que mes écrits*. Parmi les calomnies dont on a régalé l'auteur selon l'usage établi, on a imprimé dans vingt libelles qu'il avait gagné quatre ou cinq cent mille francs à vendre ses ouvrages. C'est beaucoup. Mais aussi d'autres écrivains ont assuré qu'après sa mort ses écrits n'auraient plus de débit, et cela les console.

(*c*) *Soudain Fréron l'imprime; et l'avocat Marchand*. Marchand, avocat de Paris, s'est amusé à faire le prétendu testament de l'auteur, et plusieurs personnes y ont été trompées.

121 MS1, K: quelquefois a trouvé
123 MS1, MS2: C'est là que glapissant leurs vers qu'ils m'attribuent
124 MS1, MS2: Ils me font méconnaître [MS2: connaître] aux laquais qui les huent
130 MS2: M'assiste au lit de mort
note (*b*), 1-2 MS1: l'auteur suivant l'usage
note (*b*), 3 MS1: ses ouvrages. Mais aussi d'autres
note (*b*), 4-5 MS1: après sa mort ils n'auraient

[24] J.-H. Marchand published his *Testament politique de M. de Voltaire* in 1770. See Introduction.

Un autre moins plaisant, mais plus hardi faussaire
Avec deux faux témoins s'en va chez un notaire,
Au mépris de la langue, au mépris de la hart
Rédiger mon symbole en patois savoyard. (*d*)

Ainsi, lorsqu'un pauvre homme au fond de sa chaumière
En dépit de Tissot (*e*) finissait sa carrière,
On vit avec surprise une troupe de rats
Pour lui ronger les pieds se glisser dans ses draps.

Chassons loin de chez moi tous ces rats du Parnasse;
Jouissons, écrivons, vivons mon cher Horace.
J'ai déjà passé l'âge où ton grand protecteur
Ayant joué son rôle en excellent acteur,
Et sentant que la mort assiégeait sa vieillesse,
Voulut qu'on l'applaudît lorsqu'il finit sa pièce.
J'ai vécu plus que toi, mes vers dureront moins;
Mais au bord du tombeau je mettrai tous mes soins
A suivre les leçons de ta philosophie,
A mépriser la mort en favourant la vie,
A lire tes écrits pleins de grâce et de sens,
Comme on boit d'un vin vieux qui rajeunit les sens.

(*d*) *Rédiger mon symbole en patois savoyard.* Il y eut en effet le 15 avril 1769 une déclaration faite par-devant notaire, d'une prétendue profession de foi, que des polissons inconnus disaient avoir entendu prononcer. Les faussaires qui rédigèrent cette pièce écrite d'un style ridicule, ne poussèrent pas leur insolence jusqu'à prétendre qu'elle fût signée par l'auteur.

(*e*) *En dépit de Tissot finissait sa carrière.* Célèbre médecin de Lausanne, capitale du pays Roman.

142 MS2: en très habile acteur
144 MS2: quand il finit
148 MS1, K: en savourant la
note (*d*), 1-2 K: avril 1768 une
note (*d*), 3 MS1: prononcer.//

Avec toi l'on apprend à souffrir l'indigence,
A jouir sagement d'une honnête opulence,
A vivre avec soi-même, à servir ses amis,
A se moquer un peu de ses sots ennemis,
A sortir d'une vie ou triste ou fortunée
En rendant grâce aux Dieux de nous l'avoir donnée.
Aussi, lorsque mon pouls inégal et pressé
Faisait peur à Tronchin près de mon lit placé,
Quand la vieille Atropos aux humains si sévère
Approchait ses ciseaux de ma trame légère,
Il a vu de quel air je prenais mon congé.
Il sait si mon esprit, mon cœur était changé.
Hubert (*f*) me faisait rire avec ses pasquinades;[25]
Et j'entrais dans la tombe au son de ses aubades.

Tu dus finir ainsi. Tes maximes, tes vers,
Ton esprit juste et vrai, ton mépris des enfers, (*g*)

(*f*) *Hubert me faisait rire avec ses pasquinades.* Neveu de la célèbre mademoiselle Hubert, auteur de *La religion essentielle à l'homme*, livre très profond. M. Hubert avait le talent de faire des portraits en caricature, et même de les faire en papier avec des ciseaux.

(*g*) *Ton esprit juste et vrai, ton mépris des enfers.* On devait sans doute mépriser les enfers des païens qui n'étaient que des fables ridicules, mais l'auteur ne méprise pas les enfers des chrétiens qui sont la vérité même constatée par l'Eglise.

156 MS1: grâce au ciel de
159 MS1, MS2: Atropos que l'on [MS2: qu'on] nous dit si cruelle
160 MS1, MS2: De ses ciseaux tranchants menaçait ma cervelle
note (*f*), 1 MS1: *pasquinades.* 'Gentilhomme genevois, ancien officier dans les troupes de Savoie, neveu
note (*g*) MS1: [*absent*]

[25] Jean Huber (1721-86), the Genevan artist whose many pictures and silhouettes made over a twenty-year period have fixed for us the image of the patriarch of Ferney. See Introduction.

Tout m'assure qu'Horace est mort en honnête homme.
Le moindre citoyen mourait ainsi dans Rome.
Là, jamais on ne vit monsieur l'abbé Grizel[26]
Ennuyer un malade au nom de l'Eternel,
Et fatiguant en vain ses oreilles lassées,
Troubler d'un sot effroi ses dernières pensées.

Voulant réformer tout, nous avons tout perdu.
Quoi donc! un vil mortel, un ignorant tondu,
Au chevet de mon lit viendra sans me connaître
Gourmander ma faiblesse et me parler en maître!
Ne suis-je pas en droit de rabaisser son ton
En lui faisant moi-même un plus sage sermon?
A qui se porte bien qu'on prêche la morale.
Mais il est ridicule en notre heure fatale
D'ordonner l'abstinence à qui ne peut manger.
Un mort dans son tombeau ne peut se corriger.
Profitons bien du temps; ce sont là tes maximes.[27]

Cher Horace, plains-moi de les tracer en rimes.
La rime est nécessaire à nos jargons nouveaux,
Enfants demi-polis des Normands et des Goths;
Elle flatte l'oreille, et souvent la césure
Plaît, je ne sais comment en rompant la mesure.
Des beaux vers pleins de sens le lecteur est charmé.
Corneille, Despréaux et Racine ont rimé.

179 MS1: qu'on parle de morale
180 MS1: ridicule à notre

[26] The abbé Grizel, imprisoned after allegations of financial malpractice, was for Voltaire the archetypal over-zealous confessor, and the frequent butt of his sarcasm.

[27] Reformulation of Horace's best known dictum, *carpe diem*, 'seize the day' (*Odes*, I, 11).

Mais j'apprends qu'aujourd'hui Melpomène propose
D'abaisser son cothurne et de pleurer en prose.[28]

192 MS1, MS2, 73A, EJ73, W72P, NM74, W68, K: parler en prose
192 MS1: [*with marginal note, presumably by Grimm:* 'Allusion à la tragédie en prose de M. Sedaine que le Patriarche a toujours sur le cœur.']

[28] Reference to Sedaine's prose tragedy *Maillard ou Paris sauvé*, which dates from 1770. Compare *Questions sur l'Encyclopédie*, article 'Rime' (vol.9, 1772; M.xx.373).

APPENDIX

Réponse d'Horace à M. de Voltaire, par M. de La Harpe[1]

Au plus gai des vieillards, au plus grand des poètes,
A l'Orphée attendu dans nos belles retraites,
Des Champs elyséens, salut, paix et longs jours.
  Tous nos morts beaux esprits hier en grand concours,
Sont venus m'annoncer ton Epître charmante,
Du feu de ton printemps encore étincelante.
Car nous aimons tes vers, et toujours tes écrits
Ont charmé l'Elysée aussi bien que Paris.
Nous avons admiré ta muse octogénaire,
Son humeur enjouée et sa marche légère.
Il n'est donné qu'à toi de croître à son déclin.
D'être au soir de ses ans ce qu'on est au matin,
D'être un prodige en tout. Lachésis étonnée,
Composant de tes jours la trame fortunée,
Voit leur brillant tissu, dont l'or devrait pâlir,
Rajeuni sous ses doigts, s'étendre et s'embellir.
Et comment, dans cet âge où la froide vieillesse
Ote à tous nos ressorts leur flexible souplesse,
Où les organes durs et les sens engourdis,
Par un sentiment prompt ne sont plus avertis,
As-tu donc conservé ce goût, cette harmonie,
Cette facilité, la grâce du génie,
Ces mouvements, ces traits, ce naturel heureux,
Et des tons différents l'accord ingénieux?
  Nous avions grand besoin de cet écrit aimable,
Que nous daigne envoyer ta muse inépuisable.

[1] La Harpe's 'Réponse d'Horace' is first printed in 73A, p.136-45. Its inclusion was authorised by Voltaire (D18273). The notes appear as footnotes.

Vos modernes esprits, vantés dans vos journaux,
Avec peu de respect ont traité nos héros.
Des soupers du Sophi (*a*) l'admirateur grotesque,
Hérissant de grands mots son cynisme burlesque,
Insulte Montesquieu, dénigre Cicéron.
On écrit à Racine en style de Pradon.
Des dogmes de Quesnel un triste prosélyte
En bourgeois du Marais a fait parler Tacite.
La Fontaine se plaint, que rêvant un beau jour,
A ** près de Psyché crut remplacer l'amour.
Despréaux, plus fâché qu'il ne put jamais l'être,
A su qu'Aliboron l'osait nommer son maître. (*b*)
Il ne s'attendait pas à ce ton familier:
Il ne veut point, dit-il, d'un si sot écolier.
Il ne veut point surtout de ce *plat secrétaire*,
Sous un nom qu'il dément très maladroit faussaire.
Il ose t'assurer, sans trop de vanité,
Que son style à ce point n'est pas encor gâté.
Mais moi, quoique ta main légère et délicate
Ait brûlé sur ma tombe un encens qui me flatte,
Je pourrais cependant me plaindre un peu de toi.
Pourquoi me reprocher d'être flatteur d'un roi (*c*)?
D'un roi! de ce nom seul mon ombre est offensée;

(*a*) *Des soupers du Sophi l'admirateur grotesque*. M. L** fameux par ses métaphores, s'écrie quelque part avec un enthousiasme très plaisant: *Vive le Sophi! vive le grand homme qui mange avec ses amis! qui satisfait, par le plus délicieux de tous les mélanges, son appétit et son cœur!*

(*b*) *A su qu'Aliboron l'osait nommer son maître*. M. Fréron qui aime beaucoup les figures de rhétorique, quoiqu'il n'ait été que régent de sixième, répète souvent dans ses feuilles, *Mânes de Despréaux! O mon maître!* etc.

(*c*) *Pourquoi me reprocher d'être flatteur d'un roi?* Le gouvernement d'Auguste fondé sur les loix, partagé avec le sénat, conservant toutes les formes républicaines, pouvait s'appeller *une magistrature suprême*, bien plutôt qu'*une royauté*. Ses successeurs en firent un despotisme abominable.

L'oreille d'un Romain en est toujours blessée.
Ce nom seul fit jadis sous cent coups de poignard,
Au milieu du sénat, tomber le grand César.
Octave triumvir fut un tyran coupable;
Mais il fut quarante ans magistrat équitable.
J'ai loué ses vertus et non pas ses forfaits.
Il fut mon bienfaiteur, je chantai ses bienfaits;
J'applaudis à ses loix, je louai sa police;
Je célébrai, peut-être avec quelque justice,
Cet esprit qui joignait tant de talents divers,
Qui commandait au monde, et se connut en vers.
Que dis-je? il posséda cet art si difficile.
Que ses vers sont touchants, quand il pleure Virgile!
C'est un Dieu qui l'inspire, ou bien c'est l'amitié:
Quel tribut par les grands plus rarement payé?
Trop heureux les mortels, quand leur maître est sensible,
Quand son orgueil est noble et n'est pas inflexible,
Qu'il aime les neuf sœurs, leurs jeux et leurs concerts,
Le son de la louange est celui des beaux vers!
Qui veut être loué mérite un jour de l'être.
   Qui l'a mieux su que toi? Qui l'a mieux fait connaître?
Quel homme vers la gloire et l'immortalité,
D'un plus rapide élan fut jamais emporté?
Ton génie a voulu, dans ses vastes ouvrages,
Embrasser tous les arts, dominer tous les âges.
Partout il jette au loin des rayons éclatants,
Que n'éteindra jamais le long oubli des temps.
Les morts, tu le sais bien, parlent sans flatterie;
Ils sont sans préjugés, comme sans jalousie;
Et Voltaire vivant est jugé dans ces lieux,
Comme il doit l'être un jour par nos derniers neveux.
Français, Grec ou Romain, ici chacun t'admire:
A l'Elysée en pleurs Racine a lu *Zaïre*;
Corneille a cru revivre en écoutant *Brutus*;
Sophocle et Cicéron, embellis et vaincus,

Se retrouvent plus grands sous ton pinceau tragique,
Et ta Jeanne a charmé le chantre d'Angélique.
Plutarque revoyant la liste de ses rois,
Cherche à qui comparer ton héros suédois.
Que tes vers ont flatté le bon goût de Virgile!
Souvent avec Homère il parle de ton style:
Ils disent qu'en effet, pour les vaincre tous deux,
Il ne t'a rien manqué que leur langue et leurs Dieux.
    J'ai moins écrit que toi, j'ai voulu moins de gloire.
J'arrivai moins brillant au temple de mémoire.
J'aimai les voluptés, les jeux et le loisir:
J'eus des moments d'étude, et des jours de plaisir.
Né sous un ciel heureux, j'en sentis l'influence:
J'abandonnai ma vie à la molle indolence;
Et mon goût pour les arts, mes faciles talents,
Variaient mon bonheur et servaient mes penchants.
Je reçus Apollon comme on reçoit à table
Un ami qui nous plaît, un convive agréable,
Non comme un maître dur qui se fait obéir.
Il vint charmer ma vie, et non pas l'asservir.
Souvent à Tivoli, dans mon champêtre asile,
Ou sous le frais abri des bois de Lucrétile,
Quand j'attendais Glycère au déclin d'un beau jour,
Couché sur des carreaux disposés pour l'amour,
Tandis que la vapeur des parfums d'Arabie
Pénétrait et mes sens et mon âme amollie;
Qu'au loin, des instruments l'accord mélodieux
Portait à mon oreille un bruit voluptueux;
Alors dans les transports d'un aimable délire,
Inspiré tout-à-coup je demandais ma lyre.
Je chantais l'espérance et les doux souvenirs,
Le doux refus qui trompe et nourrit les désirs,
La piquante gaîté, la naïve tendresse.
Je vis dans l'art des vers que nous apprit la Grèce,
Un langage enchanteur dans l'Olympe inventé,

Fait pour parler aux dieux ou bien à la beauté.
Quelquefois, élevant ma voix et ma pensée,
Emule audacieux de Pindare et d'Alcée,
Je montai dans l'Olympe ouvert à mes accents:
Ou, choqué des travers et des vices du temps,
J'exerçai sur les sots ma gaîté satirique:
J'esquissai même un jour un code poétique.
Mais la gloire et les arts ne bornaient point mes vœux;
Le plaisir fut toujours le premier de mes dieux.
Octave, qui goûta mon heureux caractère,
M'offrit auprès de lui le rang de secrétaire.
Je refusai son offre; il n'en fut point blessé.
Accueilli dans sa cour, à sa table placé,
Je ne lui voulus point assujettir ma vie:
Il aurait dérobé mes moments à Lydie,
A Philis, à Chloé, qui valaient mieux que lui:
L'esclavage bientôt eût amené l'ennui.
J'aimais beaucoup Octave, et plus l'indépendance.
Voltaire, je le sais, eut plus de complaisance;
A la cour autrefois il attacha son sort.
Nous connaissons ici ton *Salomon du Nord*,
Et sa prose éloquente, et ses rimes hardies.
D'Argens, qu'il désolait par ses plaisanteries,
Ne nous vanta pas moins son ton, ses agréments,
Sa chère un peu guerrière et ses soupers charmants;
Où cessant d'être roi, pour être plus aimable,
Laissait la liberté présider à sa table,
Frédéric n'avait plus d'ennemis que les sots,
Et même contre lui permettait les bons mots.
Il avait bien raison; dans le rang qu'il occupe,
Faut-il de sa grandeur être toujours la dupe?
De la société perdre tous les appas?
L'étiquette est l'esprit de ceux qui n'en ont pas.
La dignité souvent masque l'insuffisance;
On s'enferme avec art dans un noble silence:

Mais qui sait bien répondre, encourage à parler.
  Vos jours étaient si beaux! qui pouvait les troubler?
C'est donc ce Maupertuis, ce bizarre génie,
Géomètre chagrin que tourmentait l'envie;
Qui, des biens et des maux sombre calculateur,
Jadis si tristement nous parla du bonheur?
Il fut jaloux et vain: mais, pardonne à ses mânes.
Pardonne à ce ramas de détracteurs profanes,
Dont le nom par toi seul, jusqu'à nous est venu.
Quant à Monsieur Fréron, il nous est plus connu:
Au *Bedlam* (*d*) de Pluton fustigés par Mégère,
Visé, Gâcon, Zoïle, attendent leur confrère.
Quel siècle n'a pas vu de ces obscurs pédants,
Condamnés au malheur de haïr les talents,
Qui flattent tour à tour l'envie et la sottise?
Quelquefois on les lit; toujours on les méprise.
Laisse ces vils serpents qui sifflent sur tes pas:
Alors que Linus chante, on ne les entend pas.
Et qui n'adore point ta muse enchanteresse?
Tu crains d'être au-dessous de Rome et de la Grèce,
De vivre moins que moi dans la postérité:
C'est bien là d'un Français l'aimable urbanité.
Jadis, je l'avouerai, j'eus moins de modestie,
Je promis à mes vers une éternelle vie:
Et si j'en crois les tiens, je me suis peu mépris.
Mon nom est sûr de vivre alors que tu m'écris.
Tu m'as cité souvent: c'est mon plus bel éloge.
  Mais toi qui, des confins du pays Allobroge
Sais occuper l'Europe attentive à tes chants,
Est-ce à toi de douter, dans tes succès brillants,
Du pouvoir d'une langue à jamais consacrée,
Dont tu pourrais toi seul garantir la durée?

(*d*) *Au* Bedlam de *Pluton*, *fustigés par Mégère*. Nom de l'*Hôpital des fous* de Londres.

Ah! trop heureux Français! vous faites plus que nous.
Quand la terre asservie était à nos genoux,
La langue des vainqueurs devint celle du monde:
En chefs-d'œuvre des arts la France plus féconde,
Par l'attrait des talents, par le charme des vers,
Sans l'avoir subjugué, règne sur l'univers.
Vos drames éloquents, honneur de Melpomène,
Monuments qui manquaient à la grandeur romaine,
Charment vingt nations avides d'en jouir;
Et vos voisins jaloux vous doivent leur plaisir.
Faut-il à votre gloire encore un nouveau titre?
Des intérêts des rois votre langue est l'arbitre:
Disputant contre Orlof, l'orateur du divan,
Osman plaide en français les droits de son sultan;
Et dans Fokiani, le Turc et la Russie
Décident en français des destins de l'Asie.
  A tant de gloire encor que peut-on ajouter?
Qu'on la maintienne au moins, en sachant t'imiter.
Qu'on se garde à jamais de bannir de la scène
Ce langage des dieux qu'adopta Melpomène.
Pour la première fois je t'écris dans le tien;
Daigne d'un étranger excuser l'entretien:
Et si j'ai bégayé la langue de Voltaire,
Je vais le lire encor pour apprendre à mieux faire.

Shorter verse of 1772

Critical edition

by

Simon Davies

CONTENTS

COLLECTIVE EDITIONS OF VOLTAIRE'S WORKS REFERRED TO IN THIS EDITION

W68

Collection complette des œuvres de M. de Voltaire. [Genève, Cramer; Paris, Panckoucke], 1768-1777. 30 vol. 4°.

Bengesco 2137; Trapnell 68; BnC 141-44.

W72P

Œuvres de M. de V... Neufchâtel [Paris, Panckoucke], 1771-1777. 34 or 40 vol. 8° and 12°.

Bengesco 2140; Trapnell 72P; BnC 152-157.

W75G

La Henriade, divers autres poèmes et toutes les pièces relatives à l'épopée, [Genève, Cramer & Bardin], 1775, 37 [40] vols, 8°.

Bengesco 2141; Trapnell 75G; BnC 158-161.

The *encadrée* edition.

K

Œuvres complètes de Voltaire. [Kehl], Société littéraire-typographique, 1784-1789. 70 vol. 8°.

Bengesco 2142; BnC 164-193.

AU ROI DE SUÈDE, GUSTAVE III

Gustavus had been brought up as an admirer of French culture. He had a particular respect for Voltaire, 'son principal maître',[1] and was able to recite sections of *La Henriade* by heart.[2] Voltaire was aware of his enthusiasm and flattered him in a letter of 12 November 1771: 'Si je ne suis pas né votre sujet je le suis par le cœur' (D17444). When Gustavus assumed power as the result of a *coup d'état* on 19 August 1772, Voltaire was delighted at the prospect of another enlightened ruler in the north. Gustavus's initiative was welcomed not only as beneficial to Sweden but 'as an example to all Europe, as a victory for Enlightenment, for progress, for humanity'.[3] Gustavus had succeeded in convincing 'l'opinion suédoise et européenne que sa "révolution" est le seul moyen de sauver la Suède de l'anarchie et la ruine'.[4] Voltaire informed D'Alembert on 13 November 1772 that 'J'admire Gustave trois. et j'aime surtout sa renonciation solemnelle au pouvoir arbitraire' (D18010). By that date he had already penned this poem. He had sent it in a letter to count Gustaf Filip Creutz on 16 September claiming that these 'vers n'ont pas été faits de génie, mais ils sont partis du cœur' (D17914). Five days later another copy was dispatched to count Lewenhaupt (D17924).

[1] 'Gustave et Voltaire' in *Idées et mots au siècle des Lumières, mélanges en l'honneur de Gunnar von Proschwitz* (Paris 1988), p.208.

[2] Marie-Christine Skuncke, 'Un prince suédois auteur français: l'éducation de Gustave III, 1756-1762', *SVEC* 296 (1992), p.134.

[3] Michael Roberts, *The Age of Liberty: Sweden 1719-1772* (Cambridge 1986), p.206. Marmontel praised the king on 7 September 1772 for having returned to his country 'cette liberté précieuse' (Jean-François Marmontel, *Correspondance*, Clermont-Ferrand 1974, vol.i, letter 196).

[4] Skuncke, p.163. This article ends by quoting the opening four lines of this epistle to Gustavus to show how Voltaire supported the king's view of his action.

The text

Given the topicality of the poem, it is no surprise that it was printed widely in the periodical press in the autumn of 1772 in both a twenty-four line and twenty-six line version. Of these, the first was reproduced in the *encadrée* edition and the second in the Kehl. Other editions present the different versions in almost equal numbers. As noted above, copies were clearly circulated in Voltaire's correspondence. An autograph copy is held in the *réserve précieuse* at the Bibliothèque royale in Brussels. This manuscript version has a few interesting variants as Jeroom Vercruysse has noted.[5] A copy of the poem is to be found in a manuscript version of the *Correspondance littéraire*[6] and could be the version sent to count Lewenhaupt.[7] However, since the variants contained in the Brussels manuscript were not produced elsewhere, it is appropriate to select the authorised *encadrée* edition as the base text.

Manuscripts: Br F.S.318 C7; ICL (1st October 1772) (uncollated)

Editions: *Nouveaux Délassemens de M. de Voltaire* (Lausanne 1773), p.3-4 (BnC 2253, Rés.Z.Beuchot 589); *Nouveautés* (no place of publication 1773), p.38-39 (BnC 2016, Zz.3879): W68, xxvi.308; W75G, xiii.176; K, xiii.276-277; Bachaumont (29 September 1772, t.6, p.196); *Mercure historique et politique* (October 1772, p.369-370); *Mercure de France* (November 1772, p.151-152); *Le Glaneur* (16 November 1772, no.21, p.248); *Journal encyclopédique* (November-December 1772, viii, pt 1, p.85); *Etrennes du Parnasse* (Paris, Chez Fétil, 1773), p.80 (BnC Ye 12101).

Base text: W75G.

---

[5] *Voltaire: exposition organisée à l'occasion du bicentenaire de sa mort*, ed. Jeroom Vercruysse *et al.* (Bibliothèque Royale Albert Ier 1978), p.164.

[6] *ICL* 72:189 (1st October 1772).

[7] D17924 is reproduced in volume 10 of *CLT* (October 1772, p.74). This poem is not printed in *CLT* but one reads on the same page: 'La révolution mémorable arrivée en Suède a aussi réveillé la verve du patriarche. Il vient de la chanter dans des vers adressés à Sa Majesté suédoise, mais qui n'ont pas paru aussi heureux que ceux qu'il a faits pour la prêtresse Clairon.'

Au roi de Suède, Gustave III

Jeune et digne héritier du grand nom de Gustave
Sauveur d'un peuple libre, et roi d'un peuple brave,
Tu viens d'exécuter tout ce qu'on a prévu:
Gustave a triomphé sitôt qu'il a paru.
On t'admire aujourd'hui, cher prince, autant qu'on t'aime;
Tu viens de ressaisir les droits du diadème.
Et quels sont en effet ses véritables droits?
De faire des heureux en protégeant les lois;
De rendre à son pays cette gloire passée,
Que la discorde obscure a longtemps éclipsée;
De ne plus distinguer ni bonnets, ni chapeaux,[1]
Dans un trouble éternel infortunés rivaux;
De couvrir de lauriers ces têtes égarées,
Qu'à leurs dissensions la haine avait livrées,
Et de les réunir sous un roi généreux:
Un état divisé fut toujours maleureux.
De sa liberté vaine il vante le prestige;
Dans son illusion sa misère l'afflige;
Sans forces, sans projets pour la gloire entrepris,
De l'Europe étonnée il devient le mépris.

7 *Mercure historique et politique*: Eh! quels sout
7 Br: ces véritables
9 Br: ton pays
17 Bachaumont, Br: De la liberté
18-20: Br
mais dans son bonheur faux la misere l'afflige;
sa force l'abandonne; il devient le mépris
de ses esclaves heureux a sa perte aguerris
19 *Nouveaux Délassemens*, K, Bachaumont, *Mercure historique et politique*, *Journal encyclopédique*: force

[1] The caps and hats were rival political groupings in Sweden.

Qu'un roi ferme et prudent prenne en ses mains les rênes.[2]
Le peuple avec plaisir reçoit ses douces chaînes;
Tout change, tout renaît, tout s'anime à sa voix;
On marche alors sans crainte aux pénibles exploits.

24 Br, *Nouveaux Délassemens*, K, Bachaumont, *Mercure historique et politique*, *Journal encyclopédique*: [*add*]

On soutient les travaux, on prend un nouvel être,
Et les sujets enfin sont dignes de leur maître.

[2] The review in the *Année littéraire* describes the poem as 'un compliment très peu piquant, noyé dans une versification lâche et sans vie'. It quotes lines 21-24 and asks whether it is possible to end 'd'une manière plus froide' (1773, iii.199).

À MLLE CLAIRON

On a Tuesday in the second half of September 1772, a ceremony took place at the home of Mlle Clairon which was greatly to please Voltaire and was widely reported.[1] Voltaire had already been told of the existence of an ode by Marmontel which was to be recited at the foot of his statue (D17912).[2] Marmontel had thought up this 'apothéose de Voltaire' with Mlle Clairon 'récitant des vers à la louange de cet homme illustre' and provided an account of the event:

> Un soir donc que la société étoit assemblée dans son salon, et qu'elle avoit fait dire qu'on l'attendît, comme nous parlions de Voltaire, tout à coup un rideau se lève, et, à côté du buste de ce grand homme, Mlle Clairon, vêtue en prêtresse d'Apollon, une couronne de laurier à la main, commence à réciter cette ode avec l'air de l'inspiration, et du ton de l'enthousiasme. Cette petite fête eut, depuis, le mérite d'en faire imaginer une plus solennelle, et dont Voltaire fut témoin.[3]

La Harpe also described the event in great detail (D17931; cf. D17947). As a result, Voltaire was able to term Mlle Clairon's home 'le temple de la gloire' (D17936). In gratitude he penned this poem which he sent care of Marmontel, labelling it 'une petite épître écourtée' (D17938).

[1] The renown of Voltaire apart, the activities of Mlle Clairon were certain to attract much attention (see Pamela Cheek, 'The *Mémoires secrets* and the actress: tribadism, performance and property', in *The* Mémoires secrets *and the culture of publicity in eighteenth-century France*, ed. Jeremy D. Popkin and Bernadette Fort (Oxford 1998), p.108.

[2] *Ode à la louange de Voltaire, prononcée par mademoiselle Clairon, au pied de sa statue, en 1772* in *Œuvres de Marmontel* (Paris 1820), vii.160-64.

[3] Marmontel, *Mémoires*, ed. John Renwick (Clermont-Ferrand 1972), vol.1, p.271-72. The later ceremony was the crowning of Voltaire at the Comédie-Française on 30 March 1778.

The text

The poem was soon printed in a variety of publications and periodicals. We present the *encadrée* version.

Manuscript: ICL (1 October 1772) (uncollated).[4]

Editions: W72P, xv.314; *Nouveaux Délassemens de M. de Voltaire* (Lausanne 1773), p.4 (BnC 2253, BnF Rés.Z.Beuchot 589); *Nouveautés* (no place of publication 1773), p.119 (BnC 2016, BnF Zz3879); W75G, xii in cancel; K, xiv.375; *Mercure de France* (October 1772, p.166); Bachaumont (October 1772, p.208); *Le Glaneur* (30 November 1772, p.249); *Courrier d'Avignon* [*Courrier de Monaco*] (3 November 1772, p.355); *Almanach des Muses* (Paris, Delalain, 1773), p.116 (BnF Ye.11721).[5]

Base text: W75G.

A Mlle Clairon

Les talents, l'esprit, le génie,
Chez Clairon sont très assidus:
Car chacun aime sa patrie.
Chez elle ils se sont tous rendus,
Pour célébrer certaine orgie (*a*)

(*a*) Fête connue sous le nom de l'inaguration de la statue de Monsieur de Voltaire, et célébrée chez mademoiselle Clairon en octobre 1772. Cette actrice, habillée en prêtresse d'Apollon, posa une couronne de laurier sur le buste de l'auteur de *Zaïre* et récita une ode de monsieur de Marmontel en son honneur.

3 *Nouveautés*: .... [*manque*]
4 *Nouveautés*, *Nouveaux Délassemens*: Et chez elle ils se sont rendus

[4] The *CLT* version is identical to the base text (1 October 1772, x.73-74).

[5] Mme Du Deffand included the poem in a letter to Horace Walpole on 14 October (Lewis, v.274).

Dont je suis encor tout confus:
Les plus beaux moments de ma vie
Sont donc ceux que je n'ai point vus!
Vous avez orné mon image
Des lauriers qui croissent chez vous:
Ma gloire, en dépit des jaloux,
Fut en tous les temps votre ouvrage.

8 *Nouveautés*, *Le Glaneur*, *Courrier d'Avignon*: n'ai pas vus
10 *Nouveautés*: .... [*manque*]
Nouveaux Délassemens: qui naissent chez
12 *Nouveautés*, *Nouveaux Délassemens*: Fut dans tous

OUVRAGES CITÉS

Adams, Leonard, *Coyer and the Enlightenment*, *SVEC* 123 (1974).

Ages, Arnold, 'Voltaire, Calmet and the Old Testament', *SVEC* 41 (1966), p.87-187.

– 'Voltaire and Horace: the testimony of the correspondence', *SVEC* 120 (1974), p.199-221.

Aguesseau, Henri-François d', *Œuvres complètes* (Paris 1819).

Alembert, Jean Le Rond D', *Œuvres complètes*, 5 t. (Paris 1821-1822).

Alexeyeff, M. P., *Voltaire et Schouvaloff* (Odessa 1928).

Anderson, Elizabeth, 'Apropos of the *affaire De l'esprit*, *Trivium* 1 (1966), p.5-23.

– 'Voltaire under fire: an episode in *la guerre civile philosophique*', *Trivium* 2 (1967), p.71-94.

– 'Voltaire under fire: the literary sequel', *Trivium* 3 (1968), p.101-105.

– 'Voltaire under fire: a reconsideration', *Trivium* 7 (1972), p.5-27.

L'Année littéraire.

Apgar, Garry, *L'Art singulier de Jean Huber: voir Voltaire* (Paris 1995).

Arnauld, Antoine, *Lettres de monsieur Arnauld, docteur de Sorbonne, au R. P. Mallebranche, prêtre de l'Oratoire* (s.l. 1685).

Barber, W. H., 'Voltaire and Samuel Clarke', *SVEC* 179 (1979), p.47-61.

Barral, Pierre, *Dictionnaire historique, littéraire et critique* (Avignon 1758-1759).

Baruch, Daniel, *Linguet* (Paris 1991).

Beccaria, Cesare, *Des délits et des peines* (1764), éd. Franco Venturi (Genève 1965).

Bénac, Gaston, *Voltaire, Romans et contes* (Paris 1949).

Bessire, François, *La Bible dans la correspondance de Voltaire*, *SVEC* 367 (1999).

– 'Voltaire lecteur de dom Calmet', *SVEC* 284 (1991), p.139-77.

Boch, Julie, *Les Dieux désenchantés. La fable dans la pensée française de Huet à Voltaire (1680-1760)* (Paris 2002).

Boisguilbert, Pierre Le Pesant de, *Détail de la France* (s.l. 1695; nouv. éd. 1707).

Bombelles, Marc-Marie de, *Journal*, éd. J. Grassion et F. Durif (Genève 1977).

Bréhant, Jacques, et Raphaël Roche, *L'Envers du roi Voltaire (quatre-vingts ans de la vie d'un mourant)* (Paris 1989).

Brockliss, Laurence W. B., *French higher education in the seventeenth and eighteenth centuries* (Oxford 1987).

Brosses, Charles de, *Du culte des dieux fétiches* (Paris 1760).

Brown, Andrew, 'Calendar of Voltaire manuscripts other than correspondence', *SVEC* 77 (1970), p.11-101.

Buffon, Georges-Louis Leclerc, comte de, *Histoire naturelle* (Paris 1769).

Calmet, Augustin, *Dictionnaire historique, critique, chronologique, géographique et littéral de la Bible* (Paris 1720-1721).

Cardy, Michael, *The Literary doctrines of Jean-François Marmontel*, *SVEC* 210 (1982).

Chastellux, François-Jean de, *De la félicité publique* (Paris 1771).

– *Boileau à M. de Voltaire* (Paris 1772).

Cheek, Pamela, 'The *Mémoires secrets* and the actress: tribadism, performance and property', in *The Mémoires secrets and the culture of publicity in eighteenth-century France*, éd. Jeremy D. Popkin et Bernadette Fort (Oxford 1998).

Clarke, Samuel, *A Demonstration of the being and attributes of God* (London 1705).

– *A Discourse concerning the unchangeable obligations of Natural Religion* (London 1706).

Clément, Jean-Marie-Bernard, *Observations critiques* (Genève 1771).

Collé, Charles, *Journal et mémoires de Charles Collé*, éd. Honoré Bonhomme (Paris 1868; Slatkine reprints Genève 1967).

Collins, Anthony, *Discours sur la liberté de penser* (Londres 1714).

Condorcet, Jean-Antoine-Nicolas de Caritat, marquis de, *Correspondance inédite de Condorcet et Mme Suard, M. Suard et Garat (1771-1791)*, éd. Elisabeth Badinter (Paris 1988).

– *Correspondance inédite de Condorcet et de Turgot*, éd. Charles Henri (Paris 1883).

Correspondance littéraire.

Cotoni, Marie-Hélène, 'La critique biblique en 1778', *Dix-huitième Siècle* 11 (1979), p.213-33.

– 'Trois lecteurs de la Bible, Voltaire, Rousseau, Diderot', *Le Siècle des Lumières et la Bible*, sous la direction d'Yvon Belaval et Dominique Bourel (Paris 1986), p.779-803.

– 'Présence de la Bible dans la correspondance de Voltaire', *SVEC* 319 (1994), p.357-98.

– 'Bible et création littéraire', *Actualité de Voltaire, Hommage à René Pomeau*, *Revue Voltaire* 1 (Paris 2001), p.53-67.

Cronk, Nicholas, 'Reading La Fontaine and writing literary history in the eighteenth century: the problem of Voltaire', *The Shape of change: essays in early modern literature and La Fontaine in honor of David Lee Rubin*, éd. Anne L. Birberick et Russell Ganim (Amsterdam, New York 2002), p.287-314.

– 'Arouet, poète épicurien: les voix de l'épicurisme dans la poésie de jeunesse de Voltaire', *Dix-huitième Siècle* 35 (2003), p.157-70.

– 'M. de Morza, l'homme et l'œuvre', *Les Notes de Voltaire: une écriture polyphonique*, études présentées par Nicholas Cronk et Christiane Mervaud, *SVEC* 2003:03, p.187-206.

Crowley, Francis J., 'Note sur *Le Taureau blanc*', *RHLF* (1961), p.60-61.

Cruppi, J., *Un avocat journaliste au XVIIIe siècle: Linguet* (Paris 1895).

Daniel, *Histoire de France depuis l'établissement de la monarchie française dans le Gaules* (Paris 1755-1757).

Darnton, Robert, 'The facts of literary life in eighteenth-century France', in *The Political culture of the Old Regime*, éd. Keith M. Baker (Oxford 1987), p.261-91.

Deprun, Jean, '*Jupiter est tout ce que tu vois*: note sur la fortune d'un vers "matérialiste" à l'âge classique', *Etre matérialiste à l'âge des Lumières. Hommage offert à Roland Desné*, éd. Béatrice Fink et Gérard Stenger (Paris 1999), p.109-16.

Diderot, Denis, *Le Neveu de Rameau*, éd. J. Fabre (Genève et Lille 1950).

– *Correspondance* de Diderot, éd. Georges Roth (Paris 1957).

Diehl, C., L. Œconomos, R. Guilland et R. Grousset, *Histoire du moyen âge*, t.ix, 1, *L'Europe occidentale de 1081 à 1453* (Paris 1945).

Dorat, Claude Joseph, *Poésies de Dorat*, 4 t. (Genève 1777).

Duchesne, Jean-Baptiste Philippoteau, *Abrégé de l'histoire ancienne* (Paris 1743).

Du Deffand, Marie, *Correspondance complète de Mme Du Deffand*, 2 t., éd. M. de Lescure (Paris 1865).

Dzwigala, Wanda, 'Voltaire's sources on the Polish dissident question', *SVEC* 241 (1986), p.187-202.

Eggleston, Richard, *Evidence, proof and probability* (London 1978).

Epinay, Louise Tardieu d'Esclavelles, marquise d', *Histoire de Madame de Montbrillant*, éd. G. Roth (Paris 1951).

– – éd. Elisabeth Badinter (Paris 1989).

Ersch, Jean Samuel, *La France littéraire contenant les auteurs français de 1771 à 1796*, 3 t. (Hambourg 1797).

Fabricius, J. A., *Bibliotheca Graeca* (Hamburgi 1705-1728).

Flammermont, Jules, *Le Chancelier Maupeou et les Parlements* (Paris 1883).

Fleury, Claude, *Histoire ecclésiastique* (Paris 1691-1738).

Flexier de Reval [François-Xavier de Feller], *Catéchisme philosophique* (Paris 1777).

Fox, L., '*La Belle Arsène* (1773) by Pierre-Alexandre Monsigny', *Recherches sur la musique française classique* 9 (1969), p.141-44.

Fraenkel, Eduard, *Horace* (Oxford 1957).

François, Laurent, *Observations sur la Philosophie de l'histoire et le Dictionnaire philosophique avec des réponses à plusieurs difficultés* (Paris 1770).

Frédéric le Grand, roi de Prusse, *Œuvres de Frédéric le Grand*, éd. Preuss (Berlin 1851).

Gargett, Graham, *Voltaire and Protestantism*, *SVEC* 188 (1980).

Gayot de Pitaval, François, *Causes célèbres et intéressantes, avec les jugements qui les ont décidées* (Paris 1734-1743).

Graffigny, Françoise de, *La Vie privée de Voltaire et de Mme Du Châtelet* (Paris 1820).

Granderoute, Robert, 'Le bestiaire du *Dictionnaire philosophique portatif*', *RHLF* 81 (1981), p.367-90.

Grimm, Friedrich Melchior, *Correspondance littéraire*, éd. Tourneux (Paris 1877-1882).

– *Lettres de Grimm à l'impératrice Catherine II*, éd. Jacques Grot, 2e éd. (St Petersburg 1885).

Grotius, Hugo, *De veritate religionis christianae* (Leiden 1627).

Grousset, René, *Histoire des Croisades* (Paris 1960).

Guénée, Antoine, *Lettres de quelques Juifs*, 3e éd. (Paris 1772).

Guyon, Claude-Marie, *L'Oracle des nouveaux philosophes. Pour servir de suite et d'éclaircissement aux œuvres de M. de Voltaire* (Berne [Paris] 1759).

Hacking, Ian, *The Emergence of probability* (Cambridge 1975).

Hardy, Simon-Prosper, *Mes loisirs*, éd. M. Tourneux et M. Vitrac (Paris 1912).

Haroche-Bouzinac, Geneviève, *Voltaire dans ses lettres de jeunesse, 1711-1733* (Paris 1992).

– 'Goût de la retraite et sentiment de solitude dans la *Correspondance* de Voltaire', *SVEC* 304 (1992), p.876-79.

Hertz, Eduard, *Voltaire und die französische Strafrechtspflege im XVIII. Jahrhundert* (Stuttgart 1887).

Irail, Simon-Augustin, *Querelles littéraires ou Mémoires*, 4 t. (Paris 1761).

Jacoby, Felix, *Die Fragmente der griechischen Historiker* (Berolini et Lugduni Batavorum 1923-1958).

James, E. D., 'Voltaire and free will', *SVEC* 249 (1987), p.1-18.

– 'Voltaire's dialogue with the materialists', in *Voltaire and his world: studies presented to W. H. Barber*, éd. R. J. Howells et autres (Oxford 1985), p.117-31.

Joinville, Jean de, *Histoire de S. Louys, IX du nom, roy de France, écrite par Iean Sire de Ionville* (Paris 1668).

Keynes, John Maynard, *A Treatise on probability* (London 1921).

Kölving, Ulla, et Jeanne Carriat, *Inventaire de la 'Correspondance littéraire' de Grimm et Meister*, *SVEC* 225-227 (Oxford 1984).

Krieger, Bogdan, *Friedrich der Große und seine Bücher* (Berlin, Leipzig 1914).

Ladvocat, Jean-Baptiste, *Dictionnaire historique portatif* (Paris 1752).

La Harpe, Jean-François de, *Correspondance littéraire* (Paris 1801-1807).

– *Précis historique sur M. de Voltaire* (Paris 1773).

Le Roux, P. J., *Dictionnaire comique, satyrique, critique, burlesque, libre et proverbial*, éd. M. Barsi (Paris 2003).

Le Roy, Charles-Georges, *Lettres sur les animaux*, éd. E. Anderson, *SVEC* 316 (1994).

– *Réflexions sur la jalousie* (Paris 1772).

Lévy, David, *Voltaire et son exégèse du Pentateuque, critique et polémique*, *SVEC* 130 (1975).

Linguet, Simon-Nicolas-Henri, *Plaidoyer pour le comte de Morangiés* (Paris 1772).

– *Théorie du libelle, ou l'art de calomnier avec fruit, dialogue philosophique pour servir de supplément à la 'Théorie du paradoxe'* (Amsterdam 1775).

– *Examen des ouvrages de M. de Voltaire* (Bruxelles 1788).

Marchand, Jean-Henri, *Voltairomania: l'avocat Jean-Henri Marchand face à Voltaire*, textes réunis et présentés par Anne-Sophie Barrovecchio (Saint-Etienne 2004).

Marmier, Jean, *Horace, en France, au dix-septième siècle* (Paris 1962).

Marmontel, Jean-François, *Correspondance* (Clermont-Ferrand 1974).

– *Mémoires*, éd. John Renwick (Clermont-Ferrand 1972).

Masmonteil, Ernest, *La Législation criminelle dans l'œuvre de Voltaire* (Paris 1901).

Mason, Haydn T., *Pierre Bayle et Voltaire* (Londres 1963).

– 'A biblical "conte philosophique": Voltaire's *Taureau blanc*', *Eigh-*

teenth-century French studies: literature and the arts 12 (1969), p.55-69.

Masseau, Didier, *Les Ennemis des philosophes: l'antiphilosophie au temps des Lumières* (Paris 2000).

Maury, Jean-Sifrein, *Panégyrique de Saint Louis, roi de France, prononcé dans la chapelle du Louvre, le 25 août 1772, en présence de l'Académie française* (Paris 1772).

Mémoires secrets.

Menant, Sylvain, *La Chute d'Icare: la crise de la poésie française (1700-1750)* (Genève 1981).

– *L'Esthétique de Voltaire* (Paris 1995).

– 'Voltaire et le conte en vers', *Saggi e ricerche di letteratura francese* 18 (119), p.361-78.

– 'Horace et les poètes français du XVIIIe siècle', in *Zeitgenosse Horaz: der Dichter und seine Leser seit zwei Jahrtausenden*, éd. H. Krasser et E. A. Schmidt (Tübingen 1996), p.220-34.

Mercure de France.

Mervaud, Christiane, *Voltaire à table* (Paris 1998).

– 'Voltaire et la pratique testamentaire de l'*Epître à Horace* (1772)', in *L'Eveil des Muses: mélanges offerts à Edouard Guitton*, éd. C. Seth (Rennes 2002), p.49-60.

Mézeray, François Eudes de, *Histoire de France* (Paris 1663).

Michaud, L.-G., *Biographie universelle* (Paris 1813).

Les Mille et une nuits, trad. Galland (Paris 1704).

Moréri, Louis, *Grand dictionnaire historique* (Paris 1749).

Mortier, Roland, 'Ce maudit *Système de la nature*', in *Voltaire et ses combats*, 2 t., éd. U. Kölving et C. Mervaud (Oxford 1997), i.697-704.

– 'La satire, ce "poison de la littérature": Voltaire et la nouvelle déontologie de l'homme de lettres', *Essays on the Age of the Enlightenment in honor of Ira O. Wade*, éd. J. Macary (Genève 1977), p.233-46.

– 'Les formes de la satire chez Voltaire', *Le Cœur et la raison, recueil d'études sur le dix-huitième siècle* (Oxford 1990), p.104-22.

Moutonnet-Clairfons, Julien-Jacques, *Lettre à M. Clément, dans laquelle on examine son Epître de Boileau à M. de Voltaire, par un homme impartial* (Genève et Paris 1772).

Nablow, Ralph, *A Study of Voltaire's lighter verse*, *SVEC* 126 (1974), p.361-70.

Naves, Raymond, *Le Goût de Voltaire* (Paris 1938).

Oberkirch, Henriette-Louise de Waldner de Freundstein, baronne d', *Mémoires de la baronne d'Oberkirch sur la cour de Louis XVI et la société française avant 1789, publiés par le comte de Montbrison, son petit-fils* (Paris 1853).

Palissot de Montenoy, Charles, *Mémoires pour servir à l'histoire de notre littérature*, in *La Dunciade*, 2 t. (Londres 1771), ii.

– *Œuvres complètes*, 6 t. (Paris 1809; Slatkine reprint, Genève 1971).

Panckoucke, André-Joseph, *Dictionnaire des proverbes français, et des façons de parler comiques, burlesques et familières* (Paris 1758).

Pappas, John, 'Voltaire et la guerre civile philosophique', *RHLF* 61 (1961), p.523-49.

Pauly-Wissowa, *Real-Encyclopädie der Altertumwissenschaften* (Stuttgart 1897).

Perey, Lucien, et Gaston Maugras, *La Vie intime de Voltaire* (Paris 1885).

Pintard, René, *Le Libertinage érudit dans la première moitié du XVIIe siècle* (Paris 1943).

Pomeau, René, *La Religion de Voltaire* (Paris 1956; nouv. éd. Paris 1969).

– 'Défense de M. Mamaki', *RHLF* (1976), p.239-42.

Pomeau, René, et autres, *Voltaire en son temps*, 2 t. (Oxford 1995).

Ramsay, Andrew Michael, *Discours sur la mythologie*, in *Voyages de Cyrus* (Paris 1727).

Rétat, Pierre, *Le Dictionnaire de Bayle et la lutte philosophique au XVIIIe siècle* (Paris 1971).

Retz, Jean-François Paul de Gondi, cardinal de, *Œuvres*, éd. M.-Th. Hipp et M. Pernot, Pléiade (Paris 1984).

Richenbourg, L., *Contribution à l'histoire de la 'Querelle des Bouffons'* (Paris 1937).

Roberts, Michael, *The Age of Liberty: Sweden 1719-1772* (Cambridge 1986).

Rollin, Charles, *Histoire ancienne* (Paris 1740).

– *Traité des études, De la manière d'enseigner et d'étudier les belles-lettres, par raport à l'esprit & au cœur* (Paris 1740).

Ronsard, Pierre, *Œuvres complètes*, éd. G. Cohen, Pléiade (Paris 1950).

Rouchon, Ulysse, 'Les avatars de M. de Morangiés et de Voltaire', *Journal des débats politiques et littéraires* (15-16 janvier 1944).

Rousset, P., *Les Origines et les caractères de la première croisade* (Neuchâtel 1945).

Sabatier de Castres, Antoine, *Tableau philosophique de l'esprit de M. de Voltaire* (Genève 1771).

Sadie, Stanley (éd.), *New Grove Dictionary of music and musicians* (London 2001).

Sareil, Jean, 'Voltaire polémiste ou l'art de la mauvaise foi', *Dix-huitième Siècle* 15 (1983), p.345-56.

Sasso, Robert, 'Voltaire et le *Système de la nature* de d'Holbach', *Revue internationale de philosophie* 32 (1978), p.279-96.

Schwarzbach, Bertram Eugene, 'Une légende en quête d'un manuscrit, le *Commentaire sur la Bible* de Mme Du Châtelet', *De bonne main*, éd. François Moureau (Oxford, Paris 1993), p.97-116.

– 'La critique biblique dans les *Examens de la Bible* et dans certains autres traités clandestins', *La Lettre clandestine* 4 (Paris 1995), p.577-612.

– 'Les études bibliques à Cirey', *Cirey dans la vie intellectuelle*, SVEC 2001:11, p.26-54.

– *Voltaire's Old Testament criticism* (Genève 1971).

Seguin, Maria Suzanna, *Science et religion dans la pensée française du XVIIIe siècle: le mythe du Déluge universel* (Paris 2000).

Servan, Joseph-Michel-Antoine, *Œuvres complètes* (Paris 1825).

Sgard, Jean, 'La littérature des causes célèbres', in *Approches des Lumières*, mélanges offerts à Jean Fabre (Paris 1974), p.459-70.

Skuncke, Marie-Christine, 'Un prince suédois auteur français: l'éducation de Gustave III, 1756-1762', *SVEC* 296 (1992).

Steinmann, Jean, *Daniel* (Paris 1950).

Tasso, Torquato, *Opere*, éd. E. Mazzali (Naples 1969).

Taylor, O. R., 'Voltaire et la Saint-Barthélemy', *RHLF* 73 (1973), p.829-38.

Thou, Jacques-Auguste de, *Historia sui temporis 1543-1608* (Paris 1604-1614).

Tindal, Matthew, *Christianity as old as Creation* (London 1730).

Todhunter, Isaac, *A History of the mathematical theory of probability* (Cambridge 1865).

Tribe, Lawrence B., 'Trial by mathematics: precision and ritual in the legal process', 84 *Harvard law review* 1329 (1971).

Vacant, Alfred, Eugène Mangenot, et Emile Amann, *Dictionnaire de théologie catholique* (Paris 1924).

Velly, Paul-François, *Histoire de France, depuis l'établissement de la monarchie jusqu'au règne de Louis XIV* (Paris 1755-1758).

Vernière, Paul, *Spinoza et la pensée française avant la Révolution* (Paris 1954).

Vigouroux, F., *Dictionnaire de la Bible* (Paris 1859).

Viollet, P., *Les Etablissements de Saint Louis* (Paris 1881-1886).

Vittorini, Edwina, et G. F. Evans, 'Voltaire's *Epître à Horace*: an exercise in self-presentation', in *The Classical tradition in French literature: essays presented to R. C. Knight* (London 1977), p.179-90.

Voltaire, *L'A.B.C.* (M.xxvii).

– *A M. le Président Hénault*, éd. R. A. Nablow (*OC*, t.30A).

– *Anecdote sur Bélisaire*, éd. J. Renwick (*OC*, t.63A).

– *La Bégueule*, éd. S. Menant, *Contes en vers et en prose*, 2 t. (Paris 1992-1993).

– *La Bible enfin expliquée* (M.xxx).

– *Le Bourbier*, éd. N. Masson (*OC*, t.1B).

– *Candide*, éd. R. Pomeau (*OC*, t.48).

– *Les Colimaçons... lettres du révérend père L'Escarbotier* (M.xxvii).

– *Conseils raisonnables* (M.xxvii).

– *Coutume de Franche-Comté*, éd. R. Granderoute (*OC*, t.73).

– *Cri du sang innocent* (M.xxix).

– *De la colère de Dieu* (M.xvii).

– *Des Mensonges imprimés*, éd. M. Waddicor (*OC*, t.31B).

– *Dialogue de Pégase et du vieillard* (M.x).

– *Dialogue du chapon et de la poularde* (M.xxv).

– *Dialogue d'un Parisien et d'un Russe* [*Le Russe à Paris*] (M.x).

– *Dialogues chrétiens* (M.xxiv).

– *Dictionnaire philosophique*, éd. Christiane Mervaud (*OC*, t.35-36).

– *Dieu et les hommes* (M.xviii).

– *Discours de M. Belleguier ancien avocat sur le texte proposé par l'Université de la ville de Paris pour le sujet des prix de l'année 1773* (M.xxix).

– *Eclaircissements historiques* (M.xxiv).

– *Eléments de la philosophie de Newton*, éd. R. L. Walters et W. Barber (*OC*, t.15).

– *Epître à Boileau* (M.x).

– *Epître à M. D'Alembert*, éd. J. Pappas (*OC*, t.73).

– *Essai sur les mœurs* (M.xi, xii, xiii, xxiv).

– *Examen important de Milord Bolingbroke*, éd. R. Mortier (*OC*, t.62).

– *Fragment sur l'histoire générale* (M.xxix).

– *La Henriade*, éd. O. R. Taylor (*OC*, t.2).

– *Histoire du docteur Akakia*, éd. J. Tuffet et U. van Runset (*OC*, t.32B).
– *Histoire du parlement de Paris*, éd. J. Renwick (*OC*, t.68).
– *Homélies prononcées à Londres*, éd. J. Marchand (*OC* t.62).
– *L'Homme aux quarante écus*, éd. B. M. Bloesch (*OC*, t.66).
– *Les Honnêtetés littéraires* (M.xxvi).
– *Instruction à frère Pediculoso* (M.xxvii).
– *Lettre de Charles Gouju à ses frères* (M.xxiv).
– *Lettres à S.A.M. le prince de Brunswick* (M.xxvi.521).
– *Lettres philosophiques*, éd. G. Lanson, revue et complétée par A.-M. Rousseau (Paris 1964).
– *La Méprise d'Arras*, éd. J. Renwick (*OC*, t.73).
– *Le Monde comme il va*, éd. Michael Cardy (*OC*, t.30B).
– *Notebooks*, éd. Th. Besterman (*OC*, t.81-82).
– *Les Oreilles du comte de Chesterfield* (M.xxi).
– *L'Origine des métiers* (M.x).
– *Le Pauvre Diable* (M.x).
– *Le Philosophe ignorant*, éd. R. Mortier (*OC*, t.62).
– *La Philosophie de l'histoire*, éd. J. H. Brumfitt (*OC*, t.59).
– *Poème sur le désastre de Lisbonne* (M.ix).
– *Précis de la philosophie ancienne* (M.xx).
– *Le Président de Thou justifié* (M.xxv).
– *La Princesse de Babylone*, éd. J. Hellegouarc'h (*OC*, t.66).
– *La Profession de foi des théistes* (M.xxvii).
– *La Pucelle*, éd. J. Vercruysse (*OC*, t.7).
– *Les Questions de Zapata*, éd. J. Marchand (*OC*, t.62).
– *Questions sur l'Encyclopédie* (M.xix).
– *Relation de la mort du chevalier de La Barre* (M.xxv).
– *Romans et contes*, éd. F. Deloffre et J. van den Heuvel (Paris 1979).
– *Le Russe à Paris* (M.x).
– *Saül*, éd. H. Lagrave et M.-H. Cotoni (*OC*, t.56A).
– *Sermon des cinquante* (M.xxiv).
– *Les Singularités de la nature* (M.xxvii).
– *Le Système vraisemblable* (M.xxxi).
– *Tancrède* (M.v).
– *Temple du goût*, éd. O. R. Taylor (*OC*, t.9).
– *Tout en Dieu* (M.xxviii).
– *Traité de métaphysique*, éd. W. Barber (*OC*, t.14).
– *Traité de la tolérance à l'occasion de la mort de Jean Calas*, éd. J. Renwick (*OC*, t.56C).
– *Un chrétien contre six juifs* (M.xxix).
– *La Vanité* (M.x).
– *Zadig*, éd. G. Ascoli (Paris 1929).

Wade, Ira O., *The Intellectual development of Voltaire* (Princeton 1969).

Watts, George B., 'Voltaire, Christin and Panckoucke', *French review* 32 (1958), p.138-43.

Wilkinson, L. P., *Horace and his lyric poetry* (Cambridge 1945).

Woodward, John, *Naturalis historia telluris illustrata* (Londres 1714).

INDEX